新周期

中国宏观经济理论与实战

任泽平　甘　源◎著

中信出版集团·北京

图书在版编目（CIP）数据

新周期 / 任泽平，甘源著 . -- 北京 ：中信出版社，
2018.7（2021.12重印）
ISBN 978-7-5086-8811-4

Ⅰ . ①新… Ⅱ . ①任… ②甘… Ⅲ . ①中国经济—经
济周期分析 Ⅳ . ① F124.8

中国版本图书馆 CIP 数据核字（2018）第 061622 号

新周期

著　　者：任泽平　甘　源
出版发行：中信出版集团股份有限公司
（北京市朝阳区惠新东街甲 4 号富盛大厦 2 座　邮编　100029）
承 印 者：北京盛通印刷股份有限公司

开　　本：787mm×1092mm　1/16　　印　　张：22　　字　　数：200 千字
版　　次：2018 年 7 月第 1 版　　印　　次：2021 年12月第16 次印刷
书　　号：ISBN 978-7-5086-8811-4
定　　价：68.00 元

序　言

带着梦想去旅行：感恩时代 贡献社会

人生有七个阶段：嗷嗷待哺的婴儿，满面红光的学童，哀歌的恋人，长胡子的士兵，身经百战的将军，戴眼镜的政治家，返璞归真的贤者。人生是一趟心灵的伟大旅程，17 年来我追求梦想，遍访名师。

感谢方正证券大气正直的董事长高利兄长般的关怀和信任，感谢公司领导、研究所、经纪业务部、投行部、分支机构等同事的帮助和支持，感谢熊柴、甘源、卢亮亮、易斌、宋双杰、杨为敩、汤雅文、刘镜秀等团队成员的辛勤工作。一路走来，感谢师友，在人大、清华读书的时候幸运地遇到了刘起运、李子奈、杨瑞龙、陈璋、黄达、陈雨露、高培勇等名师硕儒，系统地学习了经济金融经典著作。在国务院发展研究中心服务的时候我遇到了刘世锦、余斌、吴敬琏、陈清泰、隆国强、张军扩、李建伟等前辈师长，参与重大文件和改革方案起草，数百人的量化绩效考核曾排第四。下海第一站加盟了券商中的黄埔军校——国泰君安，遇到了证券研究的一代宗师黄燕铭先生和敬业重情义的江伟女士，以及那些优秀的同事和市场上的师友。感恩遇到的每个人和每件事，赞许是鼓励，批评是鞭策。

三年前怀抱梦想投笔下海，先后提出“新 5% 比旧 8% 好”“5000

点不是梦”“一线房价翻一倍”“经济 L 型”“新周期”等判断。每次观点迭代，都是一次涅槃；每次人生转换，都是一次自我进化。

也包括我带的徒弟提出的“全球流动性拐点”“全球朱格拉周期”等观点，都是在回应时代的脉搏。好的研究，是认识时代，认识自己，认识使命。

2015 年，在各位机构投资者的信任和支持下，组建团队一年后问鼎各大评选“大满贯”冠军，获得新财富四项大奖以及全市场最高分。2016—2017 年连续在各大评选中名列前茅。“泽平宏观”微信公众号报告阅读量创业内第一。

荣誉的背后，是团队成员辛勤的付出，我和团队建立了完整的研究框架、数据库以及报告体系，3 年多来推出报告 1000 多篇，我也勤勤恳恳地跑调研路演，飞行 270 多次、40 万公里。我们深知，过去差强人意的判断不代表未来能取得同样的成绩。对于研究，始终追求理性严谨；对于社会，始终牢记责任；对于市场，始终心怀敬畏谦虚。未来转做智库和实业研究及相关管理工作，我将不忘初心，砥砺前行，承担更大的责任，推动更大的事业，做出更大的贡献。

从 2018 年年初开始，我争取每天跑步 10 公里。哪有什么天生如此，只是我们天天坚持。自律给我自由。只要保持对学习、锻炼和工作的热情，心态将永远年轻。只有拥有旺盛的精力和强大的内心，才能经得起世事的磨炼。那些未能打败你的，都将使你更强大。只有百折不挠的翅膀才能凌空翱翔，只有闪耀着人性光辉的笑容才是最美的。

我是如此的深爱跑步，因为面对不确定的未来，我们必须依靠健壮的身体和强大的信仰，穿越漫长的时空隧道，去迎接曙光！当我们迷茫的时候，初心和梦想将照耀前方的路。哪有什么优秀，不过是更专注、更勤奋、更热爱。所谓的伟大，不过是简单，正直，目标远大，坚韧不拔。

发上等愿，享下等福，择高处立，向宽处行。慎独则心泰，主敬则身强，求仁则人悦，思诚则神钦。人生最重要的不是事后的荣誉或财富，而是过程中获得的历练和成长。不在荣誉面前停留，不为失败辩解，一直在路上，风雨兼程。

白驹过隙，沧海桑田，追问人生的终极意义是什么？心即理，知行合一，事上磨炼，致良知。心即理，道之所在，虽千万人吾往矣。致良知，勉其一生为改革鼓与呼，为民生请命。一个人的成就取决于对社会贡献的大小，我们很幸运赶上时代发展的大潮，我深信只有为社会、为他人创造价值，才能实现自身价值。

我们每个人对世界的看法，其实都是各自内心修炼的影子。你信仰什么，就看见什么——理想、事业、爱情……感恩时代，贡献社会。以梦为马，不负韶华。

任泽平

（原文发表于 2017 年 11 月 29 日

任泽平离职方正证券入职恒大集团之际）

本书受朋友建议，整理我下海四年的重要报告，旨在建立宏观经济、金融市场和大类资产的分析框架，前后历时半年时间。当然即使如此，书中仍有不尽如人意之处。希望此书能够抛砖引玉，就教于大家。本书是集体智慧的结晶，本书的完成要感谢多年的师友和同事，感谢家人长期以来的理解和支持。感谢中信出版社总编乔卫兵，感谢李亚婷、程璞玉认真细致的编审工作，并提出了大量建设性的宝贵意见。如有不足和错误之处，由作者负责。

目　录

实战：金融市场和大类资产配置

理论：
宏观金融分析

中国宏观经济分析框架

任泽平

（本文为任泽平于2017年8月下旬至9月初

在北京、上海、深圳方正首席研究框架培训会上的演讲）

尊敬的各位来宾，女士们、先生们，大家下午好！首先非常感谢，欢迎大家参加方正首席研究框架培训会。

大家知道，我其实很少做培训，为什么呢？主要是水平比较差，研究做得也很粗糙。

但是，大家知道我的观点一直非常鲜明，你看我所有的报告最后都有结论。我们不会像有的报告，洋洋洒洒从头读到尾竟然没有结论，或者给你10种可能让你去猜。我们的报告不管观点对错，到最后都有结论，因为我是按照实战来要求团队的。我一直给团队提一个要求：实战、真诚，知行合一。我本人也是这么要求自己的。2014年我看好“5000点不是梦”，就辞职下海了。2015年我预测“一线房价翻一倍”，就加杠杆买房了。2017年我看好新周期，就去推周期，推金融。无论是对自己的内心，还是对别人，都要真诚。

今天向大家汇报四个方面的内容：

一是转型宏观，给大家描述一下我们所处的这个时代，宏观经济发展的背景，从何处来，向何处去，以及如何应对。在这个时代背景下，经济结构将会发生哪些变化。

二是给大家介绍一下产能周期和新周期，现在对这两者的争论很多。但我们只认认真真地做研究，把对错交给市场和时间去检验。

三是房地产周期，给大家介绍一下怎么判断房地产，什么时候买房，买哪里的房。

四是大势研判，宏观怎么落地实战的策略思维。

转型宏观：“增速换挡”与“新5%比旧8%好”

2009 年，我到国务院发展研究中心服务，跟着刘主任参与了一个很重要的研究课题：中国有没有可能跨越中等收入陷阱。2010 年我们提出一个很重要的判断，就是现在大家耳熟能详的“增速换挡”。虽然现在大家达成了共识，但是在 2010 年，我们是少数派。我曾经参加过三次在业界的论战：2010 年“增速换挡”、2014 年“对熊市的最后一战”、2017 年“新周期”，我在一开始都是少数派，最后才被广泛接受，成为多数派。

2010 年我们提出“增速换挡”，但当时流行的观点认为未来中国经济还可以重回高增长，未来 20 年还可以每年增长 8%。在那个时候，我们是少数派。

2010 年当我们提出“增速换挡”的时候，很多人认为我们是在向社会传递负能量。我们的政策过去十年一轮一轮地刺激房地产，想重新回到高增长的轨道。有时候真的很无奈，作为学者在这种时候只能依靠信仰。我们必须坚持独立客观的研究立场，坚持追求事实和真相。

如今大家对“增速换挡”已经达成共识，我就把未来的前景，包括它的逻辑给大家做一个介绍。我会先假设大家都有一些基本的宏观经济学基础，然后直接讲框架性的东西。

世界上有 100 多个经济体，增长曲线分为四类（见图 1.1）。第一类是一直在低位增长，从来没有启动过增长的动力和希望，落入低收入陷阱，如非洲。第二类是一开始通过成功的制度安排起飞了，但是后来掉了下来，即“增速换挡”失败了，落入中等收入陷阱，比如拉美、东南亚的部分经济体。第三类是经过高速追赶以后，成功地“增速换挡”，然后收敛到中速增长，再收敛到低速增长。第四类是高收入的经济体，比如美国，最早像英国年均增长 2%，代表了人类开拓技术前沿方面的能力。

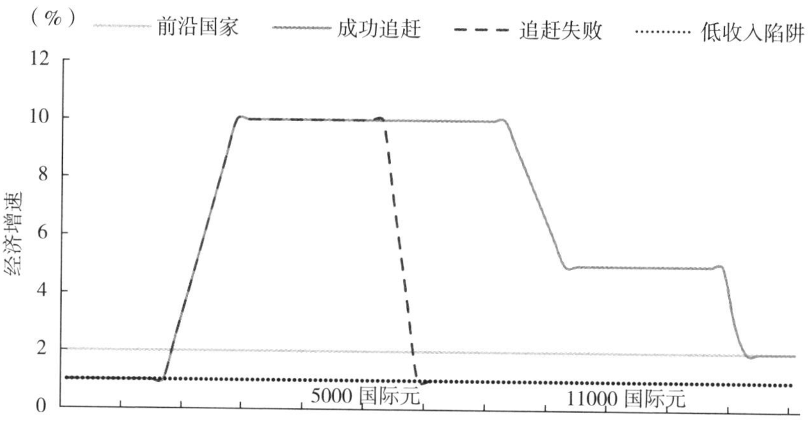

图 1.1　不同经济体增长曲线

资料来源：Wind，作者整理。

如图 1.2 所示，横坐标是人均 GDP（国内生产总值），纵坐标是经济增速，样本是德、日、韩、中国台湾和中国大陆，在 11000 国际元前后，这些成功追赶的经济体都出现了经济增长平台的切换。我们在2010年提出“增速换挡”,在2014年提出“新5%比旧8%好”：未来通过改革构筑的5%左右的新增长平台，比过去靠刺激勉强维持的8%的旧增长平台要好，因为改革破旧立新了，无风险利率下来了，产能出清了，产业升级了，居民生活改善了。

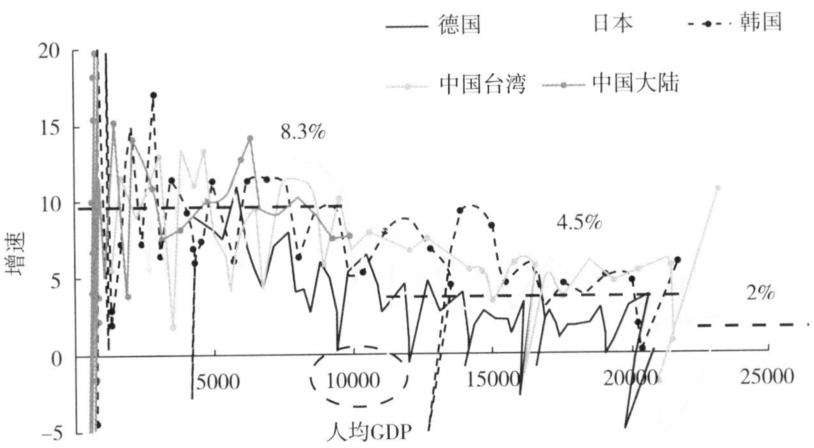

图 1.2 德、日、韩、中国大陆及中国台湾“增速换挡”后“经济 L 型”的成绩是 4.5%

资料来源：国务院发展研究中心，国家统计局，作者整理。

2010 年这场论战的背景是什么？主流的看法就是中国还可以高增长。现在回过头来看，非常遗憾，如果我们早一点认识到中国要“增速换挡”，就不会一轮一轮地刺激房地产来稳增长。

大家还记得 10 年前北京的房价吗？天通苑每平方米 6000 元～7000 元，回龙观每平方米 8000 元～10000 元，亚运村每平方米 10000 元～12000 元，实验二小、史家小学的学区房每平方米 20000 元。

而且当时实行三成首付、七折利率，部分银行是两成首付，也就是说当年花二三十万元就可以在北京用首付买一套一百平方米左右的房子。而且2009年以前北京是不限购的，你有1000万元可以在北京买10套房，加杠杆买三五十套。这就是10年前，拿到现在，小目标都实现了。10年10倍，为什么？因为我们一轮一轮地刺激房地产，想重新回到高增长的轨道。所以制定经济政策的前提是什么呢？前提就是对经济现实的把握。

我们可以看到"增速换挡"成功的经济体，像德、日、韩和中国台湾，分别在20世纪60年代、70年代、80年代、90年代，虽然时代背景不一样，但无一例外地出现了增长平台的切换。而这里需要强调的是，"二战"以来世界上有100多个追赶经济体，"增速换挡"成功的只有12个,成功的概率只有10%左右。中国如果能够"增速换挡"成功，将创造第二个奇迹，因为中国是世界人口第一大国，有13.8亿人，全球有73亿人。美国是3.2亿人，德国是8000万人，整个欧盟也不过5亿多人，"增速换挡"成功的韩国是5000万人，中国台湾是2300万人。所以如果一个拥有13.8亿人口的国家能够"增速换挡"成功，将是非常了不起的。

"增速换挡"背后的驱动力是什么呢？核心有两个：房地产投资的长周期峰值和刘易斯拐点。我们可以看到，日本、韩国、中国台湾和德国在"增速换挡"的时候都出现了房地产投资的长周期拐点，房地产是最大的一个内需。还有就是人口红利的结束，人口红利带来更多的是外需和出口的高增长。大家可以看图1.3中所示的中国人口增长率的曲线，在新中国成立以后，人口在20世纪六七十年代出现了一个爆发式的增长。后来在70年代末，因为计划生育，所以人口增长率呈现断崖式的下降。这就是我们过去整个人口的增长轨迹。人口非常重要，它是最基本的生产要素。

中国人口的婴儿潮是在什么时候开始出现的？中国主流人群出生的年份是1962—1976年，这一批人决定了中国经济增长和经济结构的主要特点。简单来讲，中国经济过去的高增长就是由这一批人年轻的时候干出来的，中国人口红利消失、人口老龄化也是因为这一批人的年龄逐渐变长。中国过去的房地产黄金十多年，是因为这一批人买房子。为什么最近大户型的房子卖得好，就是因为这一批人开始换房子。

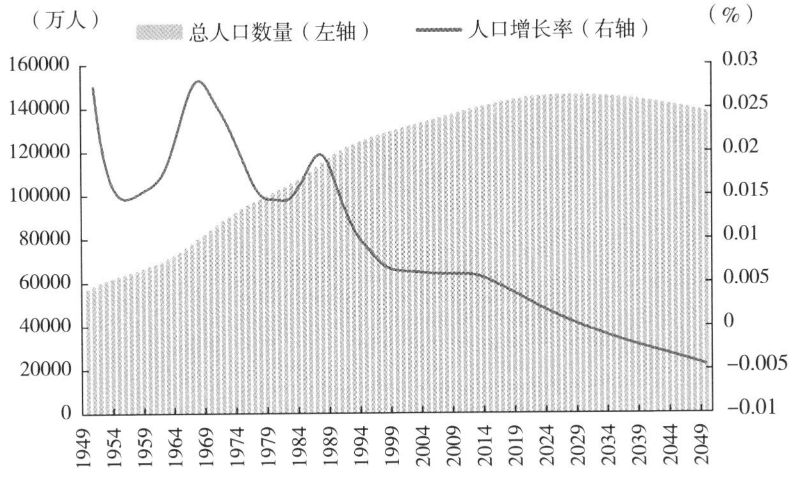

图1.3　1950—2050年中国总人口数量和人口增长率

资料来源：联合国人口司，作者整理。

请看图1.4，深色线是20世纪90年代人口年龄的分布，1962年到1976年出生的这批人在90年代是二三十岁，正值当打之年，他们助力中国经济高速增长。到了2015年，人口年龄的分布改变了，

1962 年到 1976 年出生的中国主流人群现在四五十岁，准确地说，2017 年中国主流人群是 40~55 岁。再过五年，中国主流人群将逐渐开始退出劳动力市场,这就是为什么中国人口老龄化一定会加速到来。

再看该图下方的几个年轻的年龄段，除了 1985 年到 1989 年有一个小的婴儿潮（因为是 60 后生了 80 后，70 后生了 90 后），底下这几个柱子都比它短，所以青年劳动力越来越少。我们原来在国务院发展研究中心的时候就经常呼吁要尽快放开二胎，包括很多研究人口经济学很著名的学者都呼吁放开二胎，但是有一些原因导致这一政策后来久拖不决。2014 年放开“单独二胎”以后发现，居民生育意愿大幅低于预期，所以到了 2015 年末才决定 2016 年“全面放开二胎”。

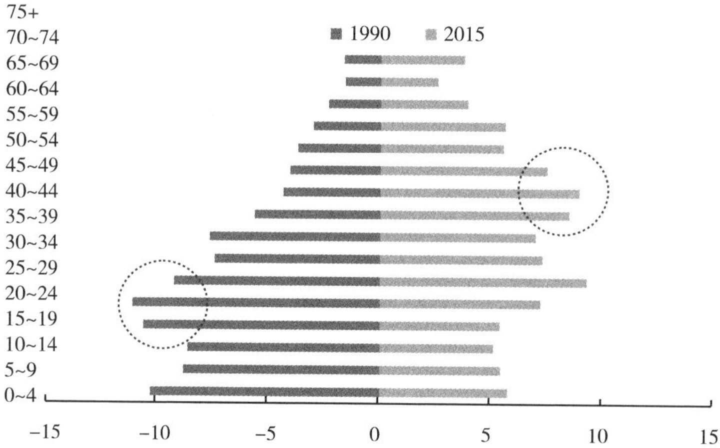

图 1.4　1990 年和 2015 年人口金字塔

资料来源：中国 1990 年人口普查资料，中国 2015 年人口普查资料，作者整理。

人口老龄化的加速到来、刘易斯拐点的出现导致劳动力成本上升（见图 1.5），以及中国出口的“增速换挡”，房地产投资的高潮也已经过去了（见图 1.6）。在 2008 年的金融危机以前，中国 GDP 的年均增长率为9.8%，高的时候可以达到14%，低的时候一般也有8%左右。未来中国新的增长平台大致围绕5%~6%波动，高的时候7%~8%，低的时候4%~5%，这就是我们未来新的增长前景。

图1.5　1979—2010年农民工工资走势

资料来源：Wind，国家统计局，作者整理。

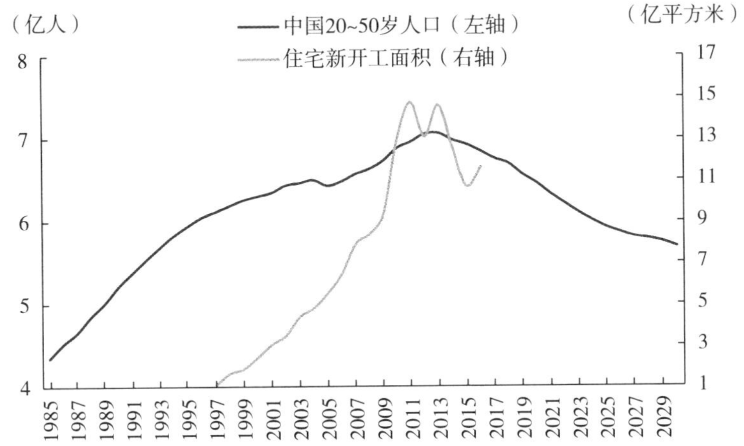

图1.6　中国住宅新开工面积与20~50岁人口数量走势

资料来源：国家统计局，作者整理。

在“增速换挡”的背后，经济结构发生了系统的变化，表面上是增速从高速向中速转换，背后是要素投入创新驱动，从政府主导到市场主导的转变，更深层次的是改革转型。刘易斯拐点的出现使低成本竞争优势削弱，出口“增速换挡”，以前中国的出口增长年均20%~30%，未来中国年均出口能有5%~10%的增长就很不错了。贸易盈余和投资对经济增长的贡献下降，消费和服务业对经济增长的贡献上升（见图1.7），“增速换挡”都发生在住行向消费升级的阶段，工业化率达到峰值，钢铁行业的增加值占比达到峰值，高端制造业的占比未来还会继续上升，现代服务业的占比也会继续上升，这就是我们所处的时代在未来的大趋势。

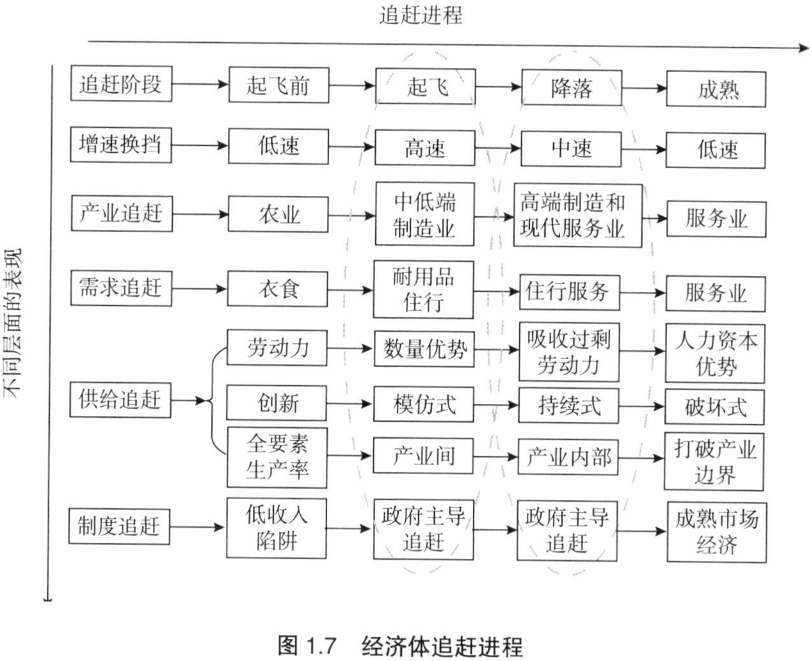

图1.7　经济体追赶进程

资料来源：作者整理。

对照当下我们发现，中国的重化工业比重较高，中国的服务业在全球占比偏低，所以未来要发展服务业，目前服务业发展滞后。中国制造业投资的所有制结构中，国企只占 10% 左右，80%~90% 是民企、外企，所以中国制造业竞争力强大（见图 1.8）。但是中国的服务业投资里有 60%~80% 来自国有企业，所以中国过去 30 多年最深层次的改革是产权改革。例如，20 世纪 80 年代的家庭联产承包责任制，90 年代的“抓大放小”，2001 年加入 WTO（世界贸易组织）。未来中国经济需要从重化工业向现代服务业和高端制造业升级（见图 1.9），需要大规模地减税、要素市场化、放松服务业管制、国企民企公平竞争等供给侧改革。

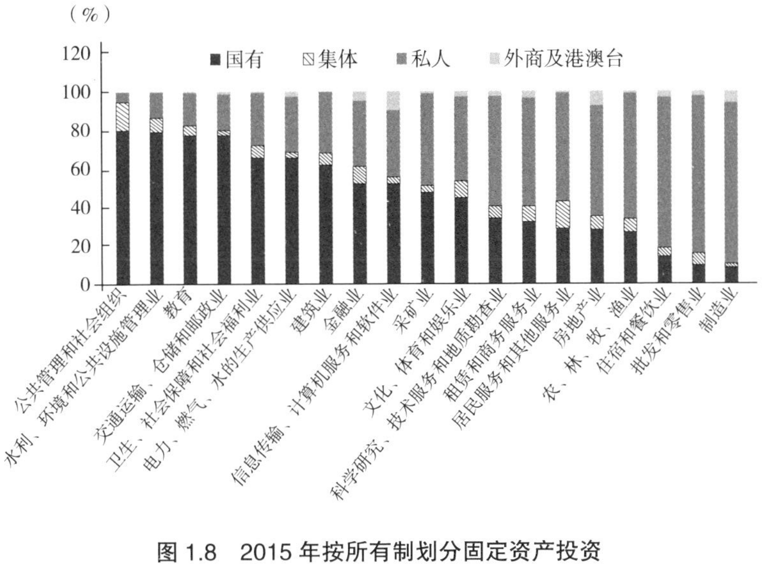

图 1.8　2015 年按所有制划分固定资产投资

资料来源：Wind，国家统计局，作者整理。

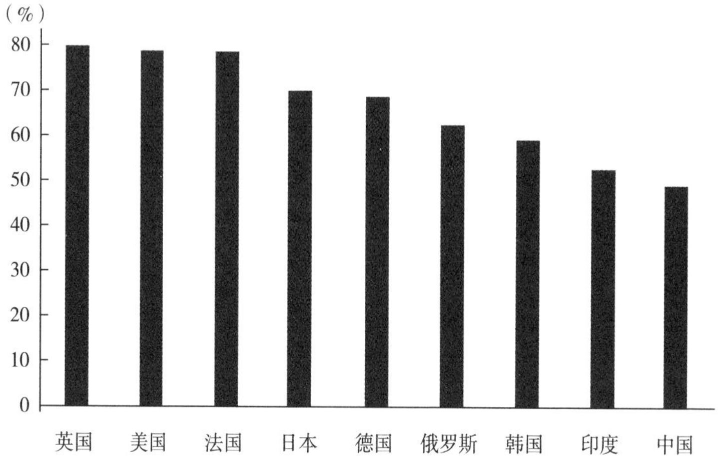

图 1.9　2015 年各经济体服务业增加值占 GDP 比重

资料来源：世界银行，作者整理。

我们再来看看在“增速换挡”期的资本市场表现。“增速换挡”也分为上下半场，跟中国现在非常像，一般是在“增速换挡”的初期，其他经济体大多没有认识到经济已经告别了高增长，都有思维的惯性，这个时候倾向于通过刺激房地产、货币超发来刺激经济，试图维持相对比较高的增长平台。但是这个时候是加杠杆的，所以股票市场、债券市场也不会表现得太好，无风险利率比较高，积累了债务杠杆率。

在下半场，通过改革、出清，会出现新一轮牛市，我这里要讲的是第二场论战。我在 2014 年下海的时候，曾提出“5000 点不是梦”“对熊市的最后一战”，在当时也引发了一场“多空”论战，这和 2017 年的新周期论战很像，论战的逻辑也都差不多，当时我们是少数派，我们看多股票，提出一轮波澜壮阔的大牛市即将来临。有人讲，经历了 5 年的熊市，哪来的牛市。我当时就讲，正是因为经过漫长5年的熊市，所以牛市要来了。今天还是这些人说，中国经济已经差了六七年了，哪有新周期呀。我要说的是，正是因为经济差了六七年了，所以新周期要来了。经济周期和股市牛熊一样，都是人参与的活动，背后都是人性的轮回。虽然科学技术和社会组织在不断进步，但人性像山岳一样亘古不变。

我们先来看韩国在“增速换挡”期的资本市场表现。在1992年前后，韩国开始面临经济“增速换挡”的压力。最初，韩国对“增速换挡”是持拒绝态度的，当时很多韩国的财阀找到总统，让总统给他们信贷，他们才继续投资，经济也才可以再继续高增长。韩国在建国初的总统是李承晚。1961年朴正熙军变上台，韩国经济开始高速增长（见图1.10），1979年朴正熙被刺杀，他的两个部将全斗焕和卢泰愚接任其位。一直到1992年底进行普选，文人总统金泳三上台，韩国总统是5年任期制，1998年总统变成金大中，韩国经济“增速换挡”的成功就是由这两任总统完成的。金泳三完成了政治改革，金大中完成了经济改革。金泳三做了两件事情：一是让军人退出政府；二是推进不动产实名制和金融实名制，他在1992年上台的第一天发表了元旦宣言，他认为不动产实名制和金融实名制是韩国迈向现代国家必须逾越的关口。他用了5年来推动这两项制度的实施。经常有人问我，中国会不会推房地产税？我在2012年就参与财税改革研究，所以可以明确地说，短期不会推出来。但如果要推出来，一定是中国改革转型的重大利好。为什么呢？因为房产税要解决两个问题：第一是税基，第二是税源。税基是评估这座房子多少钱，税源要弄明白谁名下有房子。过去十多年我们不断喊要推房产税，要不动产实名制，要房地产联网，但房产税一直推不出来，房地产也联不上网。现在互联网这么发达，全国房地产联网这件事并不难，但是为什么联不上网？大家想一想就明白阻力在哪儿了。

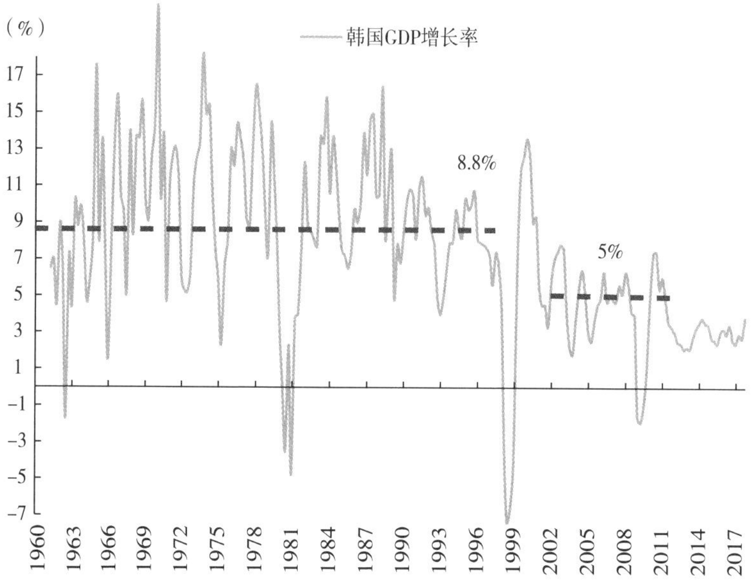

图 1.10　韩国 GDP 增长曲线

资料来源：韩国央行，作者整理。

金泳三用了 5 年来推进不动产实名制和金融实名制，代价是什么呢？韩国当时约有 4500 万人，这两项制度的推进把 2000 多名公务员送进了监狱、两任前总统送上了审判席，最后动用了总统特赦。所以说不动产实名制和金融实名制是现代国家治理的基础，它的深层次不是房产税，而是一个政治改革，是国家政治透明化的基石。金泳三的政绩主要是政治改革，但是他的经济改革是迟缓的，当时很多财阀是靠高负债，政府试图通过货币刺激维持经济高增长。

到了 1996 年，韩国前三十大财阀的负债率高达 80%。这是什么概念？一个企业如果负债率高达80%，一般就意味着它离破产不远了。1997年亚洲金融风暴爆发，并在当年第四季度冲击韩国；1998年初金大中主政，金大中也是一个非常传奇的人物。我当时在国务院发展研究中心研究“增速换挡”、跨越“中等收入陷阱”时，分到的研究对象就是韩国和日本。我为了研究韩国，翻阅了近百份文献，拜访了当时韩国改革时期的一些操盘手，包括韩国的财政部次长、IMF（国际货币基金组织）谈判的首席代表、当时的贸易部部长，跟他们聊这个事情，历历在目。面对不同的当事人，在不同的地方，我都请教他们一个共同的问题：为什么韩国走到了危机倒逼式的改革这一步？很多人告诉我，是因为他们不相信高增长结束了，因此拒绝减速和改革转型。

金大中主政以后，发了一篇文章，代表他的执政纲领，叫“与国民同启未来”。韩国这个国家还是挺牛的，因为1997年金融危机以后，转型最成功的就是韩国。当时金大中就讲，今天国家面临破产的边缘，外汇即将告罄，最大的国有银行卖给外资了，韩国走到今天，我们不要抱怨任何人，这是我们改革迟缓导致的，请大家相信我，我一定会推动改革！金大中是一个非常传奇的人物，他在20世纪80年代民运的时候曾多次坐牢，后来流亡到美国，在70多岁时竞选总统，还瘸了一条腿，就是当时民运的时候受伤导致的，他是一个非常有感召力的人，因此民众支持率很高。20世纪90年代末亚洲金融危机的时候，韩国的民众排着队，把自己家里压箱底的金银珠宝交给政府，兑换外汇，拯救国家。后来金大中确实不孚重望。1997年金融危机，一个是朱镕基总理在中国搞改革，一个是金大中在韩国搞改革。那么当时金大中的改革做了什么呢？其中之一是搞大交易。韩国财阀当时是章鱼式的扩张，所有财阀都涉及钢铁行业，产能严重过剩，他们宁愿维持负债，也不愿意退出。怎么办呢？搞大交易。所有的财阀把钢铁事业部交给浦项，由浦项来决定边际淘汰哪些产能，行业集中度大幅提升，由行政来主导清理过剩产能。我国 1998 年的纺织压锭也是由行政主导的。我们很多人被西方经济学“洗脑”，经常批评政府政策，认为政府不能用行政手段。这些批评完全不了解国情。在实际调研后你就会明白，地方保护导致环保执行不力，国企为主的产能过剩行业依靠财政补贴，不动用行政手段根本不行。2000 年以后，韩国的现代汽车和 LNG 造船事业都快速发展起来了，浦项也把很多的落后产能淘汰掉，后来只发展高端板材业，不再发展污染环境和低端的产业。2000 年以后浦项成为一支大牛股就是这么走过来的。此外，韩国还放开了很多服务业。韩国推动了这一系列的改革，所以在 1997 年金融危机以后，它才能成为少数几个经济转型成功的国家之一，并且韩国股市在 2000 年以后也迎来了一个大牛市。

1998 年还有一个国家——马来西亚，总理是马哈蒂尔·穆罕默德（Mahathir bin Mohamad），当时他讲了一句话，代表了他的执政思路，他说：“我们爆发了金融危机，就是因为我们被资本大鳄骗了，怎么办呢？我们要把国门关一关。”20 世纪 90 年代，韩国和马来西亚的人均 GDP 差不多，产业结构也差不多。而 2016 年韩国的人均 GDP 是 2.8 万美元（见图 1.11 和图 1.12），马来西亚却从此停滞了。

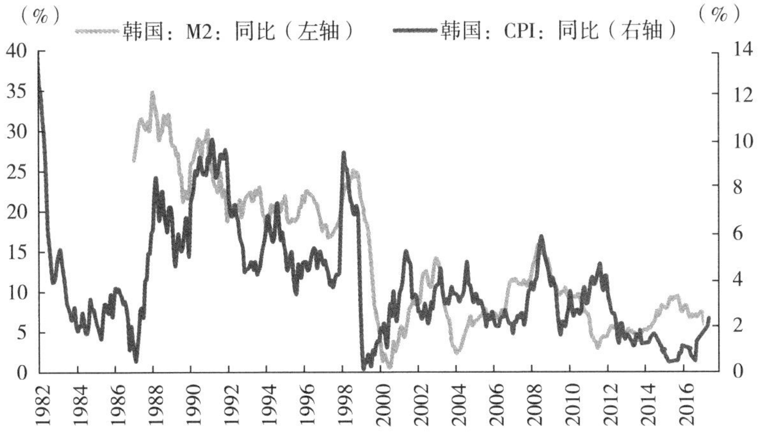

图 1.11　韩国 M2 和 CPI 走势

资料来源：韩国央行，作者整理。

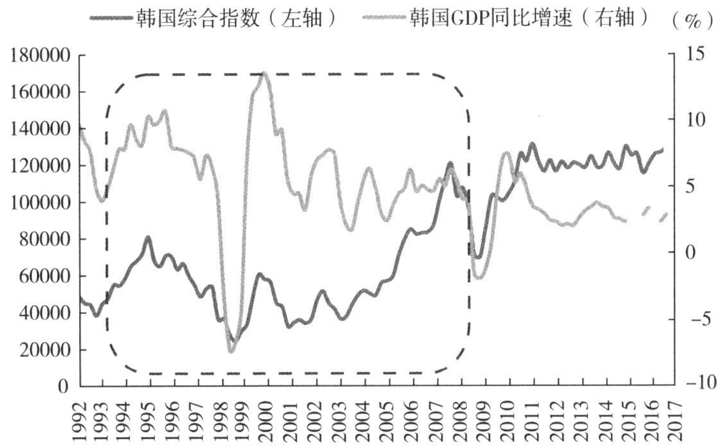

图 1.12　韩国综合指数和 GDP 增速走势

资料来源：Wind，韩国央行，作者整理。

日本大约在 20 世纪 60 年代末至 70 年代初出现了刘易斯拐点和房地产投资的长周期拐点，它也面临了“增速换挡”的压力（见图

1.13）。但是大家还记得当时日本搞了什么吗？列岛改造，日本搞了一波货币放水的刺激。日本有过两次房地产泡沫，1974 年前后有一次，1991 年有一次，这两次房地产泡沫都是货币刺激造成的。70 年代以后，日本就不再刺激货币了，而是搞产业合理化，进行产业转型。后来日本的精密仪器、家电、电子、节能汽车行销全世界。到了 80 年代初，日本跟美国有巨额的贸易顺差，签订了广场协议。后来日本为了对冲日元升值，在国内大幅放松货币，导致 1991 年日本房地产大泡沫，以及随后的“失去的二十年”。

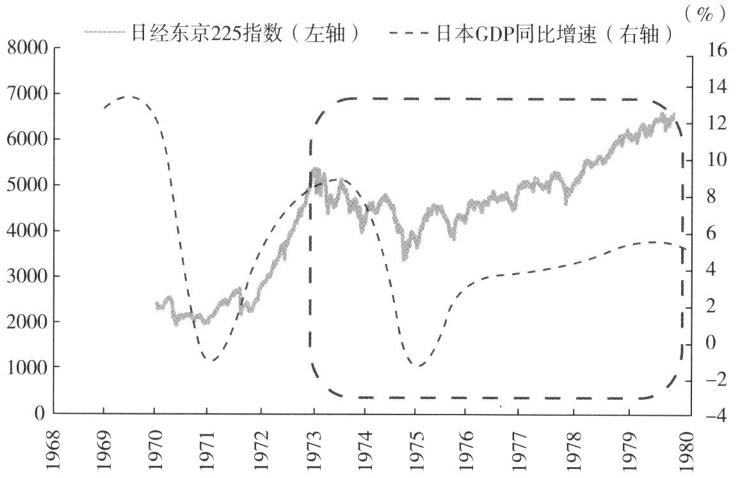

图 1.13　日经东京 225 指数和日本 GDP 同比增速走势

资料来源：Wind，世界银行，作者整理。

产能周期：新周期

坦诚告诉大家，在我的观念里，宏观研究我不倾向于抓一两个月的波动，我们对宏观的看法都是战略性的看法。比如说我们在2010年判断“增速换挡”，2014年判断“新5%比旧8%好”，2015年提出“经济L型”，判断2016—2018年中国经济波动触底。2017年初提出“新周期”，不仅仅是2017年上半年对经济看好，我对经济是战略性乐观。2012—2015年是L型的左侧，经济单边下滑，2016—2018年L型触底，2019年右侧出来。

新周期是什么呢？什么周期，新在哪里？新周期是产能周期，新在产能出清。

经济是由各种周期叠加嵌套而成的，有短期的库存周期，中期的产能周期，还有更长的房地产周期、创新周期。我接下来会介绍产能周期。有两个周期与我们的投资最为相关，一个是库存周期，另一个就是产能周期。库存周期决定了短期的波动，产能周期则决定了中期的趋势。投资在经济结构当中的占比高，波动性大，所以它在中期主导了经济的波动。我们做大类资产配置，投资时钟是一个基础方法，核心是对周期阶段的预判，在不同的经济周期阶段，不同的大类资产表现是不一样的。

一轮产能周期分为四个阶段（见图 1.14）。第一个阶段就是在经济繁荣的时候，企业家过度乐观，认为他做决策的能力高人一筹，所以在这时候进行大规模的产能扩张，随后引发产能过剩；进入第二个阶段，产能过剩以后，供需格局恶化，中小企业退出，淘汰落后产能出清；进入第三个阶段，产能出清的尾声，行业集中度提升，剩者为王，企业利润改善，银行不良率下降，修复资产负债表，为新一轮产能扩张积蓄力量；到了第四个阶段，持续的盈利改善和资产负债表修复，最终将会迎来新一轮的产能扩张。

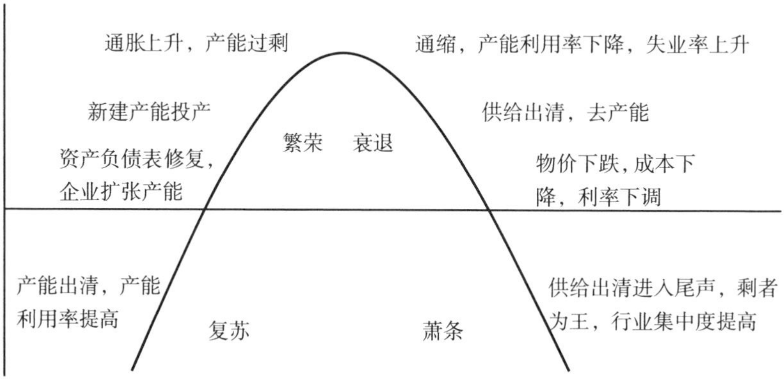

图 1.14　产能周期

资料来源：作者整理。

像凯恩斯、熊彼特、哈耶克、萨缪尔森等主流经济学家都曾提出过产能周期的经典理论。

从实证的角度我们发现，随着全球化的深入，全球经济周期关联性增强。最近，美国、德国、日本启动了一轮设备投资周期（见图 1.15），资本开支在加大，因为中国的机电产品出口占比大，所以这会带动中国的出口，我们可以看到中国出口在复苏（见图 1.16）。

图 1.15　美日设备投资走势

资料来源：美国经济分析局，日本内阁，作者整理。

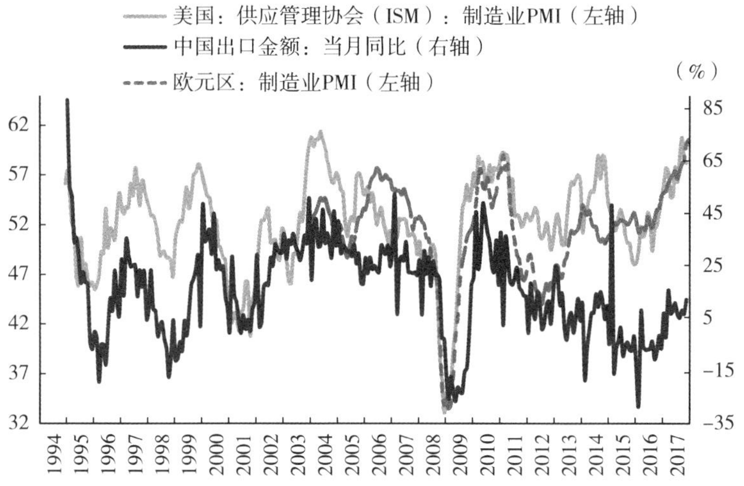

图 1.16　中国出口复苏

资料来源：Wind，海关总署，作者整理。

我重点讲的是，改革开放以来，中国的四轮产能周期（见图1.17）：1980—1991年，1992—2000年，2001—2008年，2009—2016年。显而易见，每7~11年就会出现一轮产能周期，2017年处于第五轮产能周期的底部和起点。

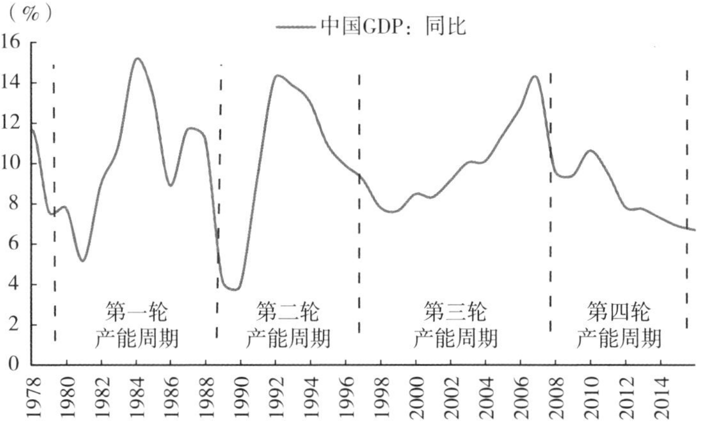

图1.17　中国的产能周期

资料来源：国家统计局，作者整理。

第三轮产能周期上升期始于2001年前后，2001年中国加入WTO，放开了外需。1998年，商品房改革放开了内需，启动中国产能投资，在2003—2007年出现爆发式增长，在2007年中期见顶后开始进入下滑期，2008年国际金融危机期间本应进行过剩产能出清，但是2009年“四万亿元刺激”进一步扩张了新产能，产能过剩进一步堆积，产能出清被推迟了。2004—2007年的建成产能叠加2009年的新建产能，一直到2011年才接近产能投放尾声，在2012年前后开始步入漫长的产能出清。

2012年以后，我国开启了漫长的去产能之路。当时由于产能过剩而经历了54个月的工业品通缩，是非常惨烈的，很多中小企业退出，市场自发产能出清。到了2015年12月，中央经济工作会议首次提出供给侧改革五大任务："三去一降一补"，即去产能、去库存、去杠杆、降成本、补短板，其中去产能是五大任务之首。习近平总书记讲要"抓铁有痕、踏石留印，久久为功"，表达了供给侧改革的决心。2012年以来的市场出清，叠加2016年以来的供给侧改革中的去产能和环保督察，进一步使去产能加快了、提前了。在2017年前后，国内这一轮产能出清周期已接近尾声。

再来看全球，2014—2015年全球周期品价格崩盘，也经历了一轮投降式的下跌。因为在2014年、2015年美联储退出QE（量化宽松）、引导加息，美元大幅走强（见图1.18），中国需求下滑，面临"双杀"，使全球大宗商品价格经历了一轮暴跌，一直跌到2015年底，跌得非常惨烈。很多传统行业十分绝望，在2015年要卖壳、要转型。

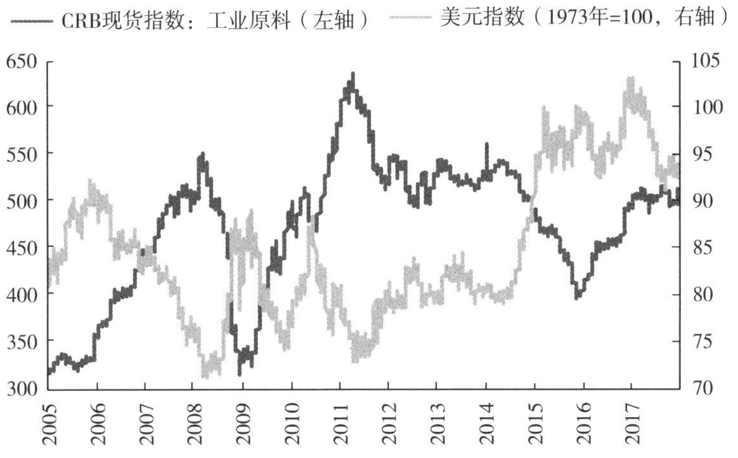

图1.18　CRB现货指数和美元指数走势

资料来源：Wind，作者整理。

除了国内市场出清，其实全球的周期品价格也经历了一波非常惨烈的调整。所以产能周期的大底终于在2015年触到了（见图1.19），在绝望中重生，在争议中上涨。2016年以来，周期品价格出现了波澜壮阔的上涨（见图1.20），这是库存周期和产能周期叠加的结果。以上是宏观的角度。

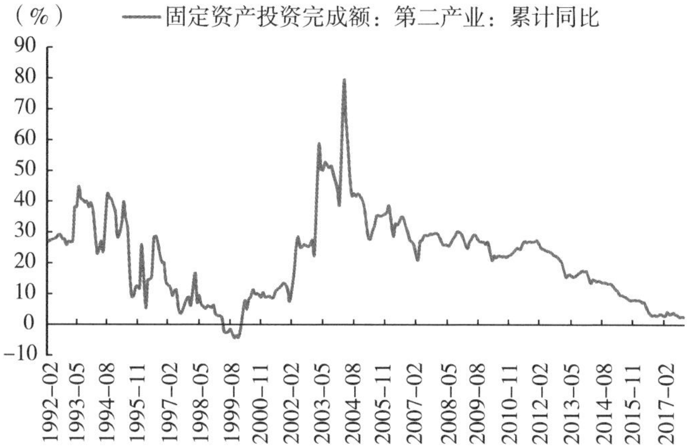

图表1.19　第二产业固定资产投资完成额

资料来源：国家统计局，作者整理。

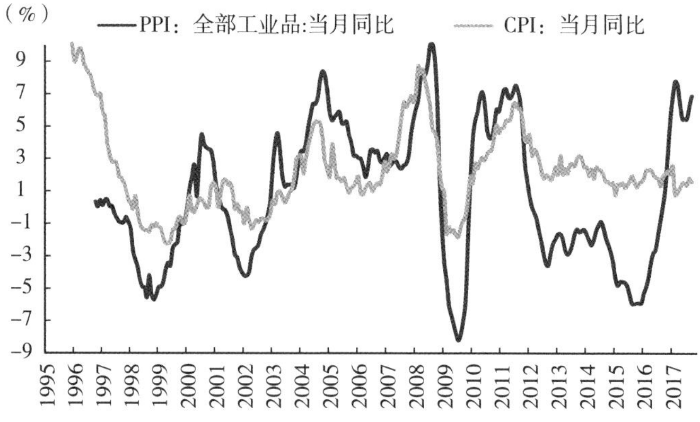

图1.20　PPI和CPI走势

资料来源：国家统计局，作者整理。

我们再来看分行业的中微观角度。2012—2017 年，上游黑色、有色行业的产能投资持续去化，甚至部分年份出现了 –20% 多的增长（见图 1.21 和图 1.22），这意味着这些行业不仅没有新的产能，很多企业和产能还退出了。化工、造纸、有色、建材、钢铁、煤炭这些行业走到今天，很多经济学家认为它们已经产能过剩，而我从中观、微观的角度发现，其实这些行业中有很多已经出清得非常充分了，甚至已进入了寡头垄断的格局，并开始供不应求了。微观世界发生了翻天覆地的变化，在这个时候还盯着 GDP、M2 等数据看是没有意义的，这些宏观指标已无法反映经济结构所发生的巨大变化，而很多宏观研究员还在闭门造车，这就是 2017 年很多宏观研究员犯了方向性错误的根本原因。所以你会发现，2017 年跟我论战的大部分是宏观研究员，而行业研究员都是支持我的逻辑的。

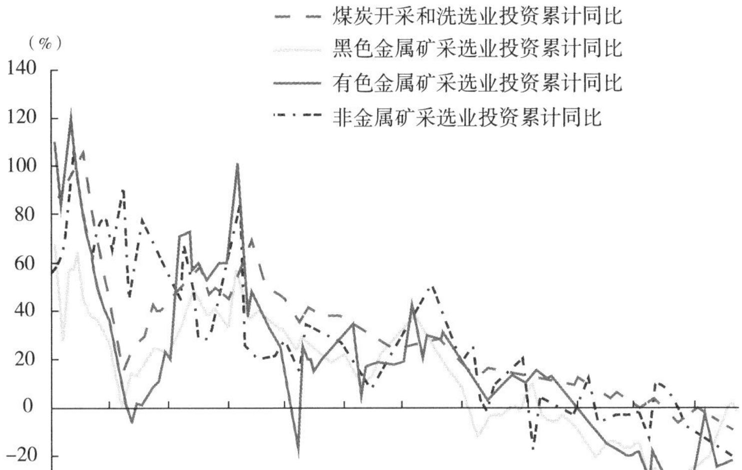

图 1.21　有色、黑色产能投资持续去化

资料来源：国家统计局，作者整理。

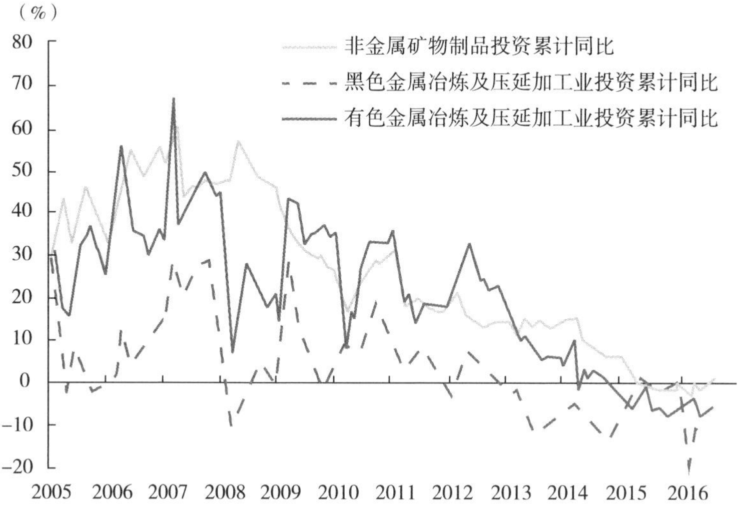

图 1.22　采矿业产能投资持续去化

资料来源：国家统计局，作者整理。

产能出清进入尾声，行业集中度提升，开始进入剩者为王、赢者通吃、强者恒强的时代。化工、造纸、玻璃、水泥、有色、钢铁、煤炭等传统行业的行业集中度提升（见图 1.23 至图 1.25），龙头企业受益，头部效应非常明显。以前大家买股票，买完老大买老二，2017 年发现老大最好，头部效应十分明显。而且传统行业的龙头企业通过规模效应、打通产业链上下游、节省成本、设备更新、研发投入、提高环保标准等建立了壁垒和“护城河”。越来越多的行业从“数星星”进入了“数月亮”的时代。

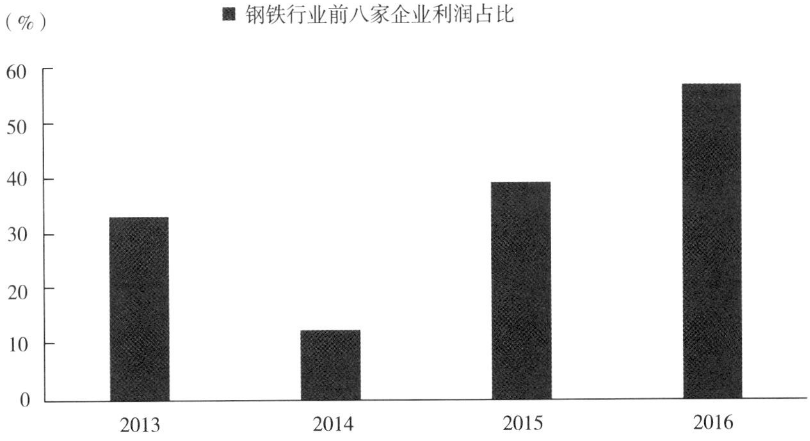

图 1.23　钢铁利润总额的行业集中度

资料来源：Wind，作者整理。

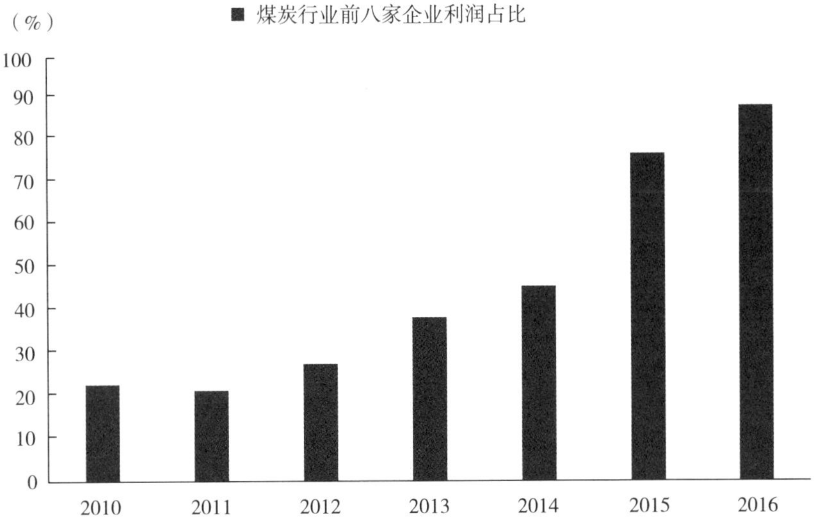

图 1.24　煤炭利润的行业集中度

资料来源：Wind，作者整理。

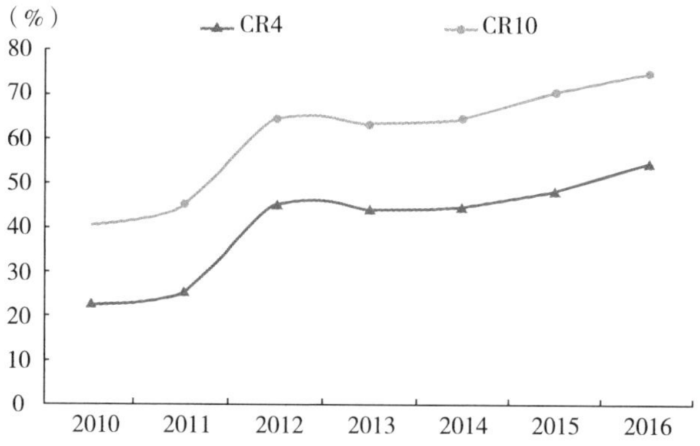

图 1.25　水泥行业集中度（CR）

资料来源：工信部，作者整理。

不仅传统行业开始进入强者恒强的时代，金融、新兴行业也开始强者恒强。金融监管导致银行、保险、券商等金融行业集中度提升，而且以前银行的风险敞口大部分来自传统行业，现在传统行业企业的利润的改善大幅降低了银行不良率。监管加强、打击炒壳、并购重组等导致新兴行业集中度提升。据说，我国一年能拍几百甚至上千部电影，而赚钱的只有 20 部左右。大部分的电影只是“一日游”，甚至连上映的机会都没有。2017 年仅《战狼 2》这一部电影就占据了国产暑期档票房的一半，头部效应非常明显。

更重要的是什么呢？以前的周期品价格，大家炒的时候对它是又爱又恨，因为它涨的时候非常凌厉，但顶是尖的，它的涨价逻辑是自我破坏式的，涨上去以后，边际高成本产能就放出来了或中小企业就进入了。但是这一次你会发现，顶是平的，这些周期品的价格一直维持在高位，保持很高的利润水平，为什么？因为银行仍然对“两高一剩”的行业限贷、环保督察、供给侧去产能，压制了新的产能释放，所以现有的这些行业正在收割这个市场，它的利润和资产负债表修复持续的时间是超预期的。比如，有一个小企业，它找到银行说我这个行业已经大幅赢利了，我想把原来的产能开出来，银行会跟它说抱歉，因为按照现在的监管规定，它这个行业叫“两高一剩”，没有办法贷款。如果小企业找到地方政府要批地，地方政府会回复，现在环保督察都是乌纱帽工程，地方没有环境容量给小企业。小企业要扩张产能，而中央的政策还在去产能。所以，这些行业龙头企业盈利的改善时间和力度是超预期的。部分行业在“护城河”建立以后,周期属性下降、公用事业属性上升,这有助于提升估值水平。

而且，环保成本的提高以后是新常态，不要怀疑政策执行力，尤其在新政治周期下。现在有经济学家批评政府的环保政策，认为政府采取了计划的、行政化的手段，这反而让我感到现在有些经济学家已经没有独立思考的能力了。如今环保不动用行政手段是不行的，因为市场化手段已无法解决环保问题。有一次我去唐山做调研，遇到了一个卖环保设备的地区销售总监，他跟我抱怨说，他卖的环保设备被很多企业当作摆设，只有上面检查的时候企业才会使用，平时根本不用，因为运行这些设备是有成本、有磨损的。我问他为什么不向当地政府举报投诉这一情况？他对我说：“现在这些地方企业与地方政府的关系铁得很，我们都是外来户，肯定不敢去捅这个马蜂窝。”我不知道大家有没有看过航拍的华北的夜晚，那些重化工企业晚上在干什么？它们把环保设备都关了，灯火通明，浓烟滚滚。所以今天中国的环保不动用行政手段根本不行，这是由中国的国情决定的。

我再给大家举一个例子。有一次我到北京南站打了一辆出租车。我上车后跟司机聊天，问他是哪里人，以前是做什么行业的。他说他是保定人，以前在石家庄开车。我问他，北京的空气好还是石家庄的空气好。他说北京的空气好太多了。他在石家庄开了几年车，实在开不下去了，因为开着开着，有时候就看不到两边的建筑了，也看不到路标，根本不知道自己开到哪儿了，离开导航已经无法开车了。2016 年北京的雾霾 PM2.5 年均 83.2 微克 / 立方米（上海 52.2 微克 / 立方米，广州 47.4 微克 / 立方米，深圳 32.5 微克 / 立方米），石家庄的雾霾 PM2.5 年均 122.6 微克 / 立方米，2016 年石家庄的一些监测点的 PM2.5 甚至创了全球的新高，达到了 1000 微克 / 立方米。所以每到冬天有钱人就会离开那里，医院全是老人和小孩在检查呼吸道方面的问题。因此，中国的环保已经到了必须要动用行政手段的地步了，现在很多经济学家没有去调研，也没有参与过公共政策的制定，所以他们的批评是狭隘的。

我们以为工业行业的负债率很高，其实 2014 年以来这些行业的负债率都在大幅下滑（见图 1.26），资产负债表都在修复，为什么？因为 2014 年、2015 年的降息使财务成本降低，2016 年、2017 年的盈利也持续改善。

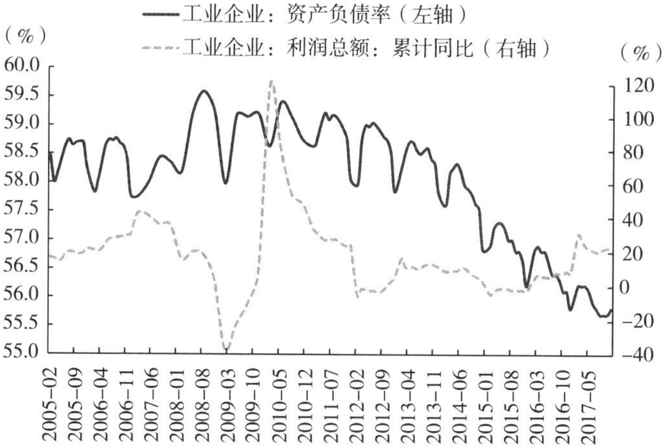

图 1.26　工业企业资产负债率和利润总额

资料来源：国家统计局，作者整理。

图 1.27 表现了我国 2015—2017 年的供求缺口，一条线代表总需求，

另一条线代表总供给。经过产能的持续出清,中国的需求每年还有增长。2017 年上半年，房地产投资增长 8.5%，出口增长 8.5%，基建投资增长约 17%，消费增长 10.4%，我们总需求是 10% 以上的增长，但是 2017 年上半年产能投资只有 5.5% 的增长，而企业还有正常的折旧和设备更新。所以我们出现了近几年少有的供求缺口，供求缺口必然导致周期品价格上涨和企业盈利改善。周期品价格上涨是基本面决定的。

结论就是，经过六年多的市场出清、叠加供给侧改革和环保督察，中国经济正站在新周期的底部和起点上。新周期的核心是：产能周期的第三个阶段，产能出清、行业集中度提升、剩者为王、企业盈利改善、银行不良率下降、资产负债表修复、为新一轮产能扩张蓄积能量。

我们提出的新周期在市场上引发了一些讨论，市场目前对此存在一些误解。

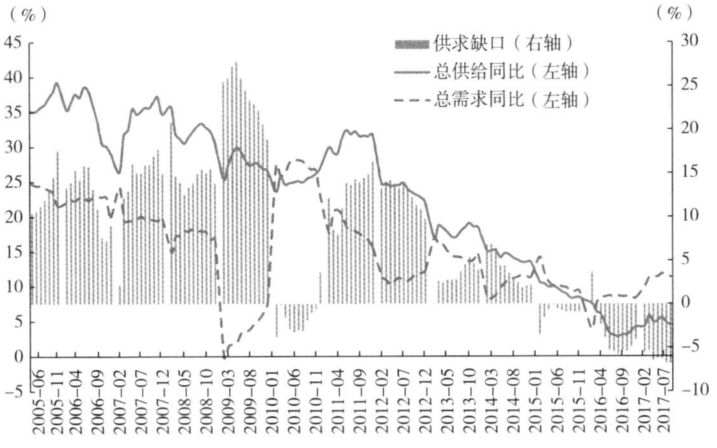

图 1.27　2015—2017 年供求缺口

资料来源：国家统计局，作者整理。

第一种观点认为，新周期是需求的复苏。我们强调的是产能出清新周期，产能出清引发的资产负债表修复一般要 2~3 年时间，所以 2016—2018 年我们都处于这个阶段。这些行业龙头资产负债表修复具有可持续性。

第二种观点认为，产能出清主要是供给侧改革所致。我们认为，新周期是供给侧改革和市场自发出清的叠加。市场自发出清比供给侧改革更早，自 2012 年以来，中国经济就已经开始依靠市场自身力量去产能，经历了 54 个月的通缩。另一个证据是，我们看到供给侧改革主要在钢铁、煤炭行业，但产能出清在化工、造纸、玻璃、水泥、有色金属等没有推动供给侧改革的很多行业均有积极进展，并可以观察到广义周期品的价格上涨、企业盈利改善以及资产负债表修复。

第三种观点认为，新周期一定要有新内容、新经济结构。我们认为，经济周期和结构转型是两回事，并不意味着每一次周期轮回都会使经济结构发生翻天覆地的变化。周期是从复苏、繁荣、衰退到萧条自身的循环。在产能出清、行业集中度提升、剩者为王的过程中，也相应提升行业平均效率和规模经济，促进大企业加大研发投入和设备更新，有转型升级的内涵。

第四种观点认为，新周期是设备扩张周期。产能出清新周期处在产能周期的第三个阶段。目前并没有进展到第四个阶段设备扩张周期，钢铁、煤炭、电解铝等行业甚至仍处在去产能、去设备的过程中，当前商品价格和周期股的大涨主要是产能出清而不是产能扩张。

第五种观点认为，这一次新周期会被证伪。2011 年、2013 年市场曾多次有分析师预测新周期将要启动，结果均被证伪。2011 年处在产能扩张的尾声、2013 年刚刚开启去产能，被证伪符合周期自身的运行逻辑。但是在经过长达 54 个月的通缩和市场自发出清、叠加供给侧改革后，产能出清周期已经接近尾声。当新周期真的来临时，人们已经不敢去确认了。

第六种观点认为，市场自发的供给出清和供给侧改革导致商品价格上涨，利润在产业链上下游重新分配，挤压中下游，提升了成本。我要说的是，市场是很公平的，过去这几年，这些上中游传统行业很惨。大家还记得 2015 年韶钢要卖壳吗？多少传统行业要转型，人家亏了这么多年，2017 年赚一点点钱，很正常。过去漫长通缩，难道不是上游补贴下游吗？要尊重市场自身的周期运行规律和事实。

第七种观点认为，新周期意味着改革任务完成，不需要再改革了。这也是一种误解。产能出清新周期仅是就部分行业的产能过剩而言完成了阶段性的任务，改革仍任重道远，比如，通过减税和打破“玻璃门”放活新兴产业，通过长效机制促进房地产持续健康发展，通过财政整顿建立健全财经纪律，在金融稳杠杆的过程中完善金融监管，为了平滑改革带来的结构性失业阵痛需要完善社会保障体系，等等。

新周期具有十分重要的政策含义，只有认清经济形势，政策才能被正确实施，才能避免误判引发经济大起大落。新周期的政策含义十分重要：市场已经靠自身力量企稳，“经济 L 型”，保持货币政策中性稳健，防止再度通过刺激房地产稳增长；供给侧改革“三去一降一补”和环保标准提高是新常态，大方向是对的，对公共政策的批评不能带有“洁癖”，中国不应该再回到过去粗放式发展的道路，新周期意味着未来创新发展、绿色发展、集约式发展的大方向和道路；市场自发出清证明了市场机制的伟大，要坚持市场化改革的方向；未来更多地要依靠市场化和法治化的方式推动供给侧改革，同时在去产能过程中要公平对待国企和民企，提高资源配置效率。

房地产周期：长期看人口、中期看土地、短期看金融

我研究了十年房地产，2015 年我就跟大家推荐过“一线房价翻一倍”。房价问题很重要，它决定了每个人的大类资产配置。更重要的是什么？是可以实战！我们要判断哪个地方房价会涨，哪个地方房价会跌，以及什么时候会涨，什么时候会跌。什么决定房价？我把它总结为一句话：“长期看人口、中期看土地、短期看金融。”

我们判断一个地方未来房价是涨还是跌，第一要判断未来这个地方人口是流入的还是流出的，人口流入的地方，未来房价长期来说怎么走？涨。人口流出的呢？肯定涨不动。这就是过去一、二线城市的房价大涨、东北的房价不涨的原因。中期看土地，如果这个地方人口是流入的，政府还不供地，这个地方房价会怎么走？大涨。短期看金融，如果一个地方人口是流入的，政府还不怎么供地，最近货币又开始刺激了，这个地方房价会怎么走？暴涨。非常简单，就坚持这个逻辑。

貌似是一个很简单的问题，未来中国人往哪里流动呢？人口流

入的地方，房价持续看涨，你买入并持有就好了。有人说未来人口往大城市流动，有人说往小城市流动。中国过去十多年城市规划指导思想一直没变，“控制大城市规模，积极发展中小城市和小城镇，区域均衡发展”，这也是城市化的思路。

未来中国人口往哪里流动呢？我们研究了十几个经济体，美国、欧洲、日本、韩国等。以日本和美国为例，日本是人地关系紧张，美国是人地关系宽松。图1.28是过去100年日本大都市圈人口占日本总人口的比重，趋势是日本大都市圈的人口在过去100年的人口占比是不断上升的。日本1.3亿人，3700万人在东京；韩国5000万人，2500万人在首尔。所以它们的大都市圈是不断扩大的，人口不断往大都市圈流入。有人会说，日本、韩国人地关系紧张，所以人去了大都市。表1.1是过去近100年，美国人口流动的趋势，美国大都市圈人口占美国总人口的比重也是不断上升的，但有没有逆转回到小城镇去呢？没有。美国人地关系不紧张，国土面积跟中国差不多，美国3.2亿人，中国13.8亿人，人口不断往大都市圈流入。美国、日本、巴西、意大利、菲律宾、英国、印度无一例外，不管是什么样的经济体，人不断往大都市圈流入是最基本的规律和趋势。为什么？因为大都市更节约土地，更节约资源，更有活力，更有效率，更能为青年人带来梦想，这是几百年来城市文明的胜利，这是一种文明。控制大城市规模、发展小城镇是逆城镇化的，是不符合规律的。

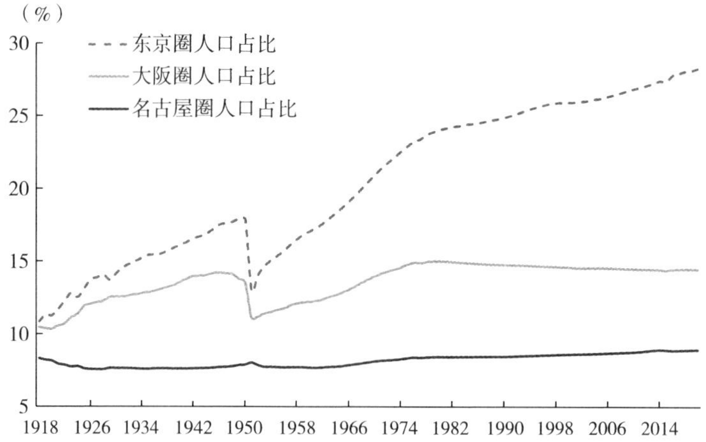

图 1.28　日本三大都市圈人口占总人口比重

资料来源：日本总务省统计厅，作者整理。

表 1.1　美国人口迁移趋势（1940—2010 年）

规模类型	1940 年	1960 年	1990 年	2000 年	2010 年
城市数量（个）					
50000~100000	15	24	26	30	23
100000~250000	69	91	143	168	159
250000~500000	30	52	75	80	82
500000~1000000	13	31	45	39	51
1000000 以上	11	24	46	49	51
全部都市圈	138	222	335	366	366
人口分布（比重，%）					
50000~100000	1.0	1.1	0.9	0.9	0.6
100000~250000	8.5	8.2	9.1	9.1	8.0
250000~500000	8.3	9.7	10.6	10.2	9.3
500000~1000000	6.9	12.0	13.1	9.6	11.5
1000000 以上	26.2	34.3	43.9	53.0	54.1
全部都市圈	50.9	65.3	77.6	82.8	83.7

续表

规模类型	1940 年	1960 年	1990 年	2000 年	2010 年
人口数量（百万人）					
都市圈	67.1	116.6	192.9	233.1	258.3
美国	131.7	178.5	248.7	281.4	308.7

资料来源：美国商务部普查局，作者整理。

中国过去也是这样，人口从东北、西北、小城镇往大都市圈迁移，不仅过去 10 年是如此，未来 20 年仍将如此。

图 1.29 就是我在 2015 年预测一线房价翻一倍时做的，这也是我预测房价最核心的一张图。什么地方房价会涨，答案很简单：人口流入高、库存低、政府不供地的地方。什么地方房价涨不动？人口都流出了，而政府还在拼命供地的地方。

有人曾问我，当我在 2015 年预测一线房价翻一倍之后，为什么北京、上海的房价仅一年就翻了一倍。图 1.30 回答了这个问题——货币的超发。

黑色实线是广义货币供应增速，灰色线是居民收入增速，虚线是名义 GDP 增速。自 2014 年以来，货币供应是向上的，GDP 增速是向下的。货币超发引发了广义资产价格轮番上涨。拉长来看，不是仅过去这一两年货币超发，而是过去这几十年货币一直在超发，广义货币供应量年均增长 20%，没有什么东西能够跑赢这台印钞机。大家还记得北京和上海十年前的房价吗？每平方米约一万，十年十倍。20 世纪 80 年代的万元户被称作有钱人，那时候北京的一套四合院值 5000 块钱，万元户在北京可以买两套四合院。放在历史的长河中，货币的贬值是惊人的。很多人动不动讲卖房炒股、现金为王，所以我说现金为王是个坑，而且这个坑很大。

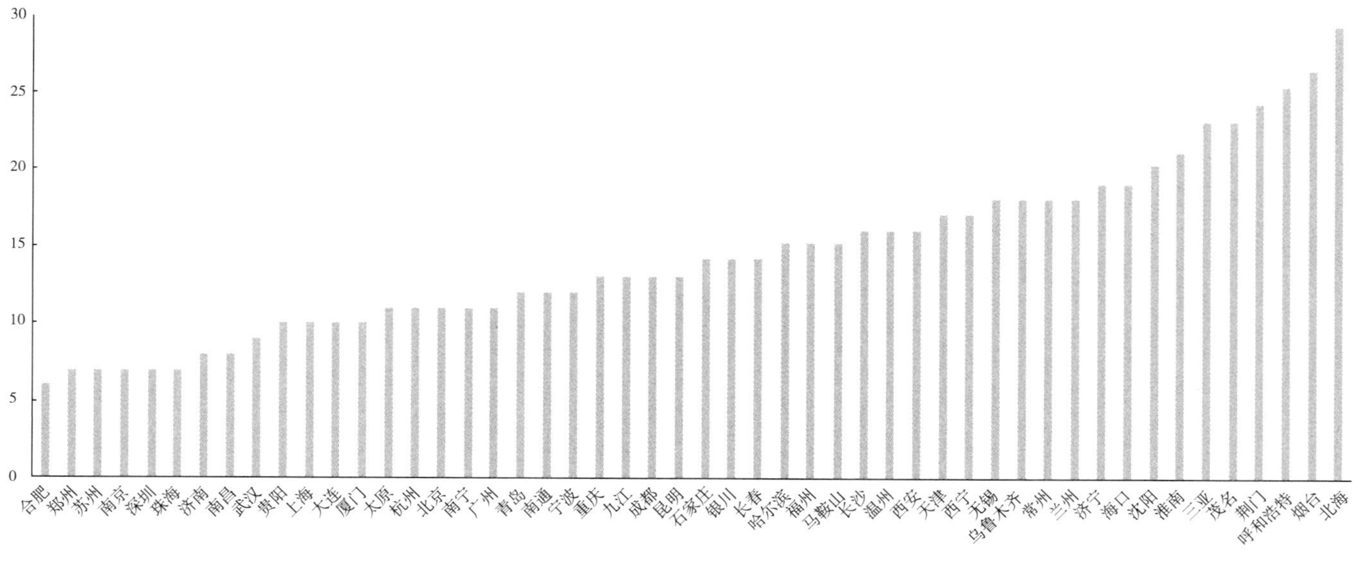

图1.29　商品房库销比（2015）

资料来源：Wind，作者整理。

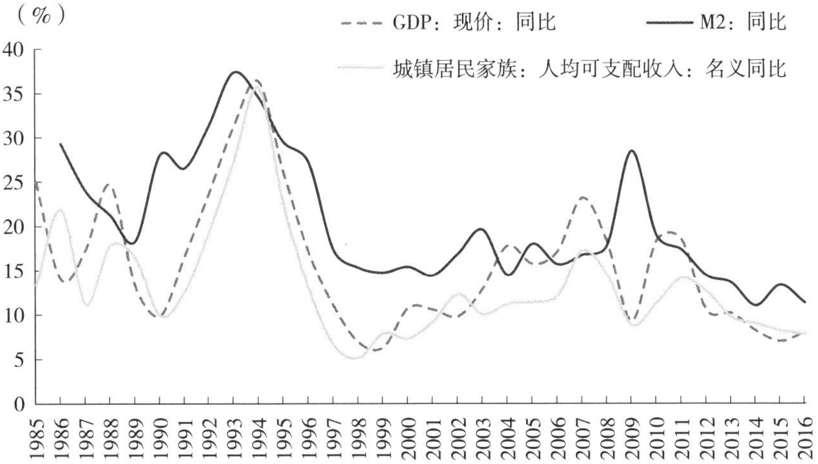

图 1.30　广义货币供应量持续增长

资料来源：国家统计局，作者整理。

如表 1.2 所示，1998—2016 年，全国房价涨了不到 4 倍，货币供应量涨了将近 15 倍，究竟是房价涨多了还是货币发多了？又有人会说，房价什么时候见顶，你能告诉我什么时候货币不超发吗？

表 1.2　房价、收入与货币供应量

	城镇新建住宅销售均价（元/平方米）	城镇人均可支配收入（元）	M2（亿元）
1998	1854	5425	104499
2016	7203	33616	1550067
2016/1998	3.89	6.20	14.83

资料来源：Wind，作者整理。

还有人问我，现在北京、上海要控制人口（见图 1.31），房价是不是就不涨了？东京都市圈和北京的面积大致一样，而东京圈有 3700 万人，北京只有2200万人。首尔圈的面积只是北京面积的一半多，首尔圈的人口却有2500万。这两个都市圈的人口密度都比北京大，人也比北京多，为什么“大城市病”却没我们严重？我们的大城市究竟出了什么问题？先看北京的轨道交通（见图1.32），再看东京地铁（见图1.33），东京圈人均轨道交通里程是北京的4倍。我们的城市规划太简单粗暴了，车多了限号，人多了控制人，问题的关键是完善城市规划。日本东京人均GDP高达四万多美元，以坐轨道交通出行为主，北京小汽车、出租车比例太高（见图1.34）。

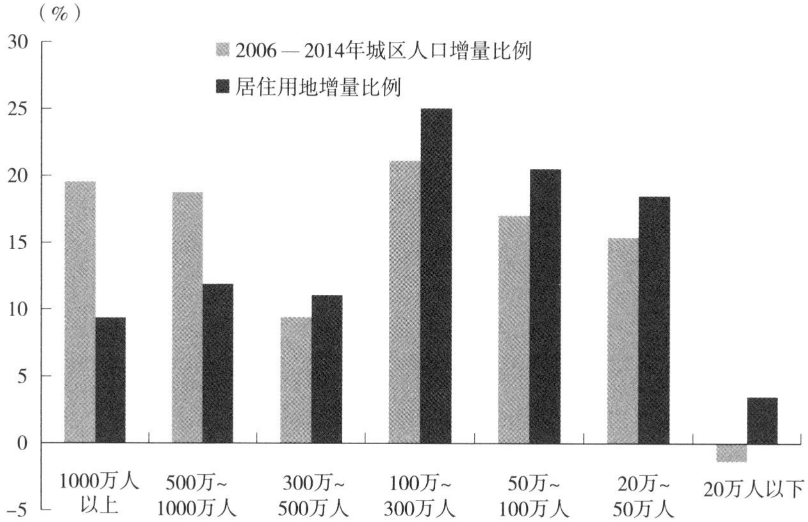

图1.31　分规模城市用地

资料来源：《中国城市建设统计年鉴》，作者整理。

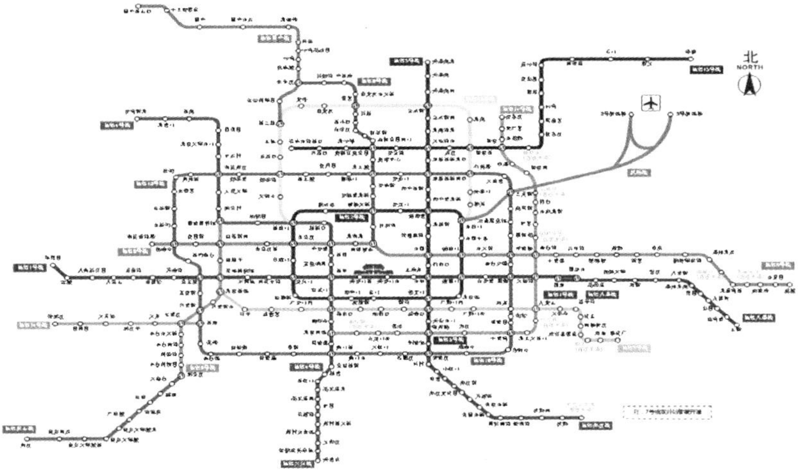

图 1.32　北京地铁图

资料来源：北京市地铁运营有限公司，作者整理。

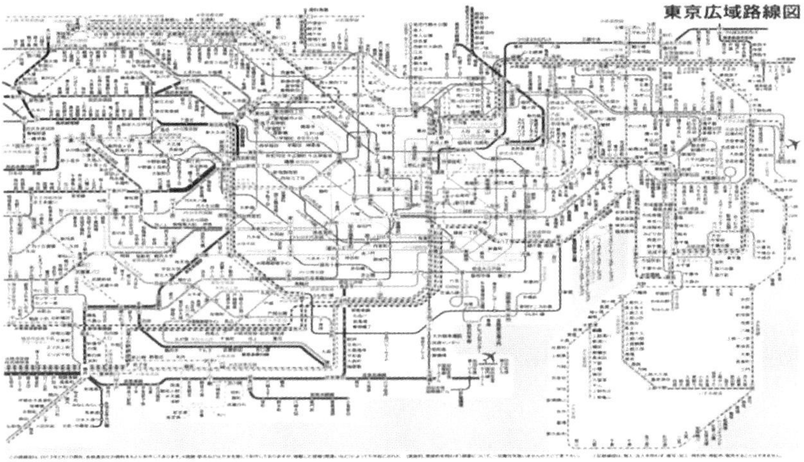

图 1.33　东京地铁图

资料来源：东京都交通局，作者整理。

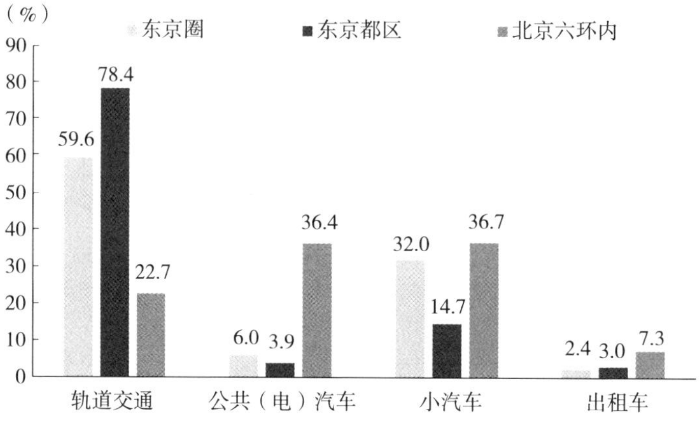

图 1.34 北京与东京交通方式对比

资料来源：日本总务省统计厅，北京市交通委，作者整理。

为什么过去我们一线房价涨幅这么高？就是因为我们在“控制大城市规模，积极发展中小城市和小城镇，区域均衡发展”的城市化指导思想下，土地向三四线、中西部倾斜，人口向大都市圈集聚，导致人口城市化和土地城镇化明显背离，从而导致人地分离，供需错配，一二线房价过高，三四线库存过高，这是根本的原因。

大势研判：策略思维

前面介绍了宏观框架，最后讲一下策略思维。投资最终是要落地的，如股票。

在股票市场上有两种策略思维，一种是总量思维，另一种是边际思维。总量思维反映一致预期，羊群效应，乌合之众。边际思维反映超预期，与众不同。股价是由哪种思维决定的？是由边际超预期决定的。股价是大家都不知道的逻辑或信息，而你发现了与众不同的逻辑，这个信息逐渐体现在股价上。

这就回到了分析师及其研究的价值究竟是什么这一问题。市场上有两类分析师：一类随波逐流，一开始广受追捧，到最后被市场证伪，因为他们代表了总量思维和一致预期；另一类分析师，一开始广受争议，后来大家渐渐觉得他说的有道理，在绝望中重生，在争议中上涨，他们代表了边际思维和超预期。就像 2014 年我们提出“5000 点不是梦”一样，当时很多看空的观点广受追捧。到了 2015 年，前面看空的人变得比我们更激进，市场开始流传“1 万点不是梦”，我说“一年前市场认为我疯了，一年后我理性了，市场疯了”。2017 年新周期也是这样，2015 年大家对传统行业都绝望了，而到了 2016 年，周期、金融、消费在绝望中重生，2017 年在争议中上涨。我认为，“新周期必将经历四个阶段：看不见、看不起、看不懂，最后来不及”。

这就是分析师及其研究的价值。以独立、客观的研究立场提出边际超预期的逻辑或观点，不随波逐流，这是对投资者最大的贡献。这来自修炼内心的清净，知行合一，事上磨炼，致良知。放下执念，无我不执。

站在新周期的起点上

任泽平　卢亮亮

（原文发表于 2017 年 4 月 19 日）

继2010年参与研究提出“增速换挡”、2015年提出“经济L型”之后，我们在2017年年初提出“新周期”，在中国宏观经济领域引发了一场史诗般的教科书级的论战，几乎所有的经济学家均参与其中。随着2017年中国GDP增速超预期回升、股强、债弱、商品强、人民币汇率强，“新周期”论战经济多头宣告完胜。经过来自多维证据的交叉检验，研究发现，2010年以来，经过过去6年的经济衰退和长达54个月的通缩，在钢铁、煤炭、水泥、玻璃、化工、机械等传统行业领域中，大量中小企业退出，行业龙头压缩淘汰过剩产能，市场自发进行产能出清，2016年启动的供给侧结构性改革和行政化去产能加速了国企占比高的行业的产能出清。传统行业竞争格局优化，步入剩者为王、强者恒强的时代，我们在2014年预测的“新5%比旧8%好”开始得到验证。2016年以来，中国工业企业的产能利用率正逐步触底，部分传统行业产能出清实际状况远比统计数据展示得更为充分。

基于以上发现，我们判断，经过6年多经济调整和产能出清，叠加供给侧结构性改革和环保督察，中国经济正步入L型的一横，站在新周期的底部和起点上。新周期的核心是：产能周期的第三个阶段，产能出清、行业集中度提升、剩者为王、企业盈利改善、银行不良率下降、资产负债表修复、为新一轮产能扩张蓄积能量。

产能周期与经济周期

什么是产能周期

经济周期主要受商业周期、政治周期、社会周期等影响（见表2.1）。其中，商业周期是市场经济中由个人或企业自主行为引发的商业律动，并形成经济系统潜在的运行态势，是进行经济形势分析和实施反周期宏观调控的基础。现实中的经济运行形势由多股商业周期力量叠加而成：60年左右的创新周期、10年左右的设备投资周期和3年左右的存货周期等。

现代经典经济周期理论归纳出了几大典型的商业周期：短波的农业生产周期（又称蛛网周期）揭示的是农业对价格的生产反馈周期，1年左右；中短波的工商存货周期（又称基钦周期）揭示的是工商业部门的存货调整周期，3年左右；中长波的设备投资周期（又称朱格拉周期）揭示的是产业在生产设备和基础设施投资活动上的循环周期，10年左右；长波的建筑周期（又称库兹涅茨周期）主要是住房建设活动导致的，30年左右；超长波的创新周期（又称康德拉耶夫周期）是由创新活动的集聚发生所致，60年左右。

表 2.1　周期类型

类型	常用名称	学术名称	长度	原因
商业周期	农业生产周期	蛛网周期	1~12 月	生产对价格的反应时滞
	工商存货周期	基钦周期	2~4 年	增长与通胀预期
	设备投资周期	朱格拉周期	6~11 年	经济景气、设备寿命
	建筑周期	库兹涅茨周期	20~40 年	人口、移民
	创新周期	康德拉耶夫周期	50~70 年	创新的集聚发生及退潮
政治周期			4~5 年	选举、政府换届
社会周期				社会历史循环

资料来源：作者整理。

产能周期是经济波动中的主周期，长度为 6~11 年。在给定的技术条件下，资本和劳动力被充分利用后所能达到的最高产出称为产能。宏观经济运行在微观上表现为企业产能调整活动（设备投资、就业雇佣等），企业的扩产能或去产能行为表明了对未来国民经济景气的预期。当经济增长预期上行时，企业主动扩张产能，反之则收缩产能，从而产生了明显的周期性，也就是产能周期（见图 2.1）。从其他商业周期与产能周期的关系来看，短期的库存调整是中期产能调整的缓冲带，长期的创新周期是技术革命引发的商业机会和产能投资浪潮。

产能的调整主要是靠调整资本和劳动力进行，其中资本主要是指机器设备、厂房等固定资本。从中长期来看，占固定资产投资达到 1/3 的设备投资是引发经济波动的重要因素，具有很强的顺周期性。美、日、欧非常重视产能周期的研究，工业企业产能利用率以及分行业的产能利用率被用于判断经济走势，而这一块的统计目前在中国仍是空白。

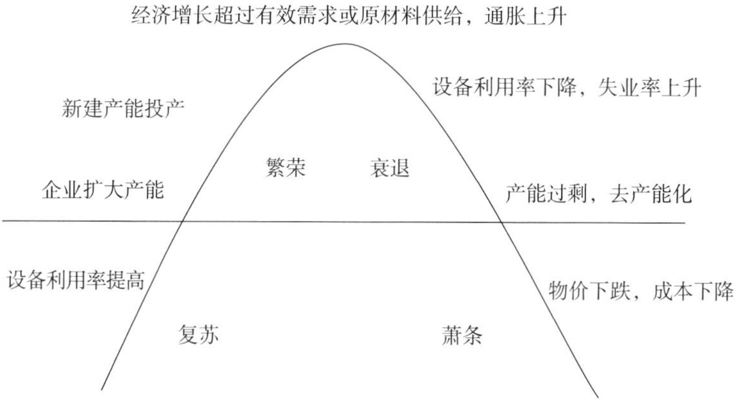

图 2.1　经济周期与产能调整

资料来源：作者整理。

产能周期的几个特点

产能周期与经济周期同步

由于产能调整取决于经济增长前景，而经济增长前景的判断一般是基于经济动能（比如，连续多月的工业增速或者过去一个季度的经济增速）。因此，产能周期从理论上讲是同步或稍微领先于经济周期的。事实证明确实如此：美国的产能周期基本同步于经济周期（见图 2.2），而日本的产能周期则领先经济周期 2~3 个月（见图 2.3）。

产能周期领先于固定资产投资周期

在产能周期中，当行业产能过剩时，产能利用率的下滑伴随着企业投资的下降。当产能利用率触底回升时，企业仍在收缩产能，企业生产的固定成本被摊薄，盈利水平（如净资产收益率）上升；随后企业开始扩建产能，企业固定资产投资尤其是设备投资上升。因此，产能周期的变化领先于企业固定资产的投资周期：美国领先 6~10 个月（见图 2.4），日本领先 3~6 个月（见图 2.5）。

图 2.2　美国的产能与经济周期

资料来源：Wind，作者整理。

图 2.3　日本的产能与经济周期

资料来源：Wind，作者整理。

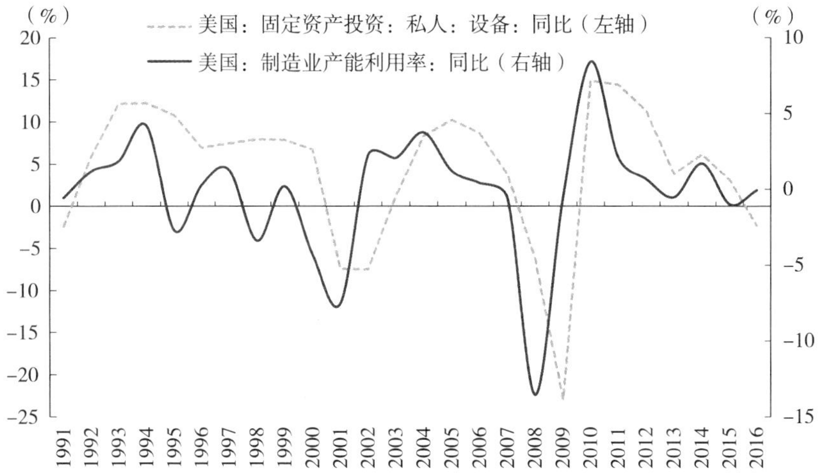

图 2.4 美国的产能周期领先投资周期

资料来源：Wind，作者整理。

图 2.5 日本的产能周期领先投资周期

资料来源：Wind，作者整理。

不同行业的产能周期方向一致但调整幅度不同

产能的调整主要是劳动力和资本的调整引发的。相对而言，劳动力的调整比机器设备以及厂房的调整更容易进行，因此，不同行业由于劳动力和资本的投入比例差异而对产能调整产生的影响也不同。以美国为例（见图 2.6），我们可以看到非耐用品行业的产能调整领先于耐用品行业，而且产能利用率调整幅度明显小于耐用品行业。这是因为产能周期的变动首先是由人力资本投入的变化引起的，而非耐用品行业大部分都是人力资本投资较大的部门，如食品饮料、纺织服装等行业；耐用品行业的资本投入比重较大，如金属制造业、机械以及汽车行业等。

图 2.6　不同行业的产能周期调整存在差异

资料来源：Wind，作者整理。

中国的产能周期

中国自 1978 年改革开放以来经历了四轮产能周期（见图 2.7），

平均每轮周期持续 10 年左右。本轮周期上升期始于 2000—2001 年，在 2007 年中期见顶后开始进入下滑期。然而，中国政府在 2008 年金融危机后的“四万亿元投资计划”改变了产能演变路径，产能去化变成产能再度扩张，本就过剩的产能进一步扩张。但是持续低迷的内外部需求无法消化这些产能带来的新增供给，大量行业出现“产能过剩”，开始进入漫长而痛苦的被动和主动去产能阶段。

按照经验规律推算，四万亿刺激带动的产能上升期是 5 个季度，那么本轮产能周期应该被推迟了 2~3 年。因此，本应该在 2013—2014 年结束的产能去化周期被推迟到了 2015—2017 年。

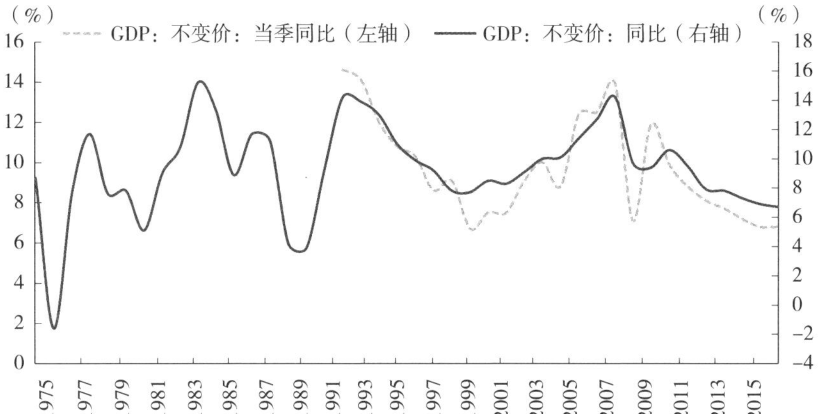

图 2.7　改革开放后的四轮经济增长周期

资料来源：Wind，作者整理。

新常态、新周期：供给出清，剩者为王，强者恒强

来自多维证据的交叉检验

中国没有工业企业产能利用率的官方统计数据，但我们可以通过两个方面来检验本轮产能出清进展程度：一是研究部分原来的传统“产能过剩行业”的产能利用率和行业集中度变化；二是基于产能调整要素从侧面提供佐证。

研究发现，2010 年以来，经过过去 6 年的经济衰退和长达 54 个月的通缩，在钢铁、煤炭、水泥、玻璃、化工、机械等传统行业领域中，大量中小企业退出，行业龙头压缩淘汰过剩产能，市场自发地进行产能出清，2016 年启动的供给侧结构性改革和行政化去产能加速了国企占比高的行业的产能出清。传统行业竞争格局优化，步入剩者为王、强者恒强的时代，我们在 2014 年预测的“新 5% 比旧 8% 好”开始得到验证。2016 年以来，中国工业企业的产能利用率正逐步触底，部分传统行业产能出清实际状况远比统计数据展示得更为充分。

基于行业数据的检验：产能出清，行业集中度提升，龙头企业资产负债表修复

产能利用率：传统“产能过剩”行业的产能利用率触底回升

经过 2005—2007 年的扩张，以及 2009 年“四万亿元投资计划”的刺激，钢铁、煤炭、水泥、造船、平板玻璃、电解铝等多个行业陷入严重的产能过剩。由于行业的所有权结构以及竞争格局的不同，产能去化的进展存在差异。截至 2016 年底，钢铁、煤炭行业的产能利用率触底，降幅逐渐缩窄（见图 2.8 和图 2.9）；水泥、电解铝、石化和化肥等行业的产能利用率则触底回升（见图 2.10 至图 2.13）。

从产能利用率的绝对水平上看，达到什么程度的产能利用率才算是产能出清呢？根据 2013 年《美国总统经济报告》中呈现的 1965—2012 年美国制造业产能利用率的历史数据来看，最低值出现在 2009 年，为 65.5%；最高值出现在 1966 年，为 91.1%；平均水平为 79.8%。工业总体的产能利用率和制造业产能利用率的最高值仅出现在“二战”以后。根据美国经济运行的历史经验特点，一般认为美国总体工业企业产能利用率的“合意”区间是 79%~82%。对比中国几个行业的产能利用率，2016 年钢铁、煤炭、水泥、电解铝、成品油加工以及尿素的产能利用率分别为 65.4%、67%、75.2%、83.1%、69.1% 和 44.8%，很明显大部分仍处于“产能过剩”的阶段（行业平均产能利用率存在大量僵尸无效产能的占用情况，从而使数据失真）。但是从二阶拐点上看，产能利用率在触底，部分行业出现回升。

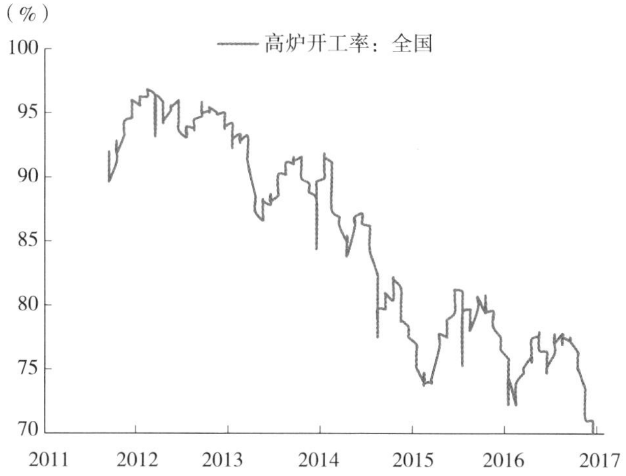

图 2.8 钢铁行业的产能利用率

资料来源：工信部，Wind，作者整理。

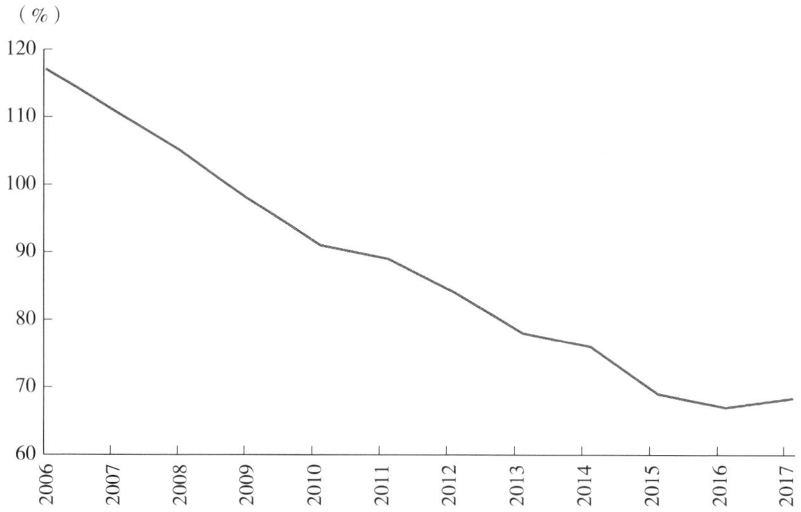

图 2.9 煤炭行业的产能利用率

资料来源：中国产业信息网，作者整理。

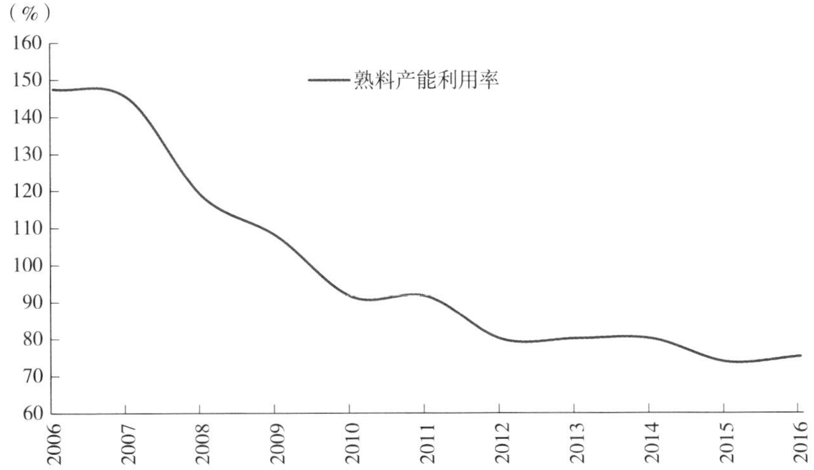

图 2.10　水泥行业的产能利用率[①]

资料来源：Wind，作者整理。

图 2.11　电解铝的产能利用率

资料来源：Wind，作者整理。

① 水泥行业熟料的产能利用率是采用熟料的年度产量除以当年的熟料设计总产能。

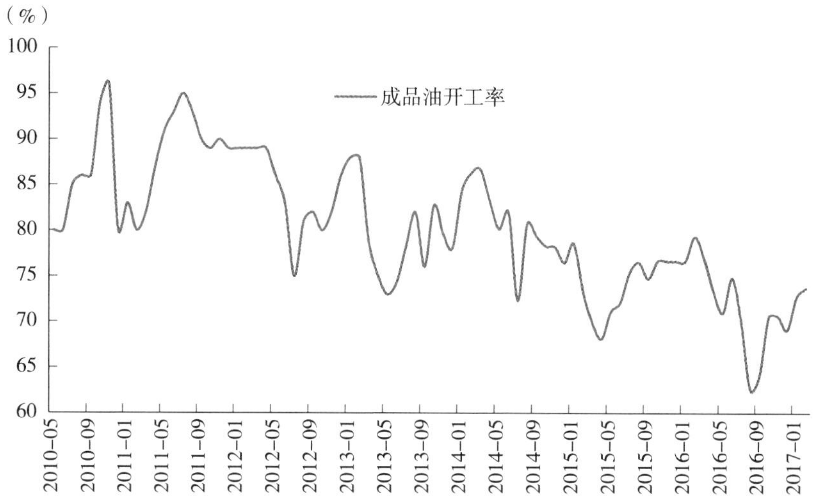

图 2.12　石化行业的产能利用率

资料来源：工信部，Wind，作者整理。

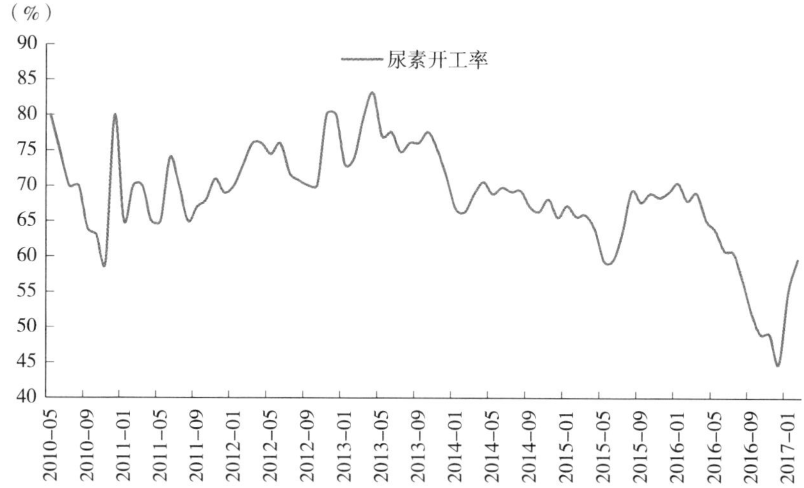

图 2.13　化肥行业的产能利用率

资料来源：中国产业信息网，作者整理。

我们在数据处理时，有一些很重要的发现，如图 2.14 所示：某些行业的龙头企业产能利用率大幅高于行业平均水平，行业利润集中度大幅高于产能集中度。这些数据之间的背离给了我们很重要的启示。

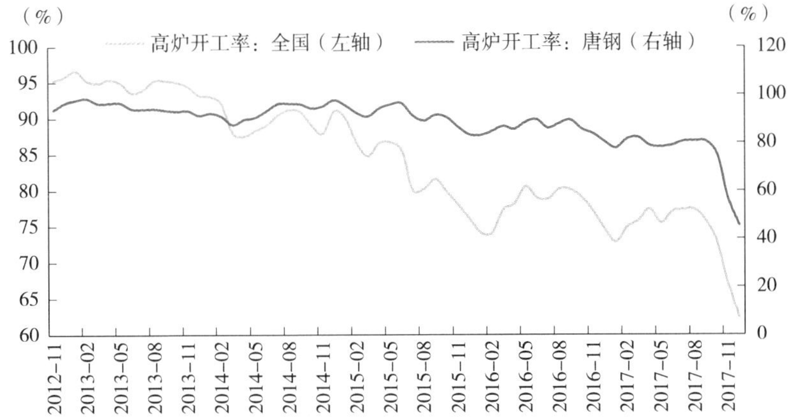

图 2.14 钢铁龙头企业的产能利用率高于行业

资料来源：Wind，作者整理。

很多微观调研表明，大量无效僵尸产能虽然在册，但已经很难复产。而这些僵尸产能之所以还在册，可能是由于银行不愿意暴露不良率，所以为这些僵尸企业续贷续命。但僵尸产能很难复产：一方面是因为银行限贷、环保标准提高、设备重启带来的养护费用过高、招工难、资产负债表修复缓慢等；另一方面是行业龙头企业通过机器换人、设备更新等建立了进入壁垒，而且这些行业普遍具有高投入、长周期、大规模、长流程、专业化的特点，进入壁垒和退出壁垒都很高。

这些无效或空置产能拉低了行业的产能利用率。以玻璃行业为例（见图 2.15），实际有效产能数量远低于统计的总产能，剔除无效产能之后的产能利用率水平将大幅高于当前水平，产能过剩问题并没那么严重。化工行业同样面临这个问题，钛白粉前六大企业开工率高达 90%，但中小企业开工率在 60% 以下。

这也就意味着，实际产能出清的进展远好于统计数据所展示的情况。

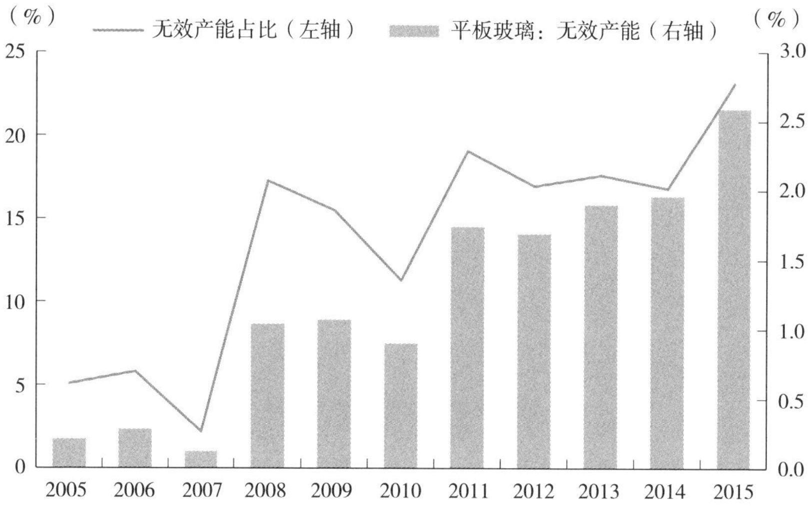

图 2.15 玻璃行业的无效产能比重在上升

资料来源：Wind，作者整理。

行业产能集中度：大幅上升

在长期经济衰退和通缩环境下，由于弱势企业退出、强势企业压缩产能、兼并重组等，产能去化将带来行业集中度的持续提升。

国际经验表明，兼并重组是一种去产能的有效方式。实施兼并重组整合，既可以实现规模经济，减少市场恶性竞争，又能提高企业的竞争能力。2016 年，宝钢、武钢重组成立了宝武集团，扭转了钢铁行业产业集中度连年下降的趋势。CR10 上升为 35.9%，同比增长 1.7 个百分点；CR4 上升为 21.7%，同比增长 3.1 个百分点。2016 年水泥行业也经历了大规模的重组，中国建材和中材重组、金隅冀东并购重组以及华新水泥收购拉法基，带动行业集中度持续上升。

2016 年，煤炭行业受“276 个工作日”的总量约束，产量明显下滑，其中国有煤炭集团冀中能源和开滦集团（行业前十）成为此次去产能的主角，它们将共同退出煤矿 97 处。受此影响，煤炭行业的产能集中度出现回落。同样受到破产风暴影响的还有玻璃行业，2015 年行业龙头华尔润集团宣告破产，导致 2016 年产能集中度大幅下降。

在钢铁、煤炭、水泥等产能过剩行业的产能利用率触底回升的同时，处于同一条产业链的工程机械行业也启动了新一轮的周期。挖掘机行业的集中度在 2012 年触及 36% 的底部后持续上升，2016 年达到 44.1%。2016 年第三季度后挖掘机连续 5 个月的销量增速超过 50%，而挖掘机保有量增速仅为 1%~2%，因此，设备更新需求成为挖掘机需求的主导力量，这印证了工业企业产能周期重启的判断。

由于挖掘机是工程机械行业的先行品种，景气度通常领先于其他工程机械品种 3~6 个月。以基建为例，根据工程机械产品种类，基建可分为三个阶段：项目开工的早期，挖掘机会成为重点购买的设备，销售数据会率先增长，属于早周期品类；中期则是起重机，比挖掘机的复苏滞后了三四个月，属于中周期品类；后期则是混凝土机械，属于晚周期品类。因此，挖掘机的热销反映了整个建筑业的景气程度。以新签合同金额作为建筑行业的产出，我们发现建筑业同样也出现了行业优秀企业市场份额不断提升、盈利基础逐步恢复的情形。

行业利润集中度：利润向龙头企业集中，且利润集中度大幅高于产能集中度

大量无效僵尸产能虽然在册，但已经很难复产，导致行业利润集中度大幅高于产能集中度，甚至有些行业进入寡头垄断的竞争格局，行业龙头企业通过机器换人、提高环保标准、银行限贷等建立了进入壁垒。龙头企业利润率、资产负债表修复和产能利用率远高于行业平均水平，开始收割胜利的果实（见图 2.16 至图 2.21）。

行业利润在龙头企业和中小企业之间分化，强者恒强。我们发现，钢铁煤炭行业的利润趋于集中化（见图 2.22 至图 2.24）：钢铁行业前八家企业的利润占比由 2014 年的 13% 上升到 2016 年的 57%；煤炭行业的利润更加集中化，前四家企业的利润占比五年提升了约 65 个百分点。另外，我们在计算上市公司中行业龙头的利润占行业利润的比重后发现，2012 年后，随着行业产能过剩的严重化，龙头企业的相对赢利能力越来越突出。行业利润逐渐向处于行业龙头的几家企业集中。

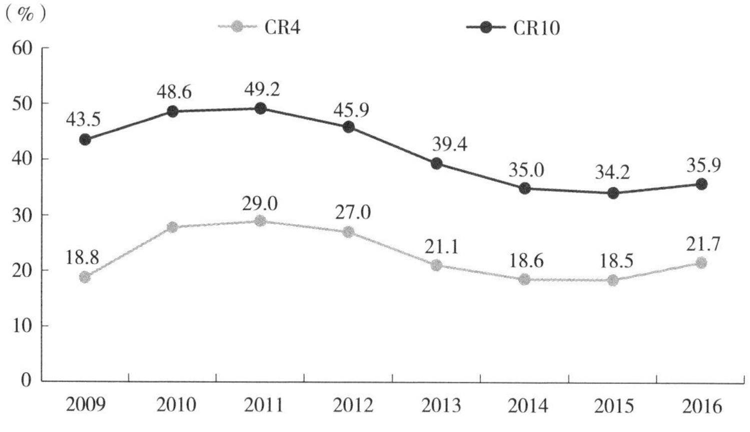

图 2.16　钢铁产量的行业集中度

资料来源：工信部，作者整理。

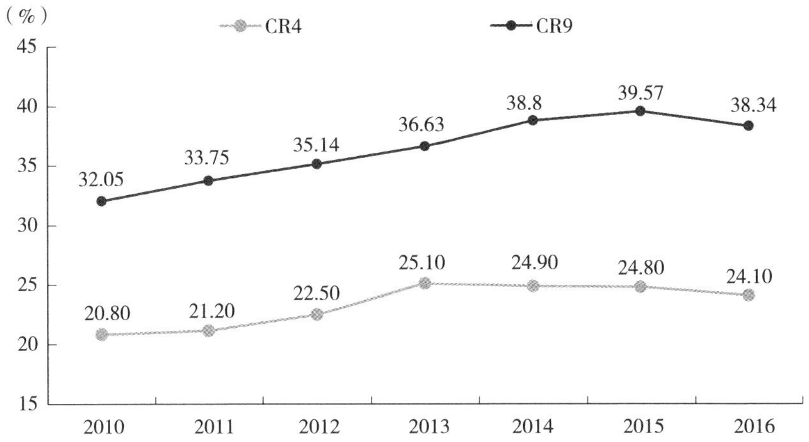

图 2.17　煤炭产量的行业集中度

资料来源：Wind，作者整理。

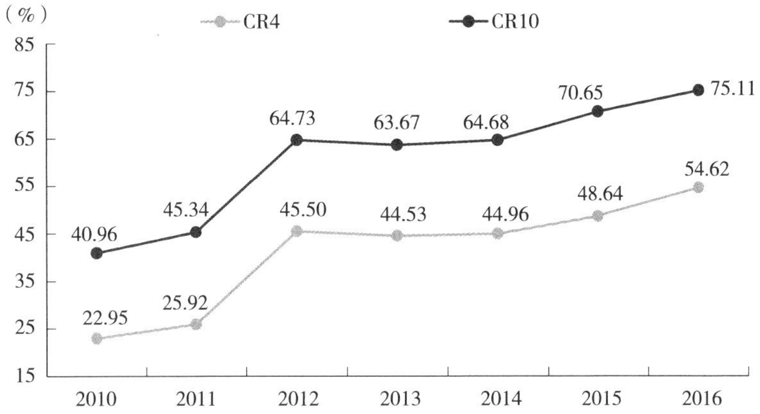

图 2.18　水泥产量的行业集中度

资料来源：工信部，作者整理。

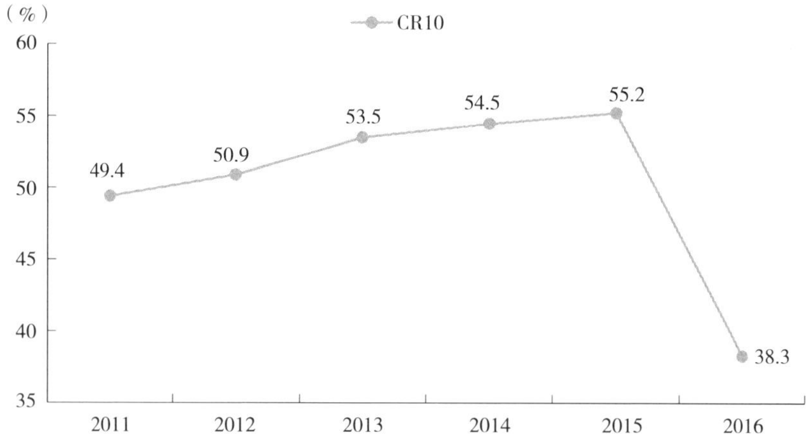

图 2.19 浮法玻璃产能的行业集中度

资料来源：Wind，作者整理。

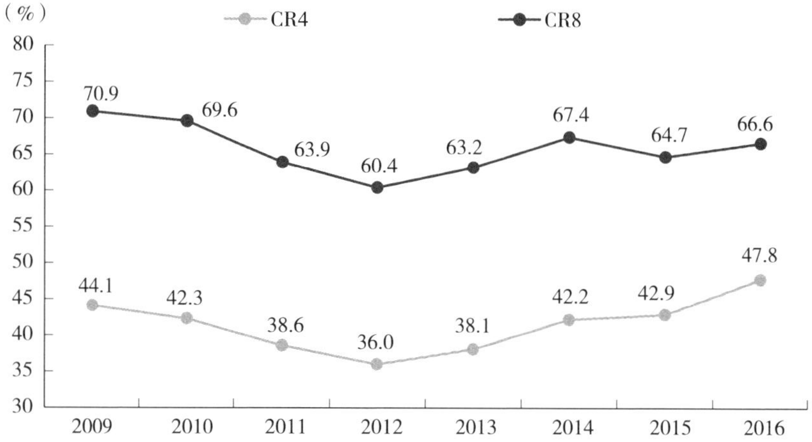

图 2.20 挖掘机产量的行业集中度

资料来源：Wind，作者整理。

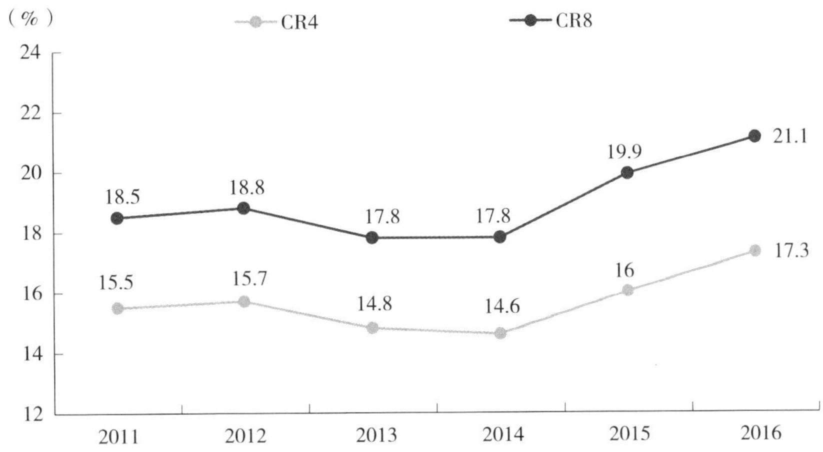

图 2.21 建筑业新签合同金额的行业集中度

资料来源：Wind，作者整理。

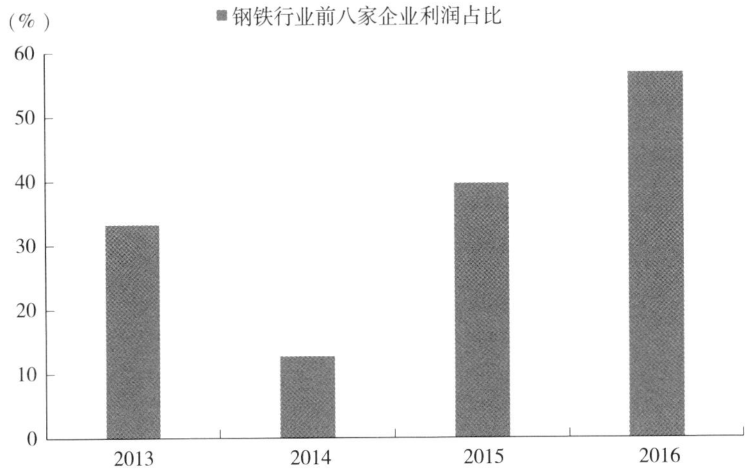

图 2.22 钢铁利润总额的行业集中度

资料来源：Wind，作者整理。

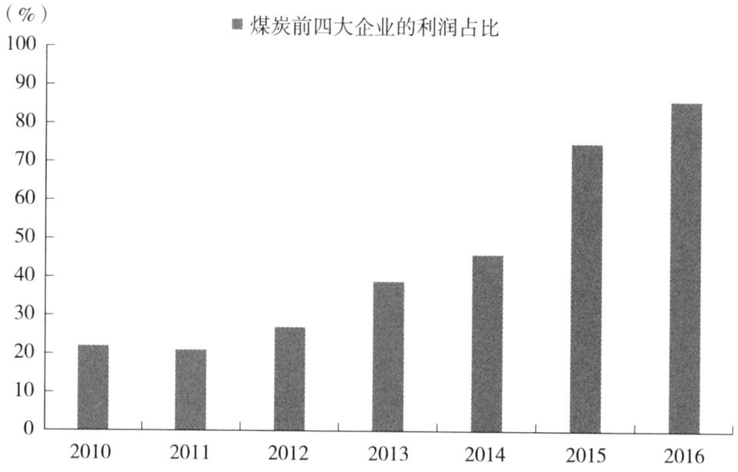

图 2.23　煤炭利润的行业集中度

资料来源：Wind，作者整理。

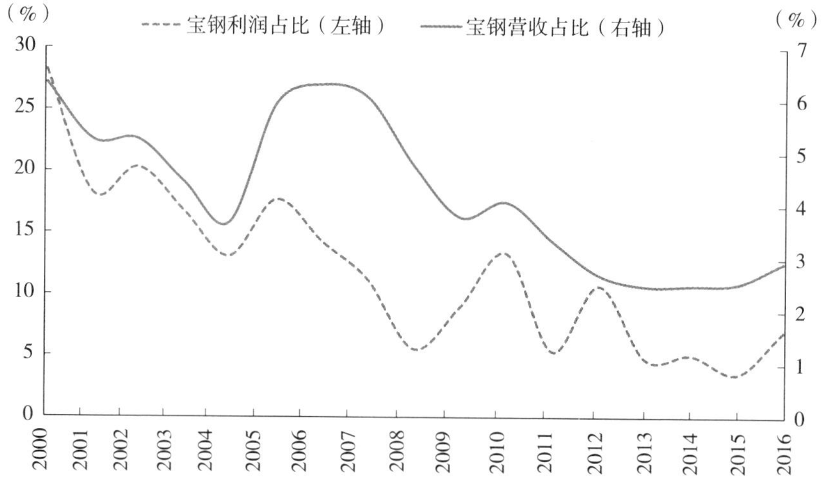

图 2.24　钢铁行业龙头企业利润占比及营收占比

资料来源：Wind，作者整理。

资产负债率：行业龙头的资产负债表修复快于行业其他公司

行业龙头具有规模经济特征，规模较大的企业在市场竞争中往往占据一定的优势，因此，龙头企业的资产负债表的修复比行业其他公司更早更快。2008 年后，钢铁行业在“四万亿刺激计划”的带动下，资产负债表进一步恶化（见图 2.25），负债率从 2008 年的 62.0% 上升到了 67.2%，最高达到 68.4%；而宝钢则率先由 2008 年 53.8% 的负债率修复到了 2015 年的 45.6%；水泥行业在 2008 年后虽然一直在修复企业资产负债表，但龙头企业的自我修复能力明显更优，从而具备了再出发的能力（见图 2.26）。

但是由于刚刚经历过去产能的漫长冬天，企业对于大规模扩张新产能仍然十分谨慎，仅限于过去被推迟的设备更新升级，产能扩张周期尚处于未来阶段。

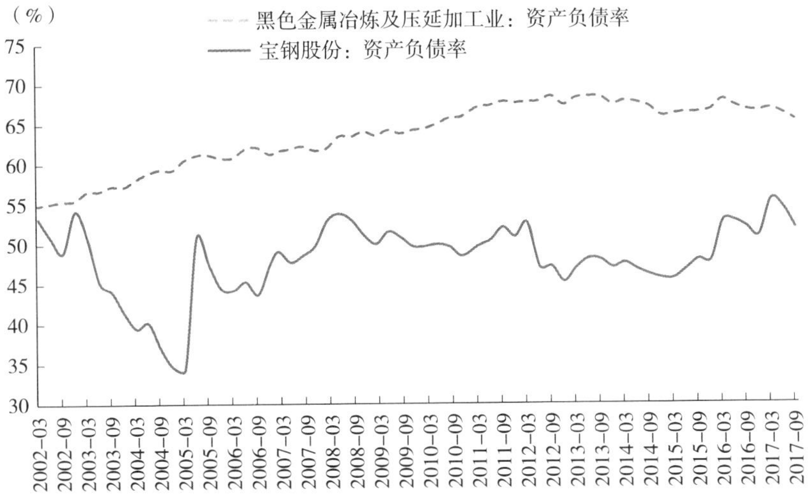

图 2.25 钢铁龙头企业的资产负债表修复

资料来源：Wind，作者整理。

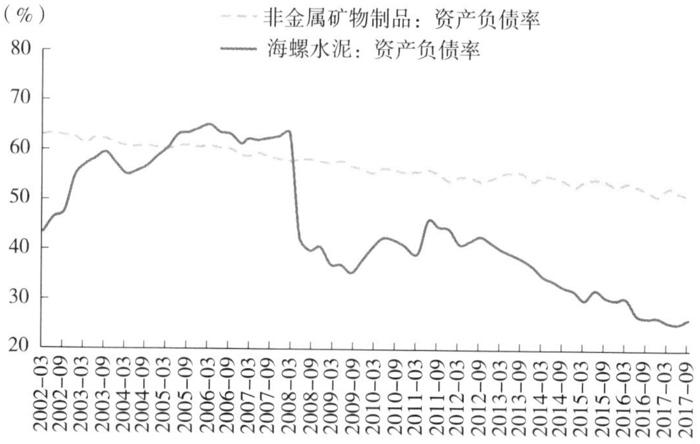

图 2.26　水泥龙头企业的资产负债表修复

资料来源：Wind，作者整理。

基于产能调整要素的判断：劳动力需求、设备投资和新订单皆回升

企业通过扩张或收缩产能反映其对未来国民经济景气的预期，而产能的调整主要是靠变动资本和劳动力进行的，因此可以通过观测两个要素的变动情况从侧面论证中国的产能出清。

来自劳动力的证据：制造业就业和薪资回升

用于判断产能调整的两个因素中，劳动力的变化最容易，也最迅速。之前由于需求不振、企业产能过剩，因此只能将厂房设备闲置，并裁员减薪，以此渡过难关。但是随着需求转暖，企业重新开工，扩大生产，便需要重新招收工人。

中国制造业 PMI（采购经理指数）从业人员分项从 2015 年 12 月的 47.4 一路回升至 2017 年 2 月的 49.7，很快就将回到扩张区间（见

图 2.27）。城镇单位就业人员平均工资增速在 2015 年底触及了 2000 年后的低点，与城镇劳动密集型产业工资密切相关的家庭服务 CPI（居民消费价格指数）从 2016 年 2 月的低点开始快速上扬，这都意味着薪资增速的回升（见图 2.28）。就业和薪资同时回升，意味着企业用工需求的回升，一定程度上证实了产能利用率的回升。

图 2.27　制造业 PMI 从业人员分项快速回升

资料来源：Wind，作者整理。

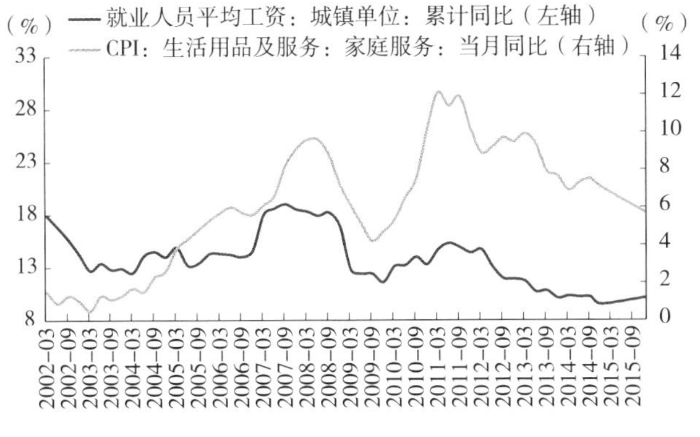

图 2.28　薪资增速在 2016 年初触底回升

资料来源：Wind，作者整理。

来自资本的证据：企业设备更新投资回升

按照 7~11 年一轮的设备更新周期，2013—2014 年应该是新一轮设备更新周期的起点。但是长期的产能过剩和经济衰退导致大量设备继续闲置，部分厂房和设备的折旧期延长，因此设备的更新和置换需求也被延迟了。

如图 2.29 所示，自 2016 年下半年以来，企业的设备更新投资开始回升。中国制造业固定资产投资完成额累计同比从 2016 年 8 月的 2.8% 回升至 2017 年 2 月的 4.3%，当月同比更是从 2016 年 6 月的 -0.4% 快速上升至 12 月的 9.6%（见图 2.30）。其中，设备、工具、器具的购置累计同比从 2016 年 9 月的 1.2% 飙升至 2017 年 2 月的 10.5%，建筑安装工程累计同比从 2016 年 7 月的 9.3% 稳步回升至 2017 年 2 月的 9.9%。制造业固定资产投资和设备投资的回暖意味着产能利用率很可能已经处于触底回升区间。

图 2.29　企业设备投资快速回升

资料来源：Wind，作者整理。

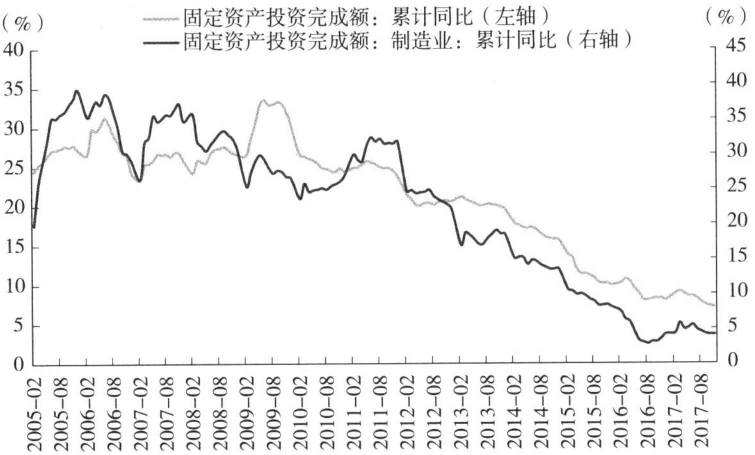

图 2.30 制造业固定资产投资回升

资料来源：Wind，作者整理。

新订单复苏与产能周期上升

前面我们谈到产能的调整受到投资者对经济增长预期的影响。从微观企业层面上讲，企业根据市场需求来安排生产以及调整产能，而制造业企业新订单量的变化则反映了市场需求的复苏或紧缩。因此，这是一个领先指标，可以通过观察制造业 PMI 新订单分项的走势来判断中国产能利用率的未来趋势。在利用新订单 PMI 对中国的产能周期做判断之前，我们首先进行了国际上的比较，验证新订单与产能利用率之间是否存在稳健的相关关系。

我们对部分主要国家的制造业 PMI 新订单分项与产能利用率进行比较后发现：美国的制造业新订单 PMI 领先工业部门产能利用率 6 个月左右（见图 2.31）；加拿大制造业新订单领先产能利用率 2 个月左右（见图 2.32）；德国和法国的产能利用率与制造业订单之间也存在

着高度的相关关系，差别在于新订单领先于产能利用率的时长不一样，德国大概 6 个月，而法国只有 5 个月（见图 2.33 和图 2.34）；我们同样对韩国和泰国也做了验证，结果表明这个关系在新兴市场国家依然存在（见图 2.35 和图 2.36）。

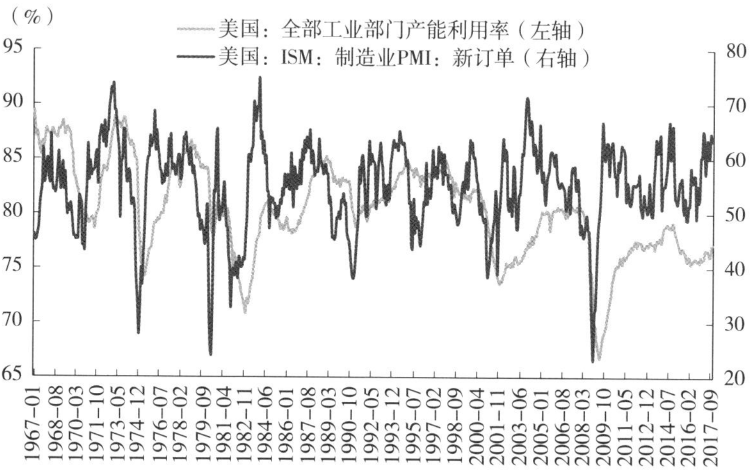

图 2.31　美国产能利用率与新订单

资料来源：Wind，作者整理。

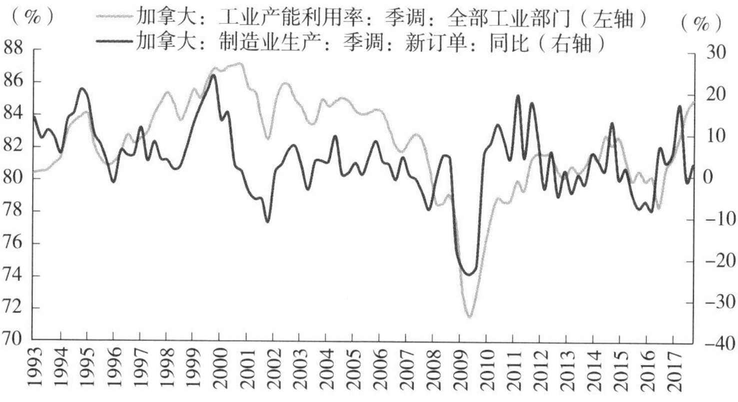

图 2.32　加拿大产能利用率与新订单

资料来源：Wind，作者整理。

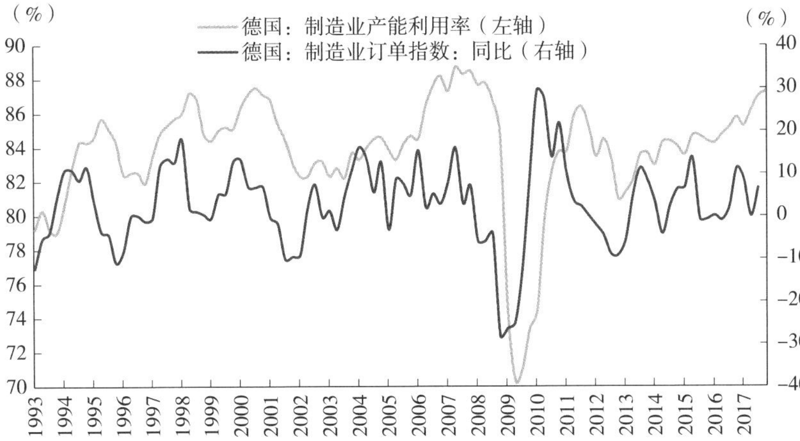

图 2.33　德国产能利用率与订单指数吻合

资料来源：Wind，作者整理。

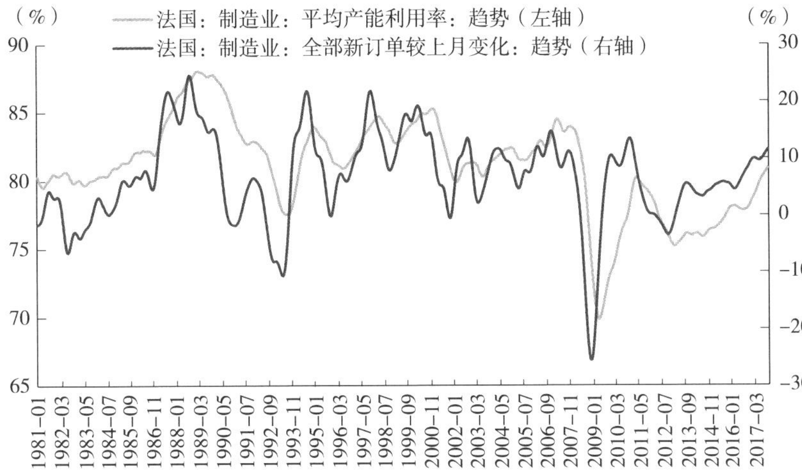

图 2.34　法国产能利用率与新订单变化吻合

资料来源：Wind，作者整理。

图 2.35　韩国产能利用率与新订单

资料来源：Wind，作者整理。

图 2.36　泰国产能利用率与新订单

资料来源：Wind，作者整理。

从美国、加拿大、德国、法国、韩国、泰国等国家的经验来看，上述规律应该是普遍性的，只是制造业订单对产能利用率的领先时间有细微的差异。因此，这个经验规律也可以应用于中国。如图 2.37，以 GDP 增速作为产能利用率的代理变量，可以看出中国制造业 PMI 新订单分项将领先产能利用率 5 个月左右。制造业 PMI 新订单分项自 2016 年 2 月探底 48.60，此后振荡上升至 2017 年 2 月的 53.00，即使把 2016 年 7 月当成制造业新订单反弹的时点，中国产能利用率也在 2016 年底触底回升（见图 2.38 和图 2.39）。

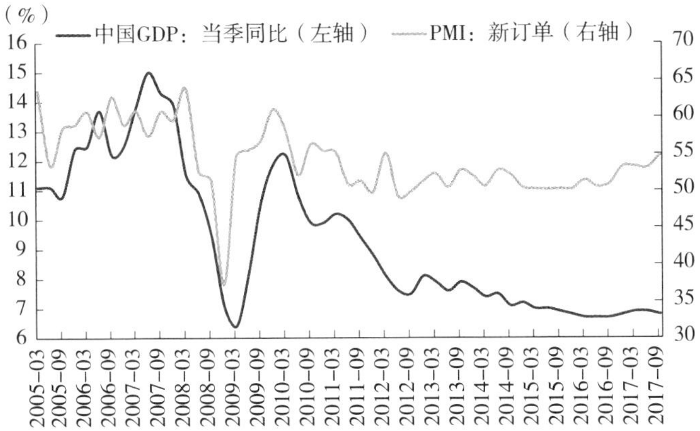

图 2.37 中国的经济增长周期与新订单

资料来源：Wind，作者整理。

图 2.38 中国制造业新订单在 2016 年触底反弹

资料来源：Wind，作者整理。

图 2.39　经济景气领先指数与新订单走势一致

资料来源：Wind，作者整理。

2000—2001年开启的一轮产能新周期

产能周期领先于固定资产投资周期 3~10 个月。从 2000—2001 年的工业企业投资以及部分行业的投资数据来看，无论是整个工业企业的投资增速，还是制造业、煤炭开采行业的投资增速，都是在 2000—2001 年触底回升的，这表明产能新周期开启后相关的投资确实是伴随着产能利用率的回升而提速的（见图 2.40 至图 2.42）。

图 2.40　1998 年 7 月经济景气领先指数触底反弹

资料来源：Wind，作者整理。

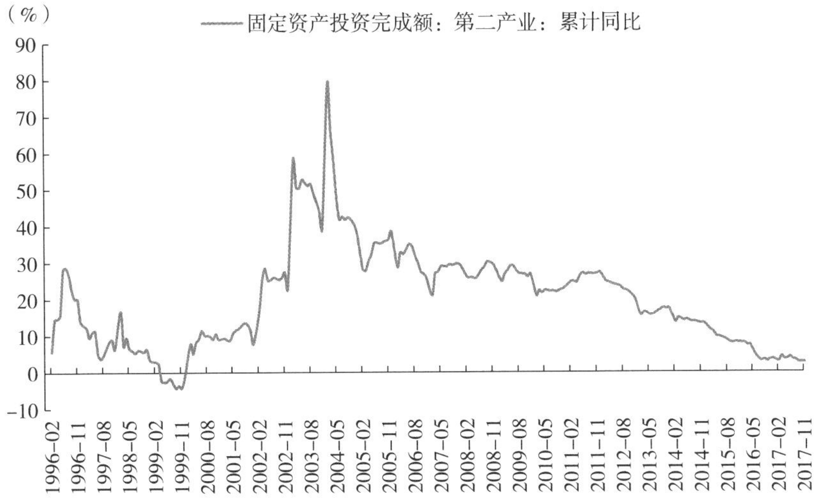

图 2.41　工业企业投资在 2000 年触底上扬

资料来源：Wind，作者整理。

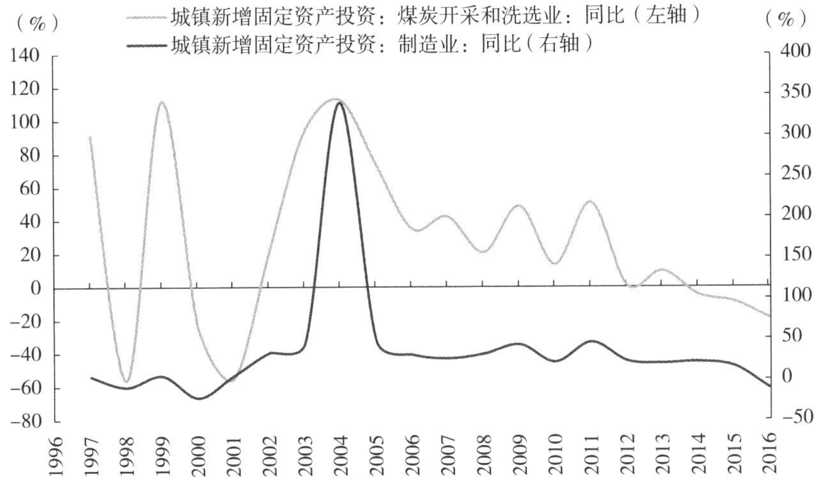

图 2.42　制造业投资增速在 2001 年底触底上扬

资料来源：Wind，作者整理。

如图 2.43，从年度的工程机械销售增速来看，早周期的工程机械周期一般持续 4 年。工业企业的产能扩张伴随着设备投资需求的上升，带动机械销售周期。开始于 2000 年的挖掘机、装载机、推土机等机械的销售增速上行预示着 2000 年左右的产能新周期启动（见图 2.44）。

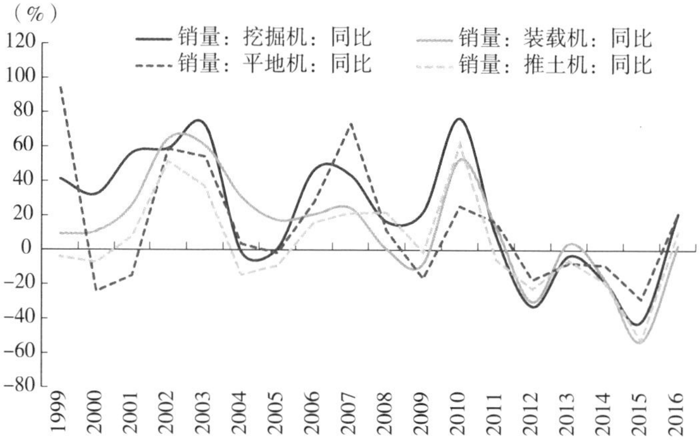

图 2.43　工程机械销售周期平均为 4 年

资料来源：Wind，作者整理。

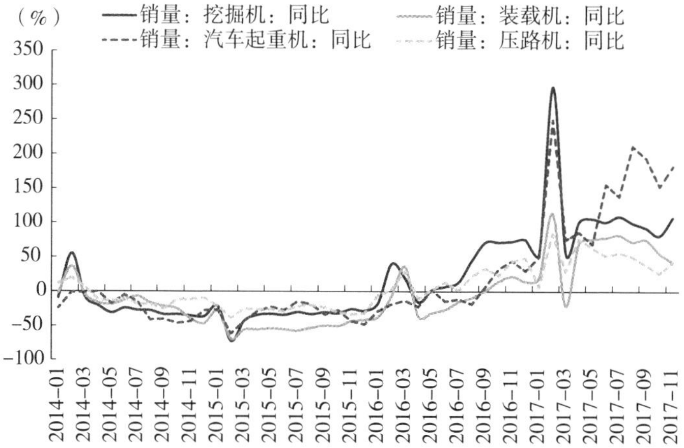

图 2.44　工程机械销售重启于 2015 年

资料来源：Wind，作者整理。

中美税制及税负的比较

任泽平　甘源　罗志恒

（原文发表于2017年9月29日）

近年来关于中美税负孰高孰低引起了广泛关注和讨论，这关系到中美吸引外资、实体经济竞争力、谁将引领全球新一轮增长周期等问题。本文旨在教科书式地全面客观对比分析中美税制和税负，并提出中国税改的建设性意见。欲为圣明除弊事，肯将衰朽惜残年。

中美税收制度对比：美国联邦、州和地方政府对税收的征收和使用相对独立，税收法制化程度高，以直接税为主。中国税权高度集中，以间接税为主，法制化不够健全，存在寻租空间。

中美宏观税负对比：中国全口径的宏观税负（含土地出让收入）略高于美国，非税收入占比更高。

中美税收结构对比：中国以间接税为主，主要由企业纳税；美国以直接税为主，主要向个人征税，调节收入分配的功能强。

中美企业税负对比：中国企业负担的税收、行政收费和社会保险费高于美国。在中国，企业需要缴纳企业所得税、增值税等税种，以及各种行政收费和劳动力成本的社会保险费；在美国，企业只需要缴纳企业所得税和相对较低的社会保险税。

中美税负对比及启示：减税清费势在必行，减税是供给侧结构性改革的重要内容。（1）间接税为主的税制结构导致大量税收由企业缴纳，以前低环境成本和劳动力成本可以弥补部分企业高税负成本，但随着环境和劳动力成本提高以及高质量发展要求，降低企业税负的必要性也提高了。（2）费用过多过杂使企业倍感压力。（3）税收在“用之于民”方面仍有差距,行政管理成本高,社会保障水平偏低。2016年行政管理费占财政支出比重为7.9%，大量的税费收入用于供养庞大的机关事业群体和建设性支出，用于社会大众的福利保障却受到挤压，社会保障水平偏低。（4）尽快向直接税转型，推进综合所得税改革。（5）未来中国供给侧结构性改革需要大规模地降低微观主体的成本。

中美税收制度对比

一国的税制形式会受到该国的财政集权及分权程度的影响。中美两国在经济制度，如财产权制度、资源配置方式、分配制度等，以及政治制度和文化制度方面存在差异，导致两国的税收制度有本质上的不同。

税收体系：美国是财政联邦主义，各级相对独立；中国是分税制，但税权集中

美国是典型的财政联邦主义，分为联邦、州和地方（郡县、市、镇、村）三个级次。各级政府只是事权范围与管辖地域不同，没有上下级关系，各自的权力由宪法等法律规定，各级政府只对本辖区的选民负责，不对上级政府负责。每个政府级次都有相对独立的主体税种，形成联邦税、州税、地方税的体系，州和地方有较大的税收管理权。此外存在联邦政府对州和地方的转移支付。

（1）联邦税收由所得税（个人所得税、企业所得税）、社会保险税、消费税、遗产与赠予税、关税组成。其中，关税是联邦政府独征的税种，州和地方政府不能征收。2016 年，联邦税收占联邦总收

入的95.3%,占GDP的16.9%。其中个人所得税占联邦税收比重最高,为49.6%，社会保险税占比35.8%，企业所得税占比9.6%，消费税占比3.1%，关税占比1.1%，遗产及赠予税占比0.8%（见图3.1）。

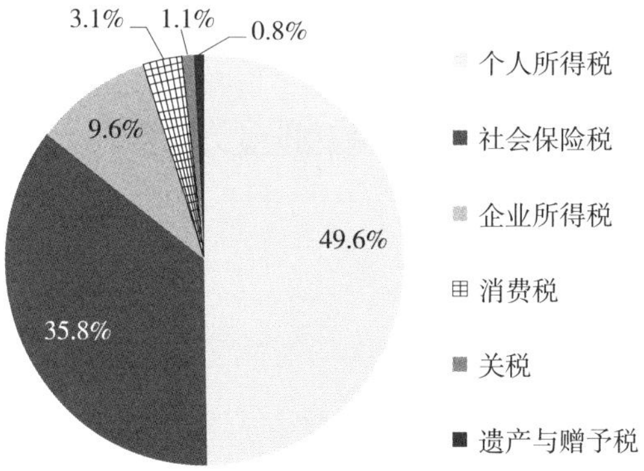

图3.1　美国联邦税收以个人所得税为主（2016）

资料来源：Wind，作者整理。

（2）州税一般由销售税和总收入税、所得税（个人所得税、公司收益税）、牌照税、房产税、遗产与赠予税、采掘税等组成，2016年为9280亿美元。其中主体税种是销售和总收入税、个人所得税，分别占税收比重为47.5%、37.2%，公司收益税占比5%，牌照税占比5.6%,房产税占比2.1%,其他如遗产与赠予税、采掘税等占比2.6%（见图3.2）。销售税是零售税，是对在州辖区内消费者购买货物和劳务征收的税。由于销售税是州级税收，所以各个州的税率不尽相同，且有的州允许州以下地方政府一起捆绑征收销售税。美国有五个州尚未开征州级销售税，分别是阿拉斯加州、特拉华州、蒙大拿州、新罕布什尔州和俄勒冈州，这五个州中阿拉斯加州和蒙大拿州允许地方政府收取地方销售税。

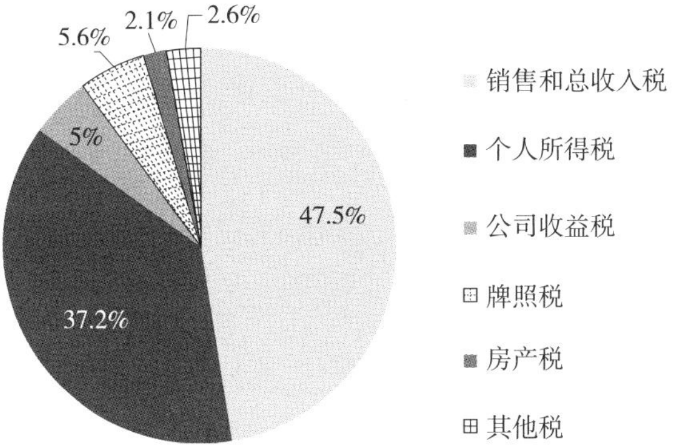

图 3.2　美国州税以销售和总收入税、个税为主（2016）

资料来源：Wind，作者整理。

（3）地方政府税收由房产税、销售税和总收入税、个人所得税、公司收益税和其他税组成，2014 年地方政府税收为 6236 亿美元。其中，房产税是地方税收的主要来源，占比高达 72.5%，销售税和总收入税占比 17%，个人所得税占比 4.8%，公司收益税占比 1.3%，其他税占比 4.5%（见图 3.3）。

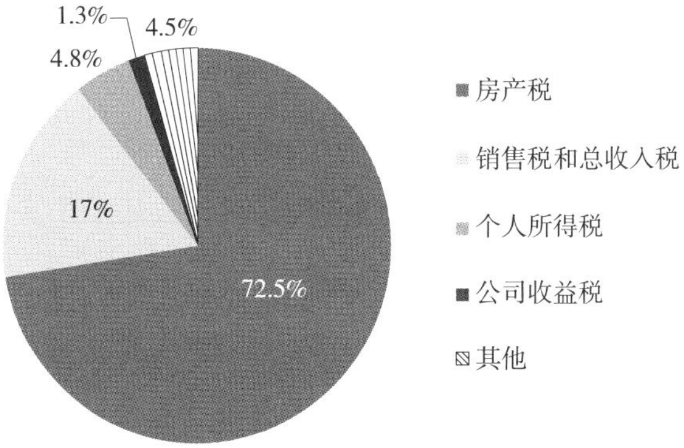

图 3.3　美国地方税以房产税为主（2014）

资料来源：Wind，作者整理。

联邦、州、地方税制相对独立，且比例相对稳定。联邦税收占全国总税收约为66%，州和地方政府占比34%；在州和地方政府中，州占60%，地方占40%。

中国的分税制是以财务管理和使用权为基础，分为中央税、地方税、中央和地方共享税。中央税多为稳定的税种，相对来说，地方税主体税种不明确，多为税源小、不易征管的税种，如城镇土地使用税、耕地占用税、车船税等。中国税种的划分见图3.4。

中央税	• 消费税（含进口环节海关代征部分） • 关税 • 车辆购置税	• 车船吨税 • 海关代征进口环节增值税 • 印花税
中央及地方共享税	• 增值税 • 企业所得税 • 个人所得税 • 资源税	注： 1. 增值税中央分享50%，地方分享50% 2. 企业（中国铁路总公司、各银行总行及海洋石油企业缴纳部分归中央）、个人所得税，中央分享60%，地方分享40% 3. 资源税据不同的资源品种分类划分，海洋石油资源税归中央收入，其余归地方
地方税	• 土地增值税 • 城市建设维护税 • 城镇土地使用税 • 房产税	• 车船税 • 契税 • 耕地占用税 • 烟叶税

图3.4　中国税种的划分

资料来源：作者整理。

（1）中央税是由国家税务局征收管理，收入归中央政府支配使用的税种，各级地方政府均设立国税部门，但由于实行垂直管理，它相对独立于地方政府。包括：消费税、关税、车辆购置税、印花税、车船吨税、海关代征的增值税和消费税，还包括中国铁路总公司、各银行总行及海洋石油企业缴纳所得税。

（2）中央与地方共享税是由国家税务局征收管理，收入归中央政府和地方政府分享的税种。包括：增值税、企业所得税、个人所得税（地税局征收）、资源税。增值税由中央分享50%，地方分享50%。企业、个人所得税由中央分享60%，地方分享40%。资源税按不同的资源品种划分，海洋石油资源税归中央收入，其余归地方。

（3）地方税是由地方税务局征收管理，收入归地方政府支配使用的税种。包括：土地增值税、城市建设维护税、城镇土地使用税、房产税、车船税、契税、耕地占用税、烟叶税。需要说明的是，国务院机构改革后，国地税征管体制改革，省级和省级以下国地税机构合并，但不改变税收归属权。

就各税种所占比重而言，增值税、企业所得税、个人所得税和消费税是主要税种。如图3.5所示，营改增后，2016年增值税加营业税占比40%，其中国内增值税占总税收31.2%；其次为企业所得税，占比逐年上升达到18.1%；进口货物消费税及增值税占比9.8%；国内消费税占比7.8%；个人所得税占比7.7%；契税、土地增值税和城建税占比分别是3.3%、3.2%与3.1%；车辆购置税和关税占比分别是2.1%与2%；房产税与印花税的占比均为1.7%；资源税占比0.7%。

中央、地方政府的财政收入占全国财政收入的比重相对稳定，2016年中央占比45.35%，2017年回升至47%，2016年地方占比54.65%。税收收入占全国财政收入比重逐年下降，由2000年的93.9%下降到2016年的81.7%，2017年回升到83.7%。

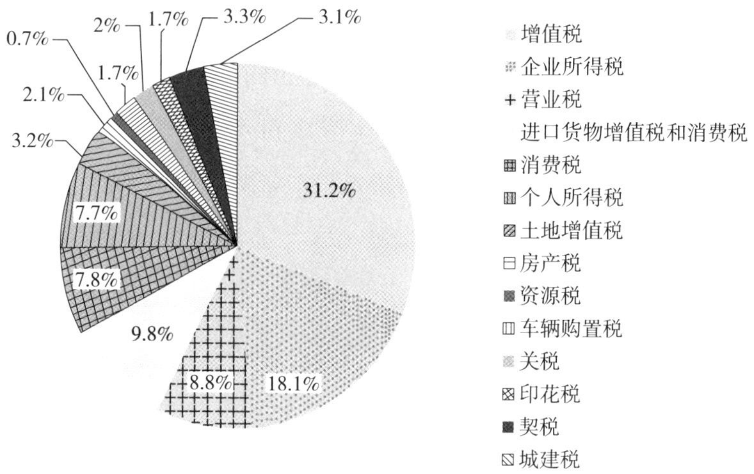

图 3.5　中国主要税种的构成比例（2016）

资料来源：作者整理。

税收法治：美国高度规范，中国税收法定有待提高

税收的法律制度建设一般都伴随着税制改革。美国在 20 世纪 80 年代的税制改革引起了全球的税改。总的来说，税收的法律制度建设一般都尽量采取国际上的通行规则，体现税收的公平和效率原则，依法治税。

美国主要是以宪法为基础，以立法机关颁布的国内收入法典等为主干，以税收法规为补充，形成了联邦、州、地方三级平行的法律制度，高度法制化、规范化。“无代表，则无课税”，税收法定原则是其基本原则，美国主要企业税种征收均有法律依据。违宪审查原则也是其另一特色，1895 年个人所得税因为违反联邦宪法从而被禁止颁布。

相比之下，中国的税收法治建设还有较大的调整空间。中国以宪法为依据，逐步形成各种税收法律框架，实行由中央、地方数量众多的单行税收法律、法规、规章组成的多层次税收法律制度模式。但我国税收法律较少,目前仅有《企业所得税法》《个人所得税法》《车船税法》《税收征收管理法》,还有 2016 年 12 月 25 日通过并于 2018 年 1 月 1 日起实施的《环境保护税法》,以及于 2017 年 12 月 27 日通过并从 2018 年 7 月 1 日起实施的《烟叶税法》和《船舶吨税法》。除此以外,大多数是授权立法的法规、条例等,缺乏权威性和稳定性,但是税收法定进程在加快。目前中国还处于经济转型阶段,税收也是宏观调控的一个手段,引导资源分配和结构变化。

税收的法律制度主要包括税收立法、执法和司法等方面的内容。大多数国家的税务机关有执法权和部分司法权,即负责对税收征收管理和纳税人的民事处罚,刑事处罚由司法机关负责。

在美国,联邦税法由国会制定,各级政府有自己的税务机关,拥有独立的立法权、执法权。独立性和纳税人有表决权是美国税法制定的显著特征。州和地方议会无须联邦批准,2/3 以上的公民投票表决后即可执行。因此导致不同州的税法差异很大,不同区域税法不相容。如 2003 年有五个州不征收销售税,且征收的州税率也是从 3% 到 7%。

与其相比,中国只有全国人大及其常委会有税收立法权(可以授权),各级税务局只有执行权。根据相关规定,国家税务总局可以拟定和执行税收法律法规和实施细则。省级税务可以拟定地方规章和实施细则,并依法进行征收管理。全国有统一的国家税收法律制度。

综上所述,美国是以直接税为主体的国家,税收主要来自个人;中国是以间接税为主体的国家,税收主要来自企业。美国的第一大税为个人所得税,而中国由于个税覆盖的人群较少,所以个税占比约为 8%。美国的第二大税种为社会保险税，中国仍是企业和个人缴费的形式。中国的第一大税收是增值税，美国虽研究多年增值税，但是一直没有征收。美国实行财政联邦主义，各级政府相互独立，税制高度规范。中国在 1994 年建立了中央、地方分税制，但税权仍高度集中。相对于美国，中国税收制度法制化程度有待进一步提高。

中国的“综合税费成本”较高

除了税收成本之外，企业通常所谓的“高成本”还包括诸如社会保险费用、行政性收费、行政性灰色隐性寻租成本、环保成本等一系列支出在内的“综合税费成本”（见图 3.6）。

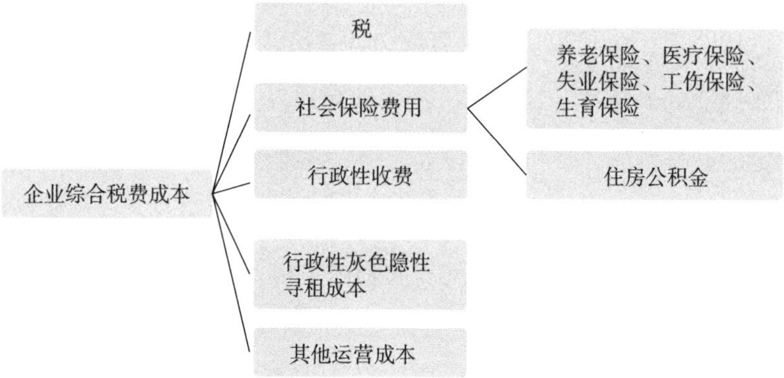

图 3.6　企业综合税费成本构成

资料来源：作者整理。

（1）社会保险费用支出，即通常所说的“五险一金”，以北京地区税前月薪 10000 元为例，企业需要额外承担的“五险一金”成本为 4310 元，扣除“五险一金”和个人所得税之后，员工到手的收入仅为 7457 元（见表 3.1），企业缴纳的“五险一金”为工资成本额外的43.1%。而美国的社会保障税分为老年遗属及残疾保险税、医疗保险税和失业税。企业缴纳的养老遗属及残疾保险税率为6.2%，医疗保险税率为1.45%，失业保险为6%，合计承担13.65%。个人缴纳养老遗属及残疾保险税率是6.2%，医疗保险税率是1.45%，不负担失业保险税，个人合计承担7.65%。相比较而言，中国的企业和个人的社保税（费）率高出美国29.45个和14.55个百分点（不考虑住房公积金），导致中国企业负担较重。美国没有生育保险，而是将其纳入医疗保险中。

表3.1 企业用工成本："五险一金"+个税

（以北京地区税前月薪10000元为例）

	个人缴纳费率（%）	企业缴纳费率（%）	个人缴纳额（元）	企业缴纳额（元）
养老保险	8.0	19.0	800	1900
医疗保险	2.0	10.0	200	1000
失业保险	0.2	0.8	20	80
工伤保险	—	0.5	0	50
生育保险	—	0.8	0	80
住房公积金	12.0	12.0	1200	1200
"五险一金"支出总额	—	—	2220	4310
个人所得税	—	—	323	—
税后月薪	—	—	7457	—
企业总支出	—	—	—	14410

资料来源：作者整理。

（2）行政性收费指国家行政机关、司法机关和法律、法规授权的机构依据国家法律、法规行使其管理职能，向公民、法人和其他组织收取的费用。具体又分为管理性收费（资格审查、颁发证照、管理费）、惩罚性收费、资源性收费等。

（3）行政性灰色寻租成本是大多数转轨经济体面临的一大痼疾。在计划经济向市场经济转轨的过程中，政府部门以及相关事业单位的大量行政性职能在短期内并未完全革除，手中仍然掌握着诸如审批、评审、盖章等权力，滋生着寻租空间。民营企业为了打通这些“关卡”，有时不得不支付一些额外成本。这些成本是“隐性的”，不会体现于统计报表中；同时也是“灰色的”，没有法律依据，严格来说甚至是违法的。党的十八大以来，随着反腐败和从严治党的深入，行政性灰色寻租成本有所降低，但与此同时又衍生出了一定的“不作为”问题。

（4）与政府、国企相关的其他运营成本。例如，近年来随着政府对环保越来越重视，环保标准不断提高，重大节日、会议期间对相关行业实行停限产指令，这些都会增加企业的运营成本。另外，电力、电信、铁路运输等行业虽然已由政府部门改制为国有企业，但在公众朴素的观念中，仍然将这些由国有巨头占主导地位的行业理解为“国家的”，而与此相关的成本也被理解为广义税费成本的一部分。

中美宏观税负对比

宏观税负通常指一个国家在一定期间内税收收入（或财政收入）占当期国内生产总值的比重，反映了一个国家税收的总体负担水平。

不同国家间比较宏观税负时，统一口径是关键，不同口径下的宏观税负相差较大，需要考虑不同的税制结构和国情条件。比如，中国的社会保障制度采用缴费的形式，而美国则是缴税的形式；中国的城镇土地属于国有，因此土地转让时政府可获得土地出让收入，而美国没有；中国存在大量的国有企业，因此有国有资本经营预算，而美国没有；中国目前还存在大量的非税收入，而美国相对较少，因此比较中美宏观税负需要注意不同的口径。

此外将宏观税负分为四个口径：小口径、中口径、大口径和全口径。小口径，即用不包含社保收入的税收收入除以 GDP；中口径，即用税收收入与社会保险收入之和除以 GDP；大口径，即用包含税收收入、非税收入以及社会保险费（税）的收入除以 GDP；由于中国从 2010 年开始构建四本预算，除公共预算和全国社会保险基金预算外，还有政府性基金预算及国有资本经营预算，全部加总即为全口径的政府收入，以此除以 GDP 得到全口径下的宏观税负水平。

小口径：在不考虑社会保险的情形下，中国宏观税负与美国基本相当

由于美国的社会保障制度是企业和居民以缴税的方式为基础的，且社会保险税占联邦税收收入的36%，而中国的社会保险是以缴费为基础，不纳入公共预算，为可比计算，先不考虑社会保险。

小口径的宏观税负方面，中国宏观税负等于税收收入/GDP，美国宏观税负等于剔除社会保险税后的税收收入/GDP。小口径下的中国宏观税负在2005—2013年从15.4%上升到18.6%，而后下行至2016年的17.5%，呈下降趋势（2014年为18.5%）。小口径下的美国宏观税负水平在2005—2007年上升，在2008—2010年金融危机期间因财源缩减迅速下行，2010年达到16.5%，其后上升至2014年的19.3%，呈上升趋势。综上所述，在不考虑社会保险的情形下，中国的宏观税负水平略低于美国，总体基本相当（见图3.7）。

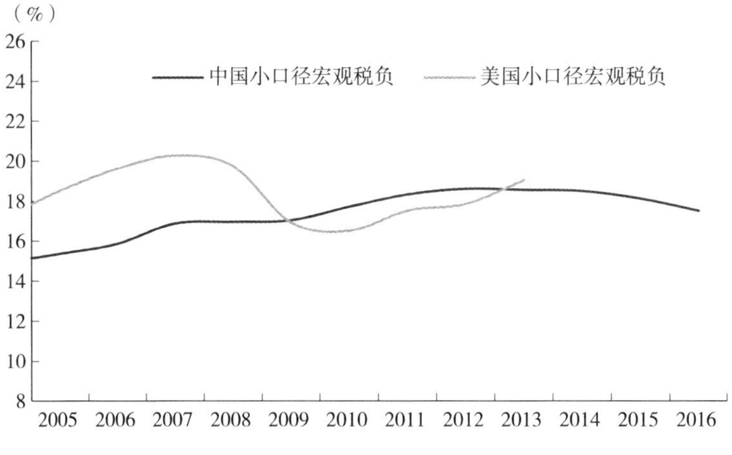

图3.7　小口径下的美国宏观税负近年来超过中国

资料来源：Wind，作者整理。

中口径：考虑税收、社保的情形，美国宏观税负水平近年略高于中国

中口径采用中国的税收收入加上社保基金决算收入（剔除财政补贴）之和除以当期GDP，美国与之相似的口径是用包含社保税的全国税收收入除以GDP。中口径下的中国宏观税负水平上升，在2015年略有下降，2016年为22.5%（2014年为23.5%），近年有下行趋势。中口径下的美国宏观税负在2005—2007年上升，2008—2010年金融危机期间下降，随着经济复苏税收收入回归常态，2011年及以后宏观税负上升，2014年达到25.2%。因此，近年来中口径下的美国宏观税负水平高于中国（见图3.8）。

图3.8　中口径下的美国宏观税负高于中国

资料来源：Wind，作者整理。

大口径：考虑税收、社保、非税的情形，美国宏观税负水平高于中国

大口径考虑税收收入、社保收入和非税收入，在中国是公共财政收入与社会保险基金收入（剔除财政补贴）之和除以 GDP，美国则是全国财政收入（税收收入 + 非税收入）除以 GDP。大口径下，美国的宏观税负水平自 2005 年以来均高于中国，在 2007 年，差距最大时高出 13.7 个百分点（见图 3.9）。但是随后美国受到金融危机的影响，财政收入出现负增长，两年间大口径宏观税负下降 10.5 个百分点，而后逐步回升至近年来的 33% 左右（2014 年为 35%），且呈上升态势。

中国的大口径宏观税负水平自 2005 年以来整体增长，直到 2016 年下滑约 1 个百分点至 26.4%（2014 年为 26.8%，低于美国 8.2 个百分点）。

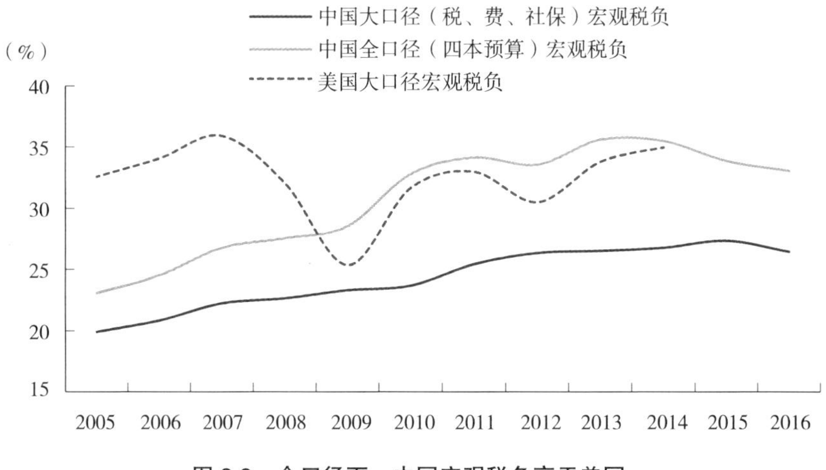

图 3.9　全口径下，中国宏观税负高于美国

资料来源：Wind，作者整理。

全口径：考虑中国的四本预算，全口径下的宏观税负水平从2009年起中国超过美国

自 2010 年起，中国开始构建公共财政预算、国有资本经营预算、政府性基金预算和社会保险预算，形成有机衔接、更加完整的政府预算体系，因此全口径的政府收入包括上述四个部分。在 2013 年及之前，中国全口径的宏观税负水平整体向上，其后连续三年下降（2014 年为 35.5%，2015 年为 33.9%），2016 年全口径的政府收入达到 24.6 万亿元，宏观税负水平为 33.1%。

2008 年及之前美国宏观税负高于中国全口径的宏观税负，2008 年美国高出中国 4.6 个百分点（美国 32.1%，中国 27.5%），2009 年及以后中国迅速超过美国宏观税负，2009 年和 2010 年中国分别高出美国 3.1 个百分点（2009 年美国为 25.4%，中国为 28.5%）和 1.1 个百分点（2010 年美国为 31.7%，中国为 32.8%），主要源于中国 2009 年和 2010 年土地出让迅速增长带动政府性基金的增速分别为 17.3% 和 100.6%。2014 年全口径下的中国宏观税负为 35.5%，略高于美国 0.5 个百分点。

税收负担率：中等收入的中国已追赶上美国

税收负担率是指负税人所支付税款占其全部收入的比率。本文用一国在一定时期内取得的税收收入除以当期国民总收入来衡量这一指标。通过对各国税收负担率的对比，可以发现人均收入与税收负担率呈正相关，人均收入越高，税收负担率越大，这可能与发达国家社会福利水平较高有关。

考虑社保税下，美国的税收负担率在25%左右。而中国作为一个中等收入水平国家，在未考虑社保费用的情况下，税收负担率在2015年已达到18.30%，处于一个较高的水平，和未考虑社保税的美国平均比重接近（见图3.10）。

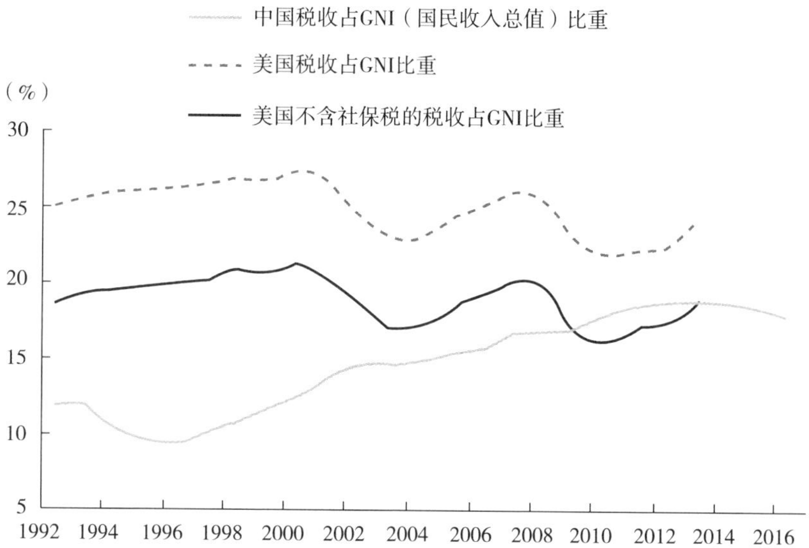

图3.10　中国税收负担率已追赶上美国（未考虑社保税）

资料来源：Wind，作者整理。

非税收入：中国占比超美国

财政收入包括税收收入和非税收入两部分。税收负担并不是一国国民和企业的全部负担。非税收入和税收收入在一国财政需求固定的情况下，具有替代性。

美国的非税收入主体是收费，包括公共设施使用者收费、机场和公园收费、行政性收费等，此外还包括捐赠、政府所有的企业和公共财产收入。不同于税收的强制性和无偿性，美国的非税收入具有一定程度的非强制性和有偿性。一方面，缴纳相关的费用后，人们可以得到相应的产品或服务；另一方面，人们可以选择消费与否或者消费多少。除法律专门规定外，美国的非税收入都要纳入预算管理。

中国的非税收入主要包括专项收入、行政事业性收费、罚没收入和其他收入。在中央大力清理费用之前，我国存在较多的不规范收费行为，收费的主体比较多元。2016 年 3 月 18 日，财政部明确非税收入是政府财政收入的重要组成部分，应当纳入财政预算管理并全部上缴国库，各级财政部门是非税收入的主管部门。

联邦非税收入在美国联邦财政收入占比较低，不足 5%，且较为平稳。2008 年金融危机后，比重稍有增长。相反，中国非税收入占财政收入比重逐渐上涨，2016 年达到 18.3%。行政性收费占比较高是中国企业税负感较重的原因之一。

中美税收结构对比

中国：企业税和间接税占主体地位

中国的税收结构具有两个鲜明的特点。

一是侧重向企业征税。以 2016 年为例，13 万亿元总税收收入中，除了 1 万亿元个人所得税之外，其余超过 90% 的税收都是以企业为征税对象收上来的，包括增值税、消费税、企业所得税等。这就意味着，如果要在财政总支出不减少的情况下降低企业税负，个人税负就要不可避免地上升。考虑到对个人加税在政治上的阻力较大，因而从财政收支总平衡的角度而言，如果不增加赤字，企业总税负就难以下降。

二是以间接税为主。仍以 2016 年为例，直接税所占的比例约为 40%，间接税占比高达 60%。也就是说，60% 的税收是在流通环节征收的，受到价格杠杆的作用，因而难以避免地具有顺周期特性——当经济处于景气周期时，价格上行，税收增加；当经济处于不景气周期时，价格下行，税收减少。

美国：个人税和直接税占主体地位，注重调节公平

美国的直接税主要包括个税、企业所得税、房产税、社会保险

税、牌照税、遗产及赠予税。截至 2014 年底，美国的直接税达到 3.73 万亿美元，占税收比重为 85.3%，占比总体比较稳定，近年略有下降趋势（见图 3.11）。其中个人所得税占直接税的 47%，社会保险税占直接税的 27%，房产税占直接税的 13%，企业所得税占直接税的 10%。

美国的间接税主要包括消费税（联邦）、销售和总收入税（州和地方）、关税（联邦）。截至 2014 年底，美国的间接税达到 6447 亿美元，占税收比重 14.7%。间接税的主导力量是州和地方的销售和总收入税。

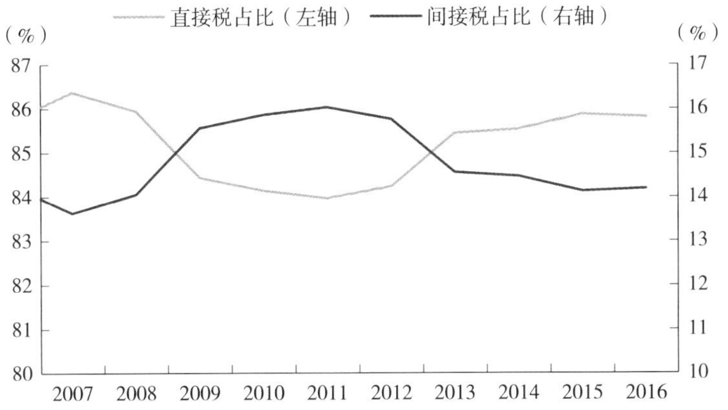

图 3.11　美国以直接税为主，占比总体稳定在 85% 左右

资料来源：Wind，作者整理。

提高直接税比重是财税改革既定的方向之一

现代税收制度的主要功能之一是调节收入分配。而以间接税为主的税制体系与这一功能是相违背的。原因在于，消费税、增值税、营业税这些针对流通环节征收的税种本质上是对需求和消费征税，

而收入越高的人，边际消费倾向和消费率越低，因而间接税具有“累退”的性质，而非“累进”。

随着财富分布和收入分配不平等的加剧，累退性的税制结构与调节收入分配之间的矛盾越来越凸显。对此，党的十八届三中全会《中共中央关于全面深化改革若干重大问题的决定》中明确提出了逐步提高直接税比重的改革方向。在这一既定方向之下，房产税、遗产税等直接税的推出只是时间问题。

中美税负对比的启示

间接税为主的税制结构导致近90%的税收由企业缴纳，税负感较重

从宏观税负来看，小、中口径方面，中国宏观税负与美国相差不大；考虑到土地出让收入的全口径宏观税负，中国高于美国。但是中国企业感到负担高于美国，主要是与中美税收结构相关。中国税收的征收对象以企业为主，近90%的税收由企业缴纳，美国税收的征收对象则以个人为主。2016年，中国的营业税+增值税占财政收入比重约40%，而美国的企业所得税占财政收入比不足10%。中国以间接税为主的税制结构导致大量税收由企业缴纳，以前较低的环境和劳动力成本可以弥补部分企业高税负成本，但随着环境和劳动力成本的增加，以及对质量发展要求的提高，降低企业税负的必要性变大了。

费用过多过杂导致企业压力加大

中国企业承担的费用较多较杂，加之税收法定程度不高，导致企业税负感重。数据显示，2016年中国的非税收入占财政收入的比

重为 18.3%，远高于联邦非税收入在美国联邦财政收入占比的 4.79%。大量的非税收入虽然名义上不是税，但实际上相当于“准税收”，因此中国的宏观名义税负和美国差不多，但是实际税负比美国重，广义宏观税负也较重于美国。

清理费用的工作必须继续坚持。对于确实需要保留的收费项目，应当通过法律法规加以规范。对于具有税收性质的收费，可以“费改税”，比如社会保障费。应取消重复收费项目，以及完全凭借部门行政管理权的收费项目。

税收在“用之于民”方面与居民期待仍有差距，行政管理成本较高，社会保障水平偏低

虽然近年来中国一直在追求“钱从哪里来，用到哪里去”的透明度，但和美国相比仍存在差距。即使近几年的财政支出更加倾向于医疗、教育和社保等民生支出，但与居民的需求和期待相比，社会保障水平仍然偏低。

取之于民是为了用之于民。在一份“2011 年全球 214 个大型城市的生活成本调查报告”里，北京和上海排名分别为第 20 位和第 21 位，而纽约排在第 32 位。由此可见，提高财税的科学化、精细化管理，提高管理绩效，增加透明度、法制化程度，对税收的“用之于民”很有必要。

尽快向直接税转型，推进综合所得税改革

美国的减税政策让中国产生了较大的外部压力，中国可以通过加强个税管理来提高个税占比，以减少企业负担的税负。

目前全球约有80%的国家对个人所得税的征收采用综合所得税制模式，只有15%左右的国家使用分类所得税模式，其他采用混合所得税模式。中国采取分类所得税制，即将纳税人的所得分成11大类，分类设定不同税率和计税方式；美国采用综合所得税制，即扣掉免除额和扣除额后，对纳税人各种收入剩余的应纳税所得进行综合征收。分类所得税制方便贯彻政策方针，但是无法贯彻税负公平原则，容易导致逃税漏税；综合所得税制可以量能课税、公平税负，但是会对纳税人的纳税意识提出更高要求。鉴于中国的征管水平与制度建设，目前的改革方向是综合与分类相结合的所得税制，适合经济转型国家。

在中国，最不容易逃税漏税的是工资薪金，但一般来说中低收入群体几乎90%的收入由工资构成，很多高收入人群的收入有很多其他来源或隐性收入，而由于个人所得税法对这部分渠道收入没有具体的控制和规定，所以相关税款的缴纳很少。这样非常不利于收入分配。中国应完善个税制度，对中低收入群体扩大抵扣，最高边际税率（45%）要适当下调，防止沦为逆向调节的工薪税。

改革资源税、消费税等税种，充分发挥保护环境、促进绿色发展的作用，反映资源的稀缺性

对企业减负可能会造成财政增收困难，因此需要从其他来源弥补。资源税已经进行了从量计征到从价计征的改革，但是税率依然较低，未来将提高税率并扩大范围。消费税则可能调整征收对象，扩大对高污染、高耗能产品及部分高档消费品的征税，同时提高税率，真正实现以税收促进新发展理念的实施。水资源税的试点范围逐步

扩大，从河北实施的情况来看节约水资源的效果明显，未来水资源税预计将在全国推开。

加快房地产税立法，构建地方税体系

营改增之后，虽然通过调整中央与地方的收入分成比例以保证地方财力，但是地方税体系迟迟未能建立。美国的地方税体系以房产税、个人所得税、销售与总收入税为主体，中国可以用房地产税与其他地方税共同构建地方税体系。目前，房地产税由全国人大常委会预算工作委员会和财政部牵头组织起草，当前正在加快进行起草完善法律草案、重要问题的认证、内部征求意见等方面的工作。尽管由于真正出台房地产税需要解决不同产权性质的界定、整合房地产相关的税种、设定征收的标准（无论以套还是以面积征收均存在不可能绝对公平、不可能让所有人满意的问题）等一系列问题，因此短期内出台实施的可能性不大，但未来出台并立法是必然趋势。根据财政部部长肖捷在《加快建立现代财政制度》一文中所述，房地产税将遵循“立法先行、充分授权、分步推进”的原则。

中国影子银行：银行的影子和监管博弈

任泽平　刘镜秀

（原文发表于 2017 年 7 月 18 日）

与美国影子银行高度证券化、衍生化的业务模式不同，中国影子银行由银行主导，实质是变相放贷和银行的影子，是金融机构创新、逐利与规避监管交错共生的产物。我们采用广义口径测算，2010年以前，中国影子银行规模在8万亿元以下，此后飙涨，截至2016年年底广义影子银行规模将近96万亿元（剔除重复计算64.5万亿元），是2016年GDP的1.28倍。

中国影子银行产生和狂飙的原因。（1）银行监管套利活动催生了表外和通道影子银行业务。随着利率市场化的初步完成，银行存贷利差缩小，民营银行的加入，致使银行间竞争压力增大。为了提高利润，银行将表内业务转移出表来规避资本充足率、存贷比、行业投向限制等监管。同时，为了规避宏观调控，银行将表内业务转移到表外或通道投向房地产、地方融资平台和“两高一剩”行业。（2）存款脱媒促使资金流向影子银行。（3）金融创新、监管放松、货币放水带来影子银行的繁荣，改革迟缓和过度刺激房地产导致实体经济回报率下降，资金脱实入虚加剧影子银行泡沫。（4）中小企业融资难、金融抑制促使影子银行填补融资缺口。

中国影子银行发展历程：一场业务创新与监管博弈的猫鼠游戏。第一阶段（2008—2010年）：银信合作，银行发行理财产品募资、信贷出表，影子银行初具规模；第二阶段（2011—2013年）：银信合作单一通道向银银、银证等多通道合作模式转化；第三阶段

（2014—2017 年）：银信受限、银证被约束，银基接力，银银同业业务变异，多通道模式下套利链条拉长，影子银行继续狂飙突进。从监管套利的角度，每一个阶段，银行都寻求与监管阻力最小的通道（机构、中介）合作，通过理财产品或同业负债（含同业存单）等方式募集资金，借助通道将信贷资产转移出表，如投资受监管限制行业企业及权益、非标等资产，由此带来相关通道业务及机构的爆发式扩张。由于国内金融体制与环境制约，中国影子银行业务主要依附于银行而存在，成为银行的影子。2015 年以来，随着实体经济回报率的下降，很多影子银行资金流向了地方融资平台和房地产，或滞留在金融体系内通过加杠杆、期限错配、信用下沉进行套利，形成了“同业存单—同业理财—委外投资”套利链条。

影子银行的影响、监管与未来演变：迎接监管协调新时代。随着全国金融工作会议召开、监管协调加强、资管统一新规出台，未来对影子银行的监管将按照统一标准、消除套利、穿透监管、打破刚兑、逐步整改、规范统计等方向开展，影子银行全面监管时代到来。通过金融改革与实体改革协调推进，宏观审慎与微观审慎监管相结合，影子银行有望正本清源，以规范、专业的资产证券化服务来盘活存量信贷资金，提升资金融通效率，有效服务实体经济。

影子银行的由来与内涵

金融创新、金融自由化催生影子银行

影子银行（Shadow Banking）产生于20世纪六七十年代的美国等发达国家。1929年大萧条以后，美国以银行信贷为主要社会融资渠道，对银行业实施存款利率管制、禁止混业经营等监管，但是注重资本市场发展和非银金融领域创新。1960—1970年，美国银行存款难以满足居民资产增值需求，非银行金融机构趁机发行货币市场共同基金以更高的利息吸引资金，银行业出现脱媒。同期美国政府推动建立了以资产证券化为主的房贷二级市场，混业经营的金融控股公司及货币市场共同基金崛起，影子银行初步形成。20世纪80年代以后，美国金融业管制放松，利率市场化改革完成，金融创新活跃，资产证券化快速发展，影子银行步入高速成长阶段。2007年次贷危机发生前，美国已形成了规模庞大、发展成熟的影子银行。由于监管不到位，影子银行业务普遍存在期限错配严重、杠杆率高、信用扩张过度的问题，使系统性风险逐渐积聚，成为引爆次贷危机的重要推手。

国内外关于影子银行的界定

“影子银行”这一概念最初由太平洋投资管理公司董事保罗·麦考利（Paul McCulley）于2007年提出，用来形容那些游离在监管之外、缺乏存款保险和央行流动性支持的非银行机构的投融资活动。2011年，金融稳定理事会（Financial Stability Board，FSB）给出“影子银行”的官方定义为，受到较少监管或者不受监管的信用中介活动和机构。

中国对影子银行的界定与发达国家不同。2010年，周小川指出中国影子银行主要依附于传统银行业。2012年，中国人民银行调查统计司曾在《影子银行体系的内涵及外延》[①]一文中对中国的影子银行做出初步定义：“从事金融中介活动，具有与传统银行类似的信用、期限或流动性转换功能，但未受《巴塞尔协议Ⅲ》或等同监管程度约束的实体或准实体。”官方明确定义则出现在《国务院办公厅关于加强影子银行监管有关问题的通知》（国办发〔2013〕107号文）中，文件规定，中国影子银行主要包括三类：一是不持有金融牌照、完全无监督的信用中介机构，包括新型网络金融公司、第三方理财机构等；二是不持有金融牌照，存在监管不足的信用中介机构，包括融资性担保公司、小额贷款公司等；三是机构持有金融牌照，但存在监管不足或规避监管的业务，包括货币市场基金、资产证券化、部分理财业务等。然而这种从机构监管角度的界定，并不能反映国内影子银行的全貌。

目前国内外研究者对于影子银行尚未形成全面清晰的定义，但是就关键特征已达成共识：影子银行是金融机构创新、逐利与规避

① 中国人民银行调查统计司与成都分行调查统计处联合课题组.影子银行体系的内涵及外延［J］.金融发展评论，2012（8）.

监管交错共生的产物；影子银行不受传统银行业监管框架限制，具有与传统银行类似的信用、期限或流动性转换功能，不受央行的存款保险保护。

中美影子银行的差异

美国影子银行由非银金融机构主导，核心是资产证券化

美国影子银行主要包括货币市场基金、对冲基金、投资银行、SPV（特殊目的载体）、资产管理公司、住房抵押贷款机构、私募股权基金、保险等非银行金融机构以及证券化工具、资产支持商业票据（ABCP）通道、回购协议、结构性投资等业务体系。美国影子银行的资金来源主要是基金，具体运作过程是投资银行、对冲基金及其他投资实体，在货币市场上用短期商业票据、回购协议等工具向货币市场共同基金融入资金，购买各类贷款（主要是次级贷款），对贷款进行多次资产证券化形成资产支持证券（或者进一步组合成相关衍生品），然后销售给各类机构投资者。美国的影子银行是在“发起—分销”模式下通过各种通道与金融市场形成一个完整的资金流系统，不受监管或者受到部分监管，属于表外运作，核心是资产证券化。由此可知，美国影子银行与传统商业银行体系并行存在，形成竞争关系。

中国影子银行由银行主导，实质是变相放贷和银行的影子

中国的影子银行涉及的机构主要包括信托、券商、基金及子公司、担保公司、小贷公司、P2P（个人对个人）网贷平台等非银行金融机

构；业务产品包括信托计划、信托受益权、票据买入返售、同业代付、委外投资、资管计划、同业理财、银行表外理财、票据贴现、信托贷款、信贷资产转让、委托贷款、小贷公司贷款、P2P 网络贷款等。主流影子银行业务的运作过程是银行发行理财产品或者通过同业负债（含发行同业存单）募集资金，借助信托、券商、基金等非银金融机构通道进行信托受益权转让、券商定向资管计划、基金特定资管业务，或者以其他银行为通道进行信贷资产双买断、票据买入返售、同业代付等业务，最终资金以信托贷款、委托贷款、未贴现银行承兑汇票等形式提供给实体企业或进行其他投资。还有少部分影子银行（小贷公司、P2P 网贷平台等）通过众筹、P2P 等互联网金融形式突破监管限制放贷。这就使不具备存贷款资格的非银金融机构成为影子银行系统链条，行使存贷款的实质，突破相应的监管限制。庞大的银行体系在金融抑制与监管约束的环境下为追逐更高收益不断进行业务创新，与依附于银行体系的其他金融机构共同进行监管套利。因此，中国影子银行业务实质是类贷款业务，与美国高度证券化、衍生化的业务模式不同，中国影子银行没有形成各机构与业务间完整的信用链，而是作为银行的影子，与传统银行形成互补关系。

中国影子银行的产生背景与发展现状

监管套利、存款脱媒、业务创新、金融自由化催生国内影子银行

相较于发达国家，中国影子银行出现较晚，但是发展速度很快，当前国内影子银行所处的背景环境与美国20世纪80年代似而不同。总体而言，推动国内影子银行产生发展的因素有如下几点。

（1）银行的监管套利活动催生了表外影子银行业务。现阶段银行是国内社会融资的主要渠道，随着利率市场化初步完成，银行存贷利差缩小，利率波动幅度加大（见图4.1），存款出现脱媒化倾向，银行净利润增速放缓。在资本充足率、存贷比、行业投向限制等监管约束下，银行为规避监管将表内业务转移出表以提高利润的动机很强（见图4.2）。此外，政府批准设立民营银行，也逐步打破了银行业的垄断格局，加大了银行间的竞争压力，倒逼银行开展创新业务。

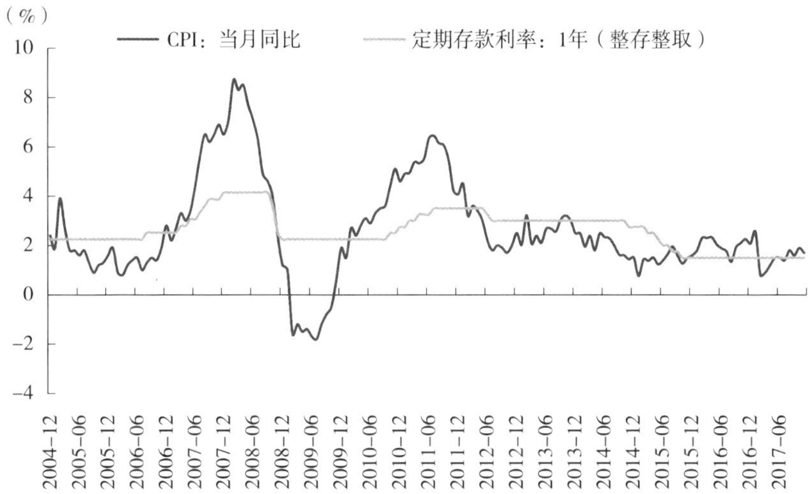

图 4.1　一年定期存款利率与通胀率比较

资料来源：Wind，作者整理。

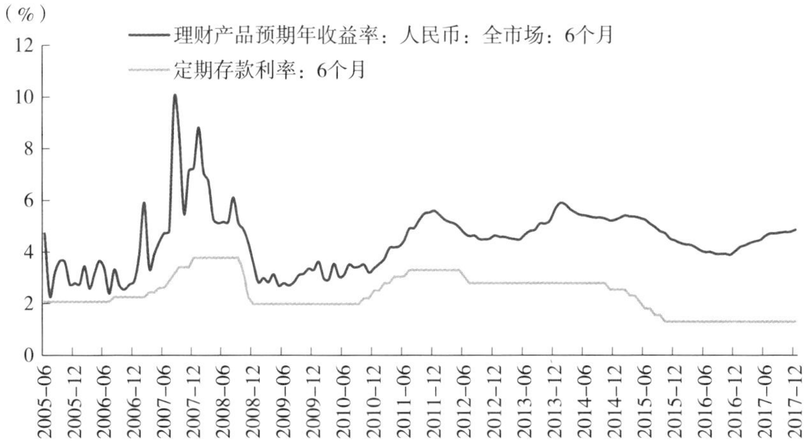

图 4.2　理财产品收益率高于同期定存

资料来源：Wind，作者整理。

1995年发布的《商业银行法》第三十九条要求，商业银行资本充足率不得低于8%，贷款余额与存款余额的比例不得超过75%，流动性资产余额与流动性负债余额的比例不得低于25%，对同一借款人的贷款余额与商业银行资本余额的比例不得超过10%。2015年10月以前，这些规定严格约束着商业银行贷款的发放规模，在逐利动机下寻求外部通道突破这些限制成为商业银行开展表外业务的重要原因。后来为了提升金融机构对小微企业、“三农”等领域的支持力度，有针对性地缓解融资成本高的问题，国务院强调完善差异化信贷政策，增加存贷比指标弹性，促使商业银行存贷比限制指标放松。2015年10月生效的《中华人民共和国商业银行法修正案（草案）》借鉴了国际经验，删除了商业银行贷款余额与存款余额比例不得超过75%的规定，将存贷比由法定监管指标转为流动性监测指标。对监管指标的放松实际上与利率市场化的推进切实相关。

此外，从2009年开始国家出台了一系列政策措施抑制“两高一剩”行业扩张，要求银行严控“两高一剩”行业贷款。2010年，“新国十条”实行严格的差别化住房信贷政策，对房地产进行调控。此后国家多次出台房地产调控政策，收紧对房地产行业的贷款。2012年底，财政部等出台政策严控地方融资平台的新增贷款规模。这些领域通常对信贷依赖度较大，而且能够承担较高的贷款利率，而陆续出台的监管政策则制约商业银行对上述领域的信贷投放，为了追求更多利润，银行有动力借助外部通道绕开监管，对房地产、基建及相关产能过剩行业提供资金。

（2）存款脱媒促使资金流向影子银行。近年来居民财富增长快，储蓄率高，对资产保值增值的需求强烈，存款脱媒的压力增大（见

图 4.3），理财类产品应运而生（见图 4.4），为影子银行提供了重要的资金来源。

图 4.3　居民储蓄存款增速下降

资料来源：Wind，作者整理。

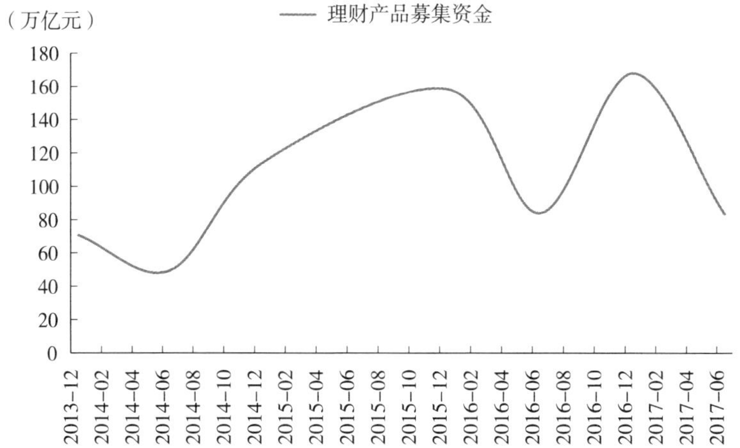

图 4.4　理财产品募资总额波动性上升

资料来源：Wind，作者整理。

（3）金融抑制促使影子银行填补融资缺口。一直以来，国企及地方政府能够从银行获得大量低成本贷款，很多融资需求强烈的中小企业却难以从银行获取资金，金融抑制程度严重，需要影子银行来填补融资缺口。按照“融资缺口 = 社会融资规模 – 新增人民币贷款 – 新增外币贷款 – 企业债券融资 – 非金融企业境内股票融资”，粗略估算得知 2009—2015 年融资缺口年平均在 2 万亿元以上（见图 4.5）。

图 4.5　社会融资中扣除贷款、股票、债券后的融资缺口变化

资料来源：Wind，作者整理。

（4）金融创新和金融自由化带来影子银行的繁荣。近年来，政府鼓励金融创新，在金融自由化浪潮的推动下，信托、基金公司及其子公司、券商资管、新兴保险等非银机构崛起，理财产品、万能险、同业存单等金融产品诞生，委外投资、结构性融资、多层嵌套等交易结构繁荣。此外，小微企业强烈的融资需求催生了各种小额贷款公司、融资性担保公司、典当行、P2P 网贷平台等影子银行机构，也推动了企业间委托贷款及其他民间借贷规模的扩大。

（5）经济缓、货币松、监管松，资金脱实入虚推高金融杠杆率，引发影子银行泡沫化繁荣。国内经济增速放缓，实体经济回报率下降（见图 4.6 和图 4.7），各期限利差持续收窄，货币宽松下“资产荒”导致资金脱实入虚，造成机构间加杠杆，资金空转套利，影子银行规模扩张呈现泡沫化繁荣（见图 4.8）。

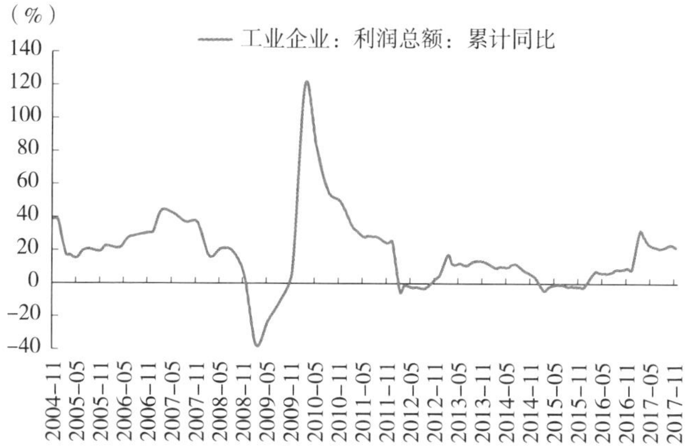

图 4.6　工业企业利润增速放缓

资料来源：Wind，作者整理。

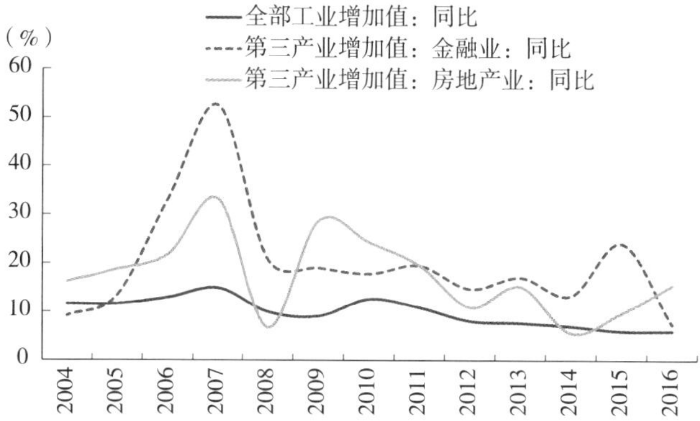

图 4.7　工业增加值增速低于金融业、房地产

资料来源：Wind，作者整理。

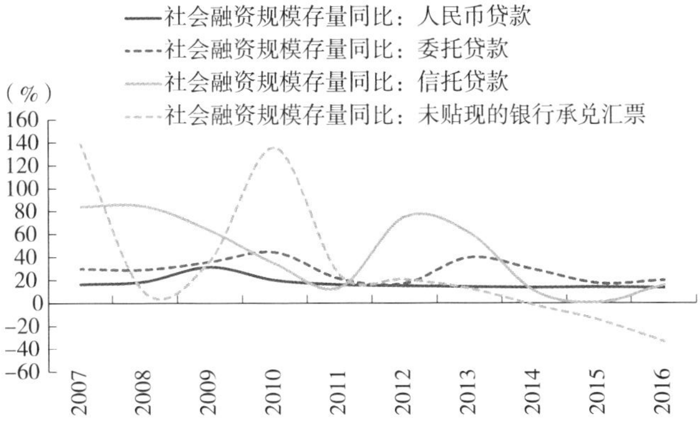

图 4.8　2009—2014 年影子银行相关的融资规模增速高于一般贷款

资料来源：Wind，作者整理。

业务创新与监管博弈贯穿中国影子银行发展全程

中国影子银行以银行为主导，其发展历程恰是银行不断突破政策限制追逐利润与监管跟进之间持续博弈的动态过程。依据银行绕开监管所选的通道机构、影子银行业务资金来源及投资标的等方面的不同，可以将影子银行按业务模式演变路径依时间顺序划分为三个阶段。

第一阶段，2008—2010 年：银信合作，银行发行理财产品募资，信贷出表，影子银行初具规模

2008 年金融危机后，“四万亿元财政刺激计划”带来了大量新增贷款需求，但受到存贷比、资本金和合意贷款规模的限制，银行表内信贷业务难以满足超额的贷款需求，借助外部机构进行表外放贷成为银行的必然选择。2010 年，宏观调控收紧，进一步加大了信贷出表的压力。投资限制少、可以发放贷款的信托公司成为银行首选

的合作通道，银信合作规模在这一阶段呈爆发式增长。

2008—2010 年，影子银行主要业务产品为银信合作理财产品、信托贷款、信贷资产转让，业务模式通常是银行发行理财产品募集资金，借助信托通道投向基建和房地产领域（这两个行业吸收的信托资金占总的信托余额比重超过 50%，见图 4.9）。

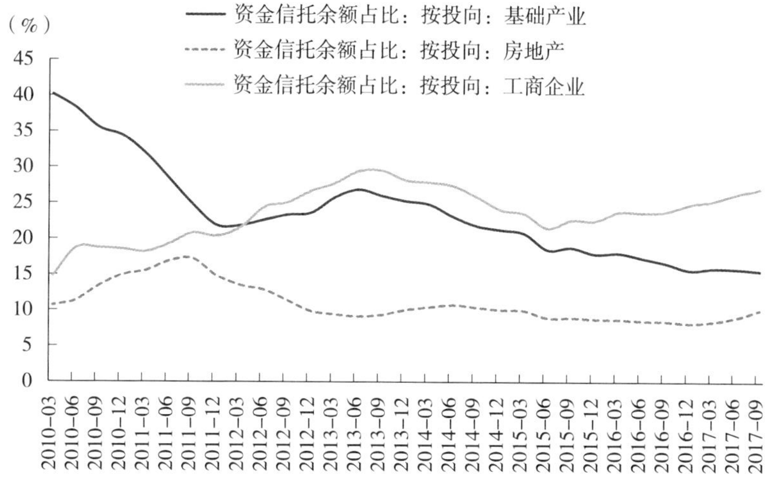

图 4.9 信托资金主要投向房地产、基础产业、工商企业

资料来源：Wind，作者整理。

监管套利模式一：信托贷款业务。

企业向银行提出融资需求，但银行受到信贷规模或投向限制不能直接放贷，由信托公司设立投资于该企业的信托计划，银行通过发行银信合作理财产品募集资金，并将募集的资金购买该信托计划受益权，银行在入账时，将信托受益权计入投资项下的"应收账款"或"可供出售类金融资产"科目下。这一过程相当于银行借助信托公司这一通道实现"合规"放贷，但是发放的款项在银行资产负债表上不计入信贷资产，以此绕过监管部门对信贷规模的约束。

监管套利模式二：信贷资产转让业务。

银行 A 对企业发放贷款形成信贷资产，为了获取流动性，银行 A 在该信贷资产未到期时将其转让给信托公司设立信托计划，银行 B 通过理财产品募集的资金购买该信托计划，借助信托公司这一通道将信贷资产从银行 A 转移到银行 B。在此模式下，银行 A 将表内信贷资产转向表外，银行 B 购买了信贷资产但不计入资产负债表的信贷科目，而是计入投资项下的"应收账款"等科目，以此绕过监管部门对信贷规模的监管。

2008—2010 年监管套利简化流程如图 4.10 所示：

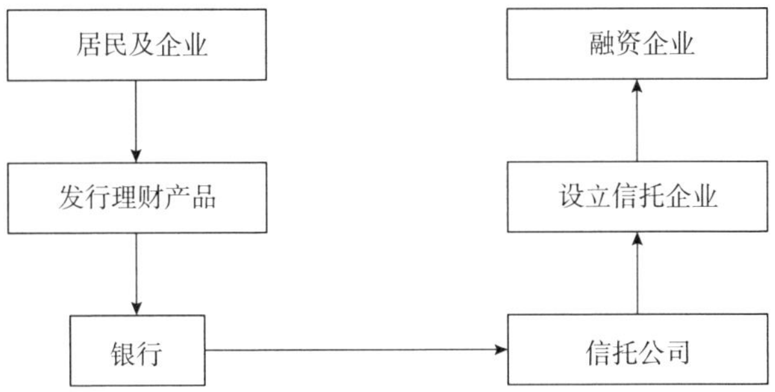

图 4.10 2008—2010 年监管套利简化流程图

资料来源：作者整理。

银信合作使类信贷资产难以体现在银行的资产负债表内，导致资本充足率不能真实反映银行的风险，不利于监管部门的管控。此外，银信合作中，银行通过发放理财产品募集的资金，借助信托公司投资给借款企业。但这部分资金会被记录在表外业务中，无须缴纳法定存款准备金，因此会增加实际流入市场的货币量，扩大了社会整体的流动性，提高了货币政策调控经济的难度。

2009 年 12 月，银监会发布《中国银监会关于进一步规范银信合作有关事项的通知》，要求在银信合作受让银行信贷资产、票据资产以及发放信托贷款等融资类业务中，信托公司不得将资产管理职能委托给资产出让方或理财产品发行银行；银信合作理财产品不得投资于理财产品发行银行自身的信贷资产或票据资产。2010 年 8 月，银监会颁布《关于规范银信理财合作业务有关事项的通知》，要求信托公司控制融资类银信理财余额占银信理财合作业务余额比例不得高于 30%，并且要求将银信理财业务所形成的表外资产转到表内。2010 年 12 月和 2011 年 1 月，银监会又分别发布《关于进一步规范银行业金融机构信贷资产转让业务的通知》和《关于进一步规范银信合作理财业务的通知》，要求各商业银行在 2011 年底前将银信理财合作业务表外资产转入表内，还要求融资类银信合作理财产品中的信托贷款余额以至少每季度 25% 的比例压缩。

监管跟进使银信合作业务受限，在总信托余额中银信合作规模占比从 2010 年 9 月的 64% 持续下降至 2011 年底的 30% 左右，并一直保持在这一水平附近（见图 4.11）。此后，银行一方面在传统银信合作产品中引入更多的过桥方或改变理财计划投资标的以规避银信合作监管规定，另一方面则寻求新的通道接替信托公司将表内资产挪至表外。

图 4.11 2011 年以后监管跟进，银信合作规模占比收缩

资料来源：Wind，作者整理。

第二阶段，2011—2013 年：银信合作单一通道向银银、银证等多通道合作模式转化

2009 年“四万亿元财政刺激计划”促使地方政府上马了很多周期长、回报率低的基建项目，这些项目配套资金主要是银行贷款。2010 年，银信合作和信贷政策都开始收紧，银行信贷资金难以按计划发放给地方政府的投资项目。为追求政绩，地方政府有动力维持项目运转。由于对利率不敏感，地方政府转而通过地方融资平台，以更高的利率通过非标融资变相获取银行贷款。与此同时，在 2010 年房地产调控背景下，银监会限制了对房地产企业的贷款。过去几年，中国房价快速上涨使房地产企业赢利丰厚，较大的利润空间使房地产企业转向更高利率的非标融资，以获取扩张所需的资金。由于非标资产回报率高于同期贷款，对银行吸引力很强，所以银行有动力

满足这些融资需求。

（1）2011—2012 年，银信合作受限，促使商业银行通过买入返售票据腾挪信贷规模。

银信合作受到制约之后，买入返售业务得到发展壮大。买入返售业务前期以票据类为主，后期以信托受益权类为主。

2011—2012 年，地方政府和房地产企业纷纷通过非标融资方式获取流动性。为了满足这些需求，商业银行和农村中小金融机构利用新旧会计准则差异，通过买入返售票据腾挪信贷规模，并将大部分资金投向此类非标资产。买入返售业务的主要操作方式为，商业银行借助农村中小金融机构将“票据贴现”转化为“买入返售金融资产”，增加信贷额度的同时降低了资本消耗；而农村中小金融机构在借记“买入返售金融资产”和贷记“卖出回购金融资产”的情况下，实现了资产规模的快速扩张。由于买入返售业务大量对接非标资产未受到严格监管，2013 年 3 月银监会出台《关于规范商业银行理财业务投资运作有关问题的通知》对银行表外理财产品投资非标资产进行规范，要求银行理财投资非标资产的余额不能超过理财产品余额的 35%，且不能超过商业银行总资产的 4%。此后随着央行货币政策收紧，2013 年 6 月，货币市场资金价格异常飙升，出现“钱荒”，银行开始调整非标业务，票据类买入返售业务增速明显放缓。

2011 年 6 月，银监会发布《关于切实加强票据业务监管的通知》，票据类买入返售业务开始受到制约（见图 4.12），同年信托受益权类的规模翻倍。信托受益权买入返售方式实际上是规避监管的升级版银信合作，通过在银行与信托公司之间加入过桥方（过桥企业、证券公司、基金公司、保险公司等）实现。2011—2012年，银行理财资金可以投资信托受益权且不需要入表，过桥方与信托公司签订资金信托合同，委托信托公司向融资企业发放信托贷款，过桥方获得信托受益权，银行向过桥方购买信托受益权后，信贷资产转变为信托受益权，可以规避信贷监管，由此腾挪出来的资金大部分投向了非标资产。2013年6月以后，银行吸取“钱荒”教训，逐步压缩非标资产获取流动性，除了票据类买入返售业务受到较大冲击外，银行通过信托受益权投资非标资产的业务也受到影响，增速有所放缓。

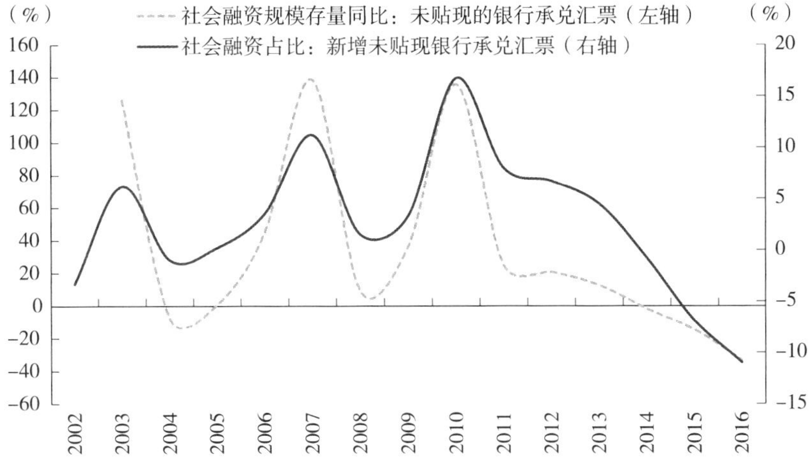

图4.12　2011年票据监管跟进，未贴现银行承兑汇票增速下降

资料来源：Wind，作者整理。

（2）银信合作、票据买入返售业务受限后，同业代付业务自2011年开始快速发展。

2011年以来，随着银信合作、票据买入返售业务受到限制，监管机构严格的存贷比要求促使商业银行尤其是中小银行利用同业代付进行信贷腾挪，释放的资金主要投资非标资产。同业代付指银行根据客户申请，委托同业机构为该客户的贸易结算提供短期融资便利和支付服务。在2012年以前，同业代付业务属于表外业务，受托行支付款项不是计入银行贷款科目，而是计入“同业资产”或“应收款项”，同业资产资本计提少而且不影响信贷规模，通过同业代付，融资企业获得贷款，委托行和代付行却不需要将贷款资金记录在表内的贷款科目下，因此隐匿了信贷规模。2012年8月，《中国银监会办公厅关于规范同业代付业务管理的通知》要求将同业代付业务纳入表内核算，使虚假贸易产生的同业代付得到整顿，此后同业代付规模出现大幅度下降。

（3）2012—2013年银证合作异军突起，投资标的延伸至非标资产。

2012年10月，证监会颁布《证券公司客户资产管理业务管理办法》大幅拓宽了券商资管计划的投资范围。此前券商资管业务主要集中在集合计划上，2012年这一新规颁布之后，银证合作成为银行进行监管套利的新业务，券商资管成为接替信托的新通道之一，此后以通道类业务为主的定向资管计划迅猛发展。银证合作模式下，银行发行理财产品募集资金，购买证券公司发起的集合资管计划或定向资管计划，这些资金在2012—2013年主要投向非标资产。

由于2012年券商资管承接大量银行资金业务，规模扩张过快，出于对潜在风险的关注，2013年3月，证监会下发《关于加强证券公司资产管理业务监管的通知》，要求证券公司加强与其他金融机构资管业务的风险管理；中证协也于2013年7月下发《关于规范证券公司与银行合作开展定向资产管理业务有关事项的通知》，在允许券商与银行合作开展定向资管业务的同时，建立健全风险管理制度，对不同专项计划实行分别核算、分别管理，要求合作银行最近一年年末资产规模不低于300亿元，且资本充足率不低于10%。

通过出台一系列政策，监管部门加强了对银证合作的定向资管业务的管理，但是并未将此类业务收得太紧，总体上银证合作业务仍可以继续开展。

2011—2013年金融套利链条如图4.13所示：

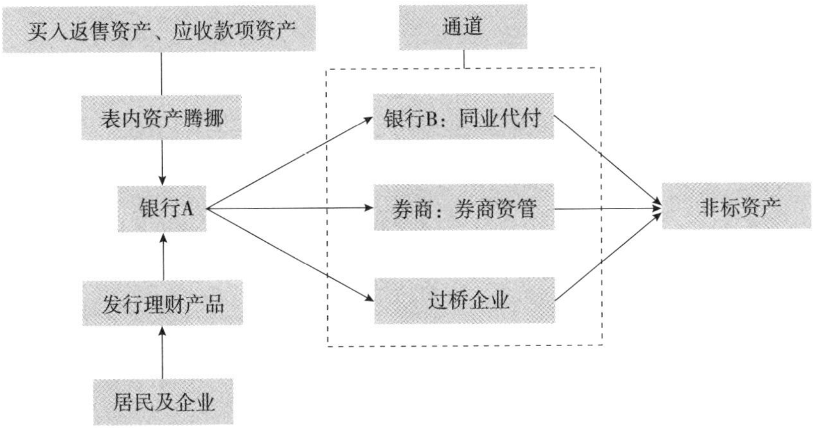

图4.13　2011—2013年金融套利链条

资料来源：作者整理。

第三阶段，2014—2017年：银信受限、银证被约束，银基接力，银银同业业务变异，监管跟进，多通道模式下套利链条拉长，影子银行持续繁荣

2013年底房地产投资增速开始下滑，2014年以来国内经济增速呈延续放缓态势。自2014年7月末，央行开始通过降低回购利率来引导同业拆借利率走低。2014 年 11 月 21 日，央行宣布下调金融机构人民币贷款与存款基准利率，此后一年多的时间里央行多次降准、降息，开启了新一轮货币宽松。2015 年“8·11”汇改则开启了人民币贬值进程，引发了资本持续流出。央行通过 SLF（常备借贷便利）、MLF（中期借贷便利）等投放短钱对冲外汇占款下降的方式助推了资金面期限错配和债市加杠杆。2014—2015 年的货币放水先后带来股市、债市、房市的暴涨。在此过程中，商业银行借助各类通道，拉长套利链条规避监管，将资金投向股市、债市、房市等领域，在此过程中影子银行规模持续扩张，各类影子银行业务繁荣发展。

2014—2017 年金融套利链条如图 4.14 所示：

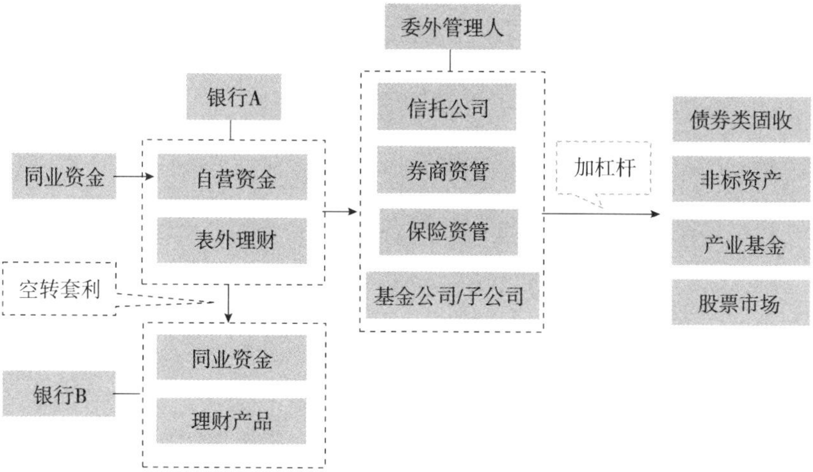

图 4.14　2014—2017 年金融套利链条

资料来源：作者整理。

（1）银信受限、银证被约束，银基接力，非标投资规模扩大。

2012年11月首批3家基金子公司成立，此后数量增加至2017年3月的79家。基金子公司发展初期没有风险资本和净资本约束，比信托和券商资管的监管限制更少，便于进行高杠杆运作。基金子公司诞生后，除了不能直接发放贷款以外，几乎没有业务限制。2013年，信托和券商资管的部分业务陆续爆出一些风险事件，受到了监管部门的限制，此后基金子公司成为银行偏好的合作通道类型。在银基合作模式下，银行出资委托基金子公司成立资产管理计划，为银行指定客户发放贷款或投资非标产品、权益类产品等，这样既能将资产由表内转向表外，降低资本约束要求，优化银行的资产负债结构，也能将银行资金投向限制性行业规避监管。

随着相关业务风险的爆发，2014年4月，证监会发布《关于进一步加强基金管理公司及其子公司从事特定客户资产管理业务风险管理的通知》规范基金子公司通道业务和资金池业务，并提高基金子公司的设立门槛。此后，证监会于2015年3月发布的《证券期货经营机构落实资产管理业务“八条底线”禁止行为细则（2015年3月版）》以及2016年7月发布的《证券期货经营机构私募资产管理业务运作管理暂行规定》均要求禁止开展资金池业务，并对资管业务杠杆倍数进行限制。

由此监管部门加强了对银基合作中“资金池”及高杠杆业务的管理，银基合作开始步入有约束的发展轨道。

（2）2013年“钱荒”后，买入返售和卖出回购受限，银银合作同业存单质押、受益权T+D模式发展。

2013年6月“钱荒”之后，同年底，银监会起草《商业银行同业融资管理办法》，对买入返售和卖出回购业务做出严格限制，要求卖出回购方不得将业务项下的金融资产从资产负债表中转出。2014年，监管部门发布《关于规范金融机构同业业务的通知》和《关于规范商业银行同业业务治理的通知》将银行同业业务纳入全面风险管理，要求在买入返售金融资产下只能配置债券等高流动性资产。银行买入返售金融资产下配置类信贷资产受到限制，此后银行开始转向存放同业、拆放同业项下进行资产负债表腾挪。

2013年12月中国人民银行公布并实施《同业存单管理暂行办法》，重新开启同业存单业务，以拓展银行的融资渠道，提高银行负债的流动性和可控性。同业存单作为创新型货币市场工具不受银行同业业务的监管政策约束，为银行利用同业资金规避监管提供了契机。相应的业务模式主要有同业存单质押、受益权T+D模式以及同业存单嵌套同业理财委外投资模式。

同业存单质押方式为，实际出资银行A向提供项目的银行B存入一笔同业存款，银行B将此同业存款投资于资管通道机构发行的资管计划受益权，通过该资管计划向融资企业提供资金。在资金发放过程中，银行A以同业存单做质押担保，资金发放完成后，资管机构与银行A签订抽屉协议，解除存单质押。这样实际出资行A通过存单质押担保规避了《关于规范金融机构同业业务的通知》对于第三方信用担保的限制，而且银行A只需承担银行B的信用风险，同业资产风险权重只有20%或者25%。而银行B所投资的受益权有银行A担保，无须占用资本，银行B是融资企业的实际贷款发放方却不占用其信贷规模。

受益权T+D模式：银行A为融资企业授信，并通过信托、券商、基金子公司等通道对融资企业的项目成立资管计划，银行B在T日购买该资管计划的受益权，向企业发放资金，同时银行B将受益权转让给授信银行A，并约定在T+D日支付转让价款，通常D为企业项目融资期限。银行A的资金在此过程中未发生变化，可以不入表，银行B将受益权转让给银行A可以将此贷款作为同业拆出资金，风险权重只有20%或25%。

同业存单嵌套同业理财进行委外投资是一类典型的通过拉长资金链条、规避监管、空转套利的业务模式。具体过程为，银行A向其他金融机构发行同业存单，募集资金，再将这些资金投资于银行B发行的同业理财产品，这样银行A发行同业存单募集的资金原本需要缴纳存款准备金，但在用于购买同业理财后则不需要再缴准，而银行B则将发行同业理财产品所得资金再委托基金、证券公司等资管机构开展委外投资，相关基金、证券公司再通过加杠杆的方式提高投资回报率。

（3）监管跟进，银证、银基、银银及加入过桥方之后的银信多通道模式持续发展，套利链条拉长，影子银行规模持续扩张。

随着监管对前期各项业务约束加强，银行选择更多过桥机构或过桥企业加以掩饰，资金链条相对传统贷款业务更长。2014年之后货币政策宽松，各影子银行机构“资金池”业务获得了更为充裕的流动性，随着实体经济回报率下降，资金脱实向虚，金融机构间加杠杆“空转套利”也愈演愈烈，影子银行规模持续扩张。

影子银行监管与金融去杠杆的关键和进展

2015—2016年，随着货币政策持续宽松，实体投资回报率下行和资金成本提高，资金“脱实入虚”，影子银行内资金链条拉长、杠杆升高加剧股市、债市波动，并催生房地产泡沫，金融市场风险开始积聚。此外，银行“惜贷”加大了中小企业的融资难度，有限的贷款资源大量流向产能过剩行业及杠杆率偏高的国有大型企业，并造成这类企业杠杆率过高，不利于实体经济去杠杆。2015年12月，中央经济工作会议提出供给侧改革，政府开始从供给端对过剩产能进行整改和肃清。为了配合供给侧改革推进，2016年7月以来，“一行三会”开始推进金融市场去杠杆进程，并出台了一系列监管文件。截至2018年1月，推进影子银行监管与金融去杠杆的主要政策措施有：

2016年7月，证监会针对基金、证券公司、期货公司等在内的证券期货经营机构发布《证券期货经营机构私募资产管理业务运作管理暂行规定》（“新八条底线”），要求这些机构在开展私募资产管理业务时不得损害投资者利益、不得不当销售、不得保本保收益、产品杠杆受限制等。其中股票、混合类资产管理杠杆倍数最多不超过1倍，期货、固定收益、非标类资管计划杠杆不得超过3倍，此外其他类型资产管理计划杠杆倍数不得超过2倍，集合类资管计划的总资产不得超出净资产的140%。

同期，中共中央政治局会议提出要全面落实“去产能、去库存、去杠杆、降成本、补短板”五大任务，并强调要“抑制资产泡沫”。

2016年8月以来，人民银行对逆回购和MLF操作期限结构进行调整，相继重启14天、28天逆回购，MLF操作则暂停3个月品种，使逆回购和MLF操作的期限均有所延长。央行“锁短放长”操作抬高了短期资金的成本。

2016年12月，中央经济工作会议强调“把防风险放在更加重要的位置上，集中处置一批风险点”。

2017年第一季度，人民银行正式将表外理财纳入银行“广义信贷”范畴，并在此基础上对银行进行MPA（宏观审慎评估体系）考核。

2017年2月，中国人民银行会同中央编办、法制办、证监会、银监会、保监会、外汇局成立“统一资产管理产品标准规制”工作小组，起草《关于规范金融机构资产管理业务的指导意见（征求意见稿）》，拟按照资管产品的类型，统一各类资管机构的监管标准，尽可能减少监管套利空间。

2017年3月底、4月初，银监会发布了8份监管文件，要求银行对过去几年开展的各类套利、空转和不当创新的业务模式进行自查，对银行业内存在的风险进行摸底排查，陆续规范上述业务模式，引导行业支持实体经济的发展。

其中整治银行“三违反”“三套利”“四不当”的文件直指影子银行业务灰色地带。2017年3月28日，银监会发布《关于开展银行业“违法、违规、违章”专项治理工作的通知》，对银行“违反金融法律、违反监管规则、违反内部规章”的行为进行专项治理。银监会在同一天发布《银行业金融机构“监管套利、空转套利、关联套利”专项治理工作要点》，针对当前各银行业金融机构同业业务、投资业务、理财业务等跨市场、跨行业交叉性金融业务中存在的杠杆高、嵌套多、链条长、套利多等问题开展专项治理。2017年4月6日，银监会发布《关于开展银行业“不当创新、不当交易、不当激励、不当收费”专项治理工作的通知》，对银行2016年末有余额的各类业务进行整治，重点检查银行同业、银行理财及信托业务中是否有

“不当交易”行为，例如，同业投资特殊目的载体是否穿透管理至基础资产，是否存在本行理财产品之间相互交易调节收益的行为，是否存在理财产品直接投资信贷资产的行为，银信合作中是否通过安排显性或隐性回购条款帮助银行规避监管要求，等等。

2017 年 7 月，全国金融工作会议提出要以强化金融监管为重点，将主动防范化解系统性金融风险放在更加重要的位置，并宣布设立国务院金融稳定发展委员会。

2017 年 10 月，习近平总书记在党的十九大报告中指出健全金融监管体系，守住不发生系统性金融风险的底线。

2017 年 11 月，国务院金融稳定发展委员会正式成立并召开第一次会议，意在强化人民银行宏观审慎管理和系统性风险防范职责，并统筹协调金融监管部门的工作。此后金融监管工作快速推进。11 月 17 日，中国人民银行会同银监会、证监会、保监会、外汇局共同起草的《关于规范金融机构资产管理业务的指导意见（征求意见稿）》发布，统一监管框架初步形成，重点针对资产管理业务的多层嵌套、杠杆不清、套利严重、投机频繁等问题设定统一标准规制，以降低影子银行风险。

2017 年 12 月，中央经济工作会议明确：未来 3 年要重点抓好决胜全面建成小康社会的防范化解重大风险、精准脱贫、污染防治三大攻坚战。打好防范化解重大风险攻坚战，重点是防控金融风险，坚决打击违法违规金融活动，加强薄弱环节监管制度建设。

2017 年底以来，金融监管政策开始密集落地。银监会于 2017 年 12 月 6 日发布的《商业银行流动性风险管理办法（修订征求意见稿）》进一步限制了商业银行的同业业务。2017 年 12 月 22 日，银监会公布《关于规范银信类业务的通知》引导商业银行主动减少银信通道业务、信托公司回归信托本源。2017年12月29日,“一行三会”发布银发〔2017〕302号重点规范债券市场高杠杆交易及“代持”等行为。2018年1月5日，银监会印发《商业银行委托贷款管理办法》明确商业银行作为受托人，不得参与贷款决策，不得提供各种形式担保；明确委托资金来源和用途合法合规。

2018年3月21日,中国银行保险监督管理委员成立,融合银监会、保监会的职责,作为国务院直属事业单位,不再保留银监会和保监会。将银监会和保监会拟定银行业、保险业重要法律法规草案和审慎监管基本制度的职责划入中国人民银行。

截至2017年11月，金融去杠杆已初见成效：广义货币增速明显下降，M2同比增速由2017年1月的11.3%下降至2017年11月的9.1%，连续7个月出现个位数增速，金融机构资金运用的“股权及其他投资”减少8000多亿元；影子银行信用扩张效应得到有效遏制，同业存单发行规模由2017年3月的2.1万亿元降至2017年11月的1.8万亿元，银行同业负债规模由2017年1月的13.88万亿元下降至2017年11月的12.2万亿元；随着短端市场利率上升压缩套利空间，银行间7天同业拆借加权利率由2017年1月的2.74%上升至2017年11月的3.44%，银行资金成本逐渐提高，商业银行总资产增速下降，同比增速由2017年1月的15.15%持续下降至2017年11月的9.22%。

2010—2012年及2016年以来的主要监管政策见表4.1和表4.2。

表 4.1 2010—2012 年主要监管政策

涉及领域	文件名称	颁发时间	主要内容
地方政府融资平台	《国务院关于加强地方政府融资平台公司管理有关问题的通知》	2010 年 6 月 10 日	提出融资平台定义；要求清理核实并妥善处理融资平台公司债务，地方各级政府要对融资平台公司债务进行一次全面清理
	《关于贯彻国务院关于加强地方政府融资平台公司管理有关问题的通知相关事项的通知》	2010 年 7 月 30 日	细化平台贷定义；细化不得注入的公益性资产定义
	《中国银监会办公厅关于地方政府融资平台贷款清查工作的通知》	2010 年 8 月 2 日	要求进一步核清平台贷款的详细数据，逐户建立台账
	《国家发展改革委办公厅关于进一步规范地方政府投融资平台公司发行债券行为有关问题的通知》	2010 年 11 月 20 日	对于已将公益性资产注入的，计算发债规模时，必须从净资产规模中予以扣除；申请发行企业债券的投融资平台公司偿债资金来源 70% 以上必须来自公司自身收益；不得以财政性资金、行政事业单位等的国有资产，或其他任何直接、间接方式，为投融资平台公司发行债券提供担保或增信
	《中国银监会关于加强融资平台贷款风险管理的指导意见》	2010 年 12 月 16 日	按现金流覆盖比例划分：全覆盖、基本覆盖、半覆盖和无覆盖平台贷款计算资本充足率贷款风险权重
	《关于进一步落实信托公司、金融租赁公司地方政府融资平台清查工作的通知》	2011 年 6 月 28 日	控制信托对地方融资平台异地业务，将银信政合作贷款纳入银行表内监管
	《关于加强 2012 年地方政府融资平台贷款风险监管的指导意见》	2012 年 2 月 21 日	监管范围更广，包括政府融资平台、退出名单管理和新组建的带有政府融资平台性质或背景的公司；要求对存量贷款进行“五分法”处置；严控新增融资平台贷款等；从现金流覆盖分类法到定性三分类法，平台政策有保有压有放松

续表

涉及领域	文件名称	颁发时间	主要内容
期货业监管	《关于暂停各品种交易手续费优惠措施的通知》	2010年11月24日	自2010年11月29日起，暂停各品种当日开平仓交易手续费减半收取优惠措施；自2011年1月1日起，暂停《关于调整交易手续费收取标准的通知》中有关各品种手续费减收优惠措施
	《关于调整豆粕和豆油交易保证金和涨跌停板幅度的通知》	2010年11月22日	自2010年11月23日结算时起，豆粕、豆油合约涨跌停板幅度扩大为5%，最低交易保证金标准提高至7%
	《关于暂停执行当日开平仓交易手续费单边收取规定的通知》	2010年11月24日	从2010年11月29日起，暂停执行所有品种期货合约当日开平仓交易手续费单边收取的规定，由单边收取统一改为双边收取
银行业监管	《关于规范银信理财合作业务有关事项的通知》	2010年8月13日	要求信托公司控制融资类银信理财余额占银信理财合作业务余额比例不得高于30%，并且要求将银信理财业务所形成的表外资产转到表内
	《关于进一步规范银信合作理财业务的通知》	2011年1月13日	要求各商业银行2011年底前将银信理财合作业务表外资产转入表内，融资类银信合作理财产品中的信托贷款余额以至少每季度25%的比例压缩

资料来源：作者整理。

表4.2　2016年以来的监管政策

文件名称	颁发时间	主要内容
三大期货交易所连续出台调控措施抑制期货市场过度投机	2016年4月	上期所：部分期货品种交易保证金比例和涨跌幅度限制进行调整。大商所：上调焦炭等品种交易手续费。郑商所：上调PTA保证金、涨跌停板及棉花手续费
《关于清理规范保险资产管理公司通道类业务有关事项的通知》	2016年6月1日	对保险资产管理公司通道类业务的重点检查

续表

文件名称	颁发时间	主要内容
《关于加强组合类保险资产管理产品业务监管的通知》	2016年6月13日	禁止发行“资金池”性质的产品，禁止发行“套嵌”交易产品，禁止向非机构投资者发行分级产品，禁止向机构投资者发行权益类、混合类分级产品杠杆倍数超过1倍，其他类型分级产品杠杆倍数超过3倍的分级产品，禁止以外部投资顾问形式将产品转委托，禁止设立子账户进行操作，必须明确产品投资的基础资产具体种类和比例，不得笼统规定相关资产的投资比例为0~100%等
《证券期货经营机构私募资产管理业务运作管理暂行规定》（“新八条底线”）	2016年7月14日	股票、混合类资产管理杠杆倍数最多不超过1倍，期货、固定收益、非标类资管计划杠杆不得超过3倍，此外其他类型资产管理计划杠杆倍数不得超过2倍，集合类资管计划的总资产不得超出净资产的140%
《银行理财业务监督管理办法意见征求稿》	2016年7月27日	每只理财产品持有一家机构发行的所有证券市值不得超过该理财产品余额的10%；商业银行全部理财产品持有一家机构发行的证券市值，不得超过该证券市值的10%
银行表外理财将纳入MPA广义信贷监测范围	2016年10月27日	央行将调整“宏观审慎评估体系”考核范围，将银行理财纳入MPA体系中的广义信贷范围
《债券质押式回购交易结算风险控制指引》	2016年12月9日	融资回购交易合格参与主体剔除了QFII和RQFII客户、风险指引在杠杆率计算中，对于利率债和信用债进行了差异化规定
《关于进一步加强保险资金股票投资监管有关事项的通知》	2017年1月24日	针对保险集团（控股）公司、保险公司和保险资产管理公司的股票投资行为进行规范，对保险机构举牌和收购上市公司的行为，从信息披露、收购公司行业限制等方面进行重点监管
《关于开展银行业“违法、违规、违章”行为专项治理工作的通知》	2017年3月28日	加强银行业的合规管理，检查银行对现有法律法规规章制度的遵守情况，对“违反金融法律、违反监管规则、违反内部规章”的行为进行专项治理。主要方式是机构自查和监管检查
《银行业金融机构“监管套利、空转套利、关联套利”专项治理工作要点》	2017年3月28日	针对当前各银行业金融机构同业业务、投资业务、理财业务等跨市场、跨行业交叉性金融业务中存在的杠杆高、嵌套多、链条长、套利多等问题开展专项治理

续表

文件名称	颁发时间	主要内容
《公开募集开放式证券投资基金流动性风险管理规定（征求意见稿）》	2017 年 3 月 31 日	以加强公募基金流动性风险管控为核心，对现有开放式基金监管规则进行全面“查缺补漏”。内容涉及管理人内控，以及产品设立、投资运作、申购赎回、估值与披露等具体业务环节的规范
《关于开展银行业“不当创新、不当交易、不当激励、不当收费”专项治理工作的通知》	2017 年 4 月 6 日	机构自查和监管检查，检查业务范围为 2016 年末有余额的各类业务。重点检查银行同业、银行理财及信托业务中是否有“不当交易”行为，如同业投资特殊目的载体是否穿透管理至基础资产，是否存在本行理财产品之间相互交易调节收益的行为，是否存在理财产品直接投资信贷资产的行为，银信合作中是否通过安排显性或隐性回购条款帮助银行规避监管要求，等等
《关于集中开展银行业市场乱象整治工作的通知》	2017 年 4 月 7 日	要求银行业金融机构和各级监管部门全面自查，排查整治的问题涉及股权和对外投资、机构及高管、规章制度、业务、产品、人员行为、行业廉洁风险、监管履职、内外勾结违法、涉及非法金融活动十个方面
《关于银行业风险防控工作的指导意见》	2017 年 4 月 7 日	要求银行业切实化解突出风险，严守不发生系统性风险的底线
《关于切实弥补监管短板提升监管效能的通知》	2017 年 4 月 10 日	主要从监管制度建设、风险源头遏制、非现场和现场监管、信息披露监管、监管处罚、责任追究等方面进行加强部署后续监管工作，并列出未来需要制定和修订的 26 个管理办法
《关于进一步规范地方政府举债融资行为的通知》	2017 年 4 月 26 日	重点在组织清理整改地方政府融资担保行为、切实加强融资平台公司融资管理、规范政府与社会资本方的合作行为、进一步健全规范的地方政府举债融资机制、建立跨部门联合监测和防控机制、大力推进信息公开六个方面；明确了规范的举债融资行为的政策边界和负面清单，正面引导地方政府履职尽责，坚决制止违法违规举债担保行为
《关于规范金融机构资产管理业务的指导意见（征求意见稿）》	2017 年 11 月 17 日	属于覆盖全面的纲领性原则性文件，具体还有待各领域的实施细则。明确资产管理业务是金融机构的表外业务，不得承诺保本保收益；推动产品向净值管理转型，对刚兑有相应的惩戒和监督；合格投资者的界定标准更高；对委外理财、非标投资做出了规范；对智能投顾提出初步监管要求

续表

文件名称	颁发时间	主要内容
《商业银行流动性风险管理办法（修订征求意见稿）》	2017 年 12 月 6 日	增加三项流动性监管指标；同业存单纳入同业负债；强化同业限额管理，进一步细化同业批发集中度期限等
《关于规范银信类业务的通知》	2017 年 12 月 22 日	首次明确将银行表内外资金和收益权同时纳入银信类业务的定义，并据此明确银信通道业务的定义；重点要求在银信通道业务中，银行应还原业务实质，不得利用信托通道规避监管要求或实现资产虚假出表等
《关于规范债券市场参与者债券交易业务的通知》	2017 年 12 月 29 日	针对债券市场的一些不当交易行为，如放大交易杠杆、相互租借账户、利益输送、内幕交易、操纵市场、规避内控或监管等，进行约束以健全债券交易相关的各项内控制度，规范债券交易行为，降低交易杠杆
《商业银行委托贷款管理办法》	2018 年 1 月 5 日	明确商业银行作为受托人，不得参与贷款决策，不得提供各种形式担保；明确委托资金来源与用途合法合规

资料来源：作者整理。

小结：监管套利视角下的中国影子银行演变路径

从监管套利的角度来看，中国影子银行业务的演变路径遵循的规律是：每个阶段，银行都寻求与监管阻力最小的通道（机构、中介）合作，通过理财产品或同业负债（含同业存单）等方式募集资金，借助通道将信贷资产转移出表、投资受监管限制行业企业及权益、非标等资产，由此带来相关通道业务及机构的发展扩张。

由于国内金融体制与环境制约，中国影子银行业务主要依附于银行而存在，成为银行的影子。国内影子银行资金主要来源于银行表外理财产品和银行（同业）负债，资金主要流向房地产、地方政府融资平台、“两高一剩”行业以及资金短缺的中小企业等实体经济领域和股票、债券、非标准化债权等资产。自 2015 年以来，随着实体经济回报率下降，很多影子银行资金滞留在金融机构内自娱自乐。

影子银行的规模测算

《中国金融监管报告（2014）》中将中国影子银行体系分成三个层次。第一个层次为狭义口径影子银行体系，按照是否接受监管为依据进行界定，主要产品工具包含非金融牌照业务下的小额贷款、融资担保、P2P网络贷款、无备案私募股权基金、第三方理财及民间借贷；第二个层次为中等口径影子银行体系，根据银行体系之外的信用中介及活动界定，主要产品工具既包含狭义口径下的影子银行体系，也包含金融牌照业务下的信托、理财、货币市场基金、资产管理、资产证券化、股票融资、债券融资等；第三个层次为广义口径影子银行体系，以非传统信贷口径界定，既包含中等口径影子银行体系，又包含银行表外非传统信贷业务（银行承兑汇票、信用证、应付代付款项、贷款承诺等）和银行表内非传统信贷业务（标准化及非标准化投资、同业、非生息资产、存放央行款项等）。我们将此广义口径扩大到银行表外非传统信贷业务、非银金融机构资管业务及其他机构融资类业务，据此对影子银行规模进行测算。

通过前面的分析可见，大部分影子银行业务实际是由银行主导发起的，具体体现为银行的非传统信贷业务和非银金融机构（证券、基金、信托、保险资管）的资产管理业务，还有少部分属于其他融资类业务，即融资性担保公司、财务公司、金融租赁公司的融资类业务以及小额贷款公司、P2P 网贷平台的借贷业务。我们采用广义口径统计影子银行的规模是更符合实际的选择。根据数据可得性，我们通过测算上述三类业务资产端的规模来估测影子银行的规模。

银行非传统信贷业务资产规模主要包括社会融资规模中的委托贷款和未贴现银行承兑汇票，非银金融机构管理的资产规模包括证券公司、基金公司及子公司、保险公司等的资管业务的资产余额及信托公司资金信托业务余额，其他融资类业务资产规模包括融资性担保余额、财务公司贷款、金融租赁合同余额、小额贷款公司贷款余额、P2P 贷款余额。对上述资产余额进行简单加总得到影子银行的广义口径规模。这样测算的问题在于，各类资管业务存在交叉持有的情况，比如，信托资金投向券商或基金的资管产品，保险资管投资券商或基金的资管产品等，这是由于机构间层层嵌套的交易结构所导致的同一部分资金“重复”测算，这本身是影子银行信用关系扩张的体现，所以我们不对这类“重复”测算进行剔除。

根据估测结果，2010 年以前，中国影子银行规模在 8 万亿元以下，主要来源于银行非传统信贷业务资产。2010 年以后，影子银行出现快速增长（见图 4.15 和表 4.3），2010—2016 年，银行非传统信贷业务资产规模年均复合增长率为 11.9%，非银金融机构管理的资产规模年均复合增长率为 43.6%，其他融资类业务对应资产规模年均复合增长率为 20.8%，在此期间非银金融机构业务的快速增长对影子银行规模膨胀贡献最大。截至 2016 年底，广义影子银行规模将近 96 万亿元，是 2016 年国内 GDP 的 1.28 倍，其中非银金融机构管理资产规模占比 74.2%，银行非传统信贷业务资产规模占比 17.8%，其他融资类业务资产规模占比 8%。

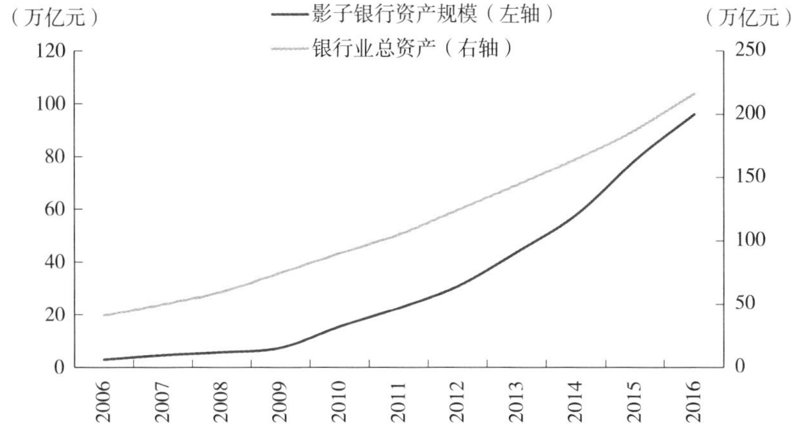

图 4.15　影子银行规模快速增长

资料来源：Wind，作者整理。

表 4.3　2010—2016 年影子银行规模估计

单位：万亿元	年份	2010	2011	2012	2013	2014	2015	2016
银行非传统信贷业务	委托贷款	3.64	4.41	5.17	7.22	9.33	10.93	13.20
	未贴现银行承兑汇票	4.13	5.15	6.21	7.00	6.87	5.85	3.90
非银金融机构资产管理业务	资金信托余额	2.67	3.82	5.83	9.25	12.02	14.33	15.91
	证券公司资产管理业务规模	—	0.28	1.89	5.20	7.96	11.88	17.82
	基金公司资产管理业务规模	—	2.19	3.62	4.22	5.88	12.60	16.89
	基金子公司资产管理业务规模	—	—	—	0.97	3.74	8.57	10.50
	保险资产管理业务规模	2.97	3.52	4.05	4.97	6.06	7.72	10.06

续表

单位：万亿元 ＼ 年份		2010	2011	2012	2013	2014	2015	2016
其他融资类业务	财务公司贷款	0.70	0.81	0.93	1.08	1.27	1.47	1.86
	P2P 网络贷款余额	0.35	0.39	0.66	0.86	1.30	1.73	2.04
	小额贷款公司：贷款余额	—	—	—	—	0.06	0.23	0.62
	金融租赁合同余额	—	0.31	0.51	0.73	0.89	0.95	0.93
	融资性担保余额	0.99	1.65	1.90	2.22	2.34	2.20	2.20
广义影子银行规模		15.45	22.54	30.77	43.72	57.72	78.47	95.94
银行业资产规模		90.04	104.93	124.22	143.99	164.60	187.32	216.19
影子银行总资产 / 银行业总资产		0.17	0.21	0.25	0.30	0.35	0.42	0.44

注：融资性担保余额：2015 年和 2016 年的 2.2 万亿元为估算值，参考穆迪。
资料来源：作者整理。

需要说明，非银金融机构管理的资产在影子银行资产端中占比最大，其对应的负债端资金大部分来源于银行的理财产品或同业负债，同时银行将这些资金记录在“应收账款”“可供出售类金融资产”“买入返售金融资产”“同业资产”等科目项下规避监管。影子银行中占比很小的民间金融与银行的关联性较小，通常是由资金盈余方借助小贷公司或 P2P 平台直接提供给资金需求方。

此外，我们列出了国际评级机构穆迪对中国影子银行规模的测算结果进行比较（见表 4.4），穆迪主要从影子银行资金来源进行测算，并剔除重复测算的部分，与我们的计算结果有一些差别。另外穆迪未包含融资性担保余额，我们在计算时却将其包含在内，融资性担保余额规模较小，对整体结果影响不大（穆迪测算 2010 年中国影子银行规模各项口径与其他年份不同，故未列出）。

表 4.4　2011—2016 年穆迪测算的中国影子银行规模

年份 单位：万亿元	2011	2012	2013	2014	2015	2016
委托贷款	4.4	5.2	7.2	9.3	10.9	13.2
信托贷款	1.7	3.0	4.9	5.3	5.4	6.2
未贴现银行承兑汇票	5.1	6.1	6.9	6.8	5.9	3.9
理财产品对接资产	2.9	4.0	6.7	11.0	21.4	30.3
银行表外	—	2.8	3.5	6.0	12.4	17.0
证券公司	—	1.2	3.2	4.9	9.0	13.3
财务公司贷款	0.9	1.0	2.2	2.4	2.6	2.9
民间借贷	3.4	3.4	3.4	3.4	3.4	3.4
其他	0.8	1.3	1.8	2.8	3.8	4.6
影子银行规模（穆迪测算）	19.2	23.9	33.1	40.8	53.3	64.5

资料来源：穆迪官网，作者整理。

流动性变化视角下的影子银行与金融杠杆率

宽松的流动性助推影子银行规模持续高速扩张

2008年11月，国内启动“四万亿元财政刺激计划”。为配合这一计划，人民银行于2008年12月连续两次下调存款准备金率，将大型存款类金融机构存准率由17%调整为15.5%，中小型存款类金融机构存准率由16%下调为14%，广义货币供应量同比增速从2008年12月的14.8%一路跃升至2009年11月的29.74%。在宽松的货币政策下，影子银行规模由2008年的5.71万亿元跃升至2010年底的15.45万亿元。此后货币供应量增速虽然下降,但每年始终维持在12%以上，充足的流动性为影子银行年均30%以上的增速奠定了基础。

2010—2016年M2增速始终在12%以上（见图4.16），而同期GDP增速则由10.6%持续下降至6.7%（见图4.17），这意味着货币始终处于超发状态，宽松的流动性未有效传导至实体经济领域。同期CPI增速除2010年为4.03%外，2011—2016年依次为2.03%、-2.66%、0、-0.58%、-0.59%、0.59%，显然宽松的流动性也未推升物价水平。在此期间，影子银行的规模由2010年的15万亿元增长至2016年的96万亿元，年均复合增长率接近30%，可以肯定的是，影子银行吸收了相当一部分流动性。随着2014年底开启的新一轮货币宽松政策，一部分资金通过影子银行进入房地产、基建、“两高一剩”行业领域，为相关企业提供滚动融资，维持债务循环，推高了企业杠杆率，导致资金淤积在债务环节，降低了货币流通速度。也有相当比例的资金通过影子银行流入股市、债市、楼市等领域，推高了相关资产价格，造成资产泡沫。随着实体经济回报率下降，资产回报率降低，开始出现资金滞留在影子银行体系内空转的现象。

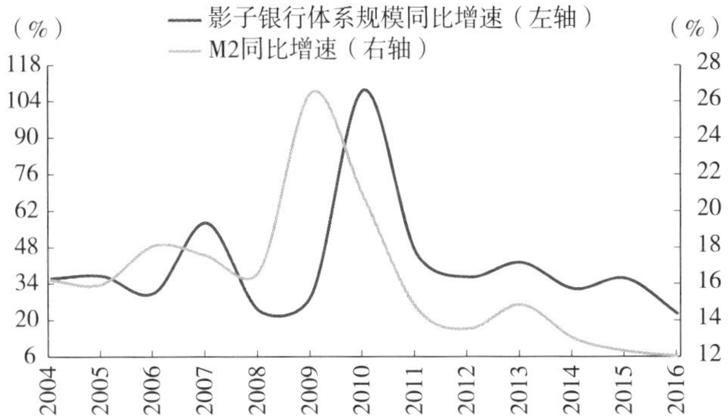

图 4.16　影子银行规模增速与 M2 增速同向变化

资料来源：Wind，作者整理。

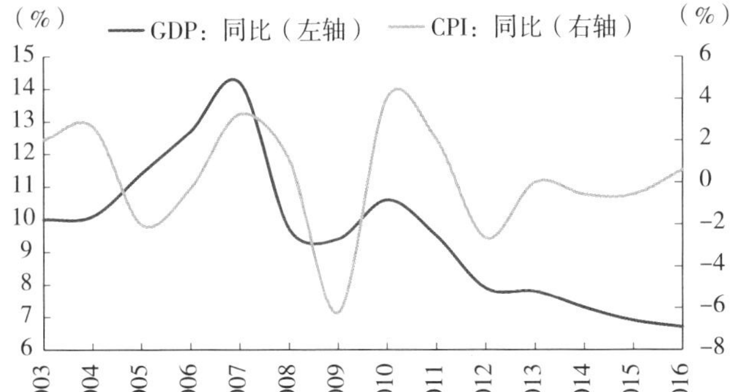

图 4.17　2011 年以来 GDP 增速下降，通胀率低位徘徊

资料来源：Wind，作者整理。

货币宽松、监管放松、实体经济回报率下降，金融杠杆率攀升加剧影子银行泡沫

金融杠杆率通过其他存款性公司的“（对中央银行负债+国外负债+同业负债+一般债券发行+其他负债+表外理财）/GDP”衡量，其中“同业负债=对其他存款性公司负债+对其他金融性公司负债+同业存单余额”。2006年金融杠杆率为47.08%，2016年已达到118.55%，作为影子银行资金来源的同业负债（含同业存单在内）、表外理财扩张对金融杠杆率提升有较大贡献，其中同业负债规模由2010年12月的10万亿元上升至2016年12月的30.2万亿元，银行表外理财资金余额由2010年12月的2.8万亿元上升至2016年12月的29.05万亿元（见图4.18）。

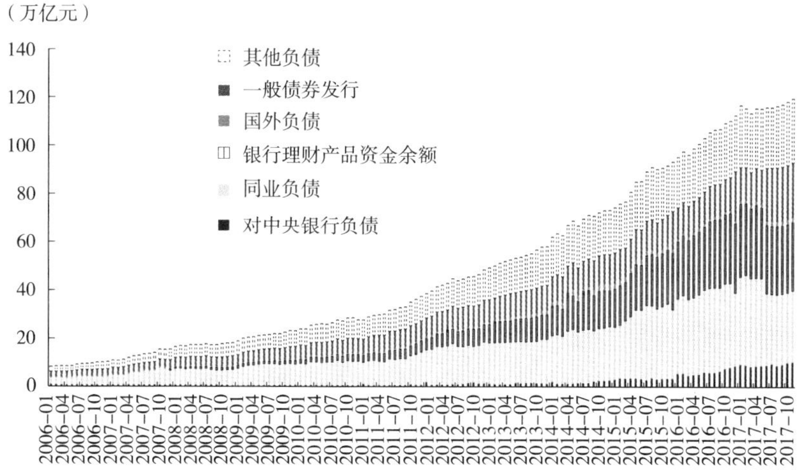

图4.18　各项负债中，同业负债与表外理财规模扩张明显

资料来源：Wind，作者整理。

从央行2014年11月21日宣布下调金融机构人民币贷款与存款基准利率开始，此后一年多的时间里央行多次降准、降息，开启了

新一轮货币宽松，伴随而来的除了信用扩张、实体经济杠杆率上升外，金融体系内部也出现了明显的信用循环扩张。宽松的货币政策释放流动性，增加了居民与企业的闲置资金，商业银行理财规模普遍大幅增加。由于大型银行吸储能力优于中小银行，中小银行一方面通过提供更高的理财回报率吸引资金；另一方面采用同业负债的方式主动负债，使负债端出现扩张。

为了抵补负债端的融资成本，商业银行自 2014 年起普遍将表外理财资金及同业资金委托给非银金融机构，以委外投资的方式投资于高回报资产。在“理财、同业 + 委外”的套利模式中，央行扩表加杠杆，大型商业银行吸收央行流动性加杠杆，中小银行通过主动负债加杠杆，委外投资向非银机构加杠杆，非银机构通过货币市场拆借进一步加杠杆，使金融杠杆率攀升。金融体系通过层层加杠杆在监管之外形成“资金池”，进行期限错配、信用转换的影子业务，导致影子银行信用扩张，并在投资端推高各类资产价格，形成资产泡沫，以这些资产名义价值衡量的影子银行规模膨胀（见图 4.19）。

图 4.19 金融杠杆率与影子银行规模同步升高

资料来源：Wind，作者整理。

影子银行的影响、监管与未来演变

中国影子银行一方面能满足实体经济的资金缺口，弥补市场非有效性，有其存在和发展的必要性；另一方面在监管无法系统跟进的情况下，管理部门以服务实体的名义推出了一系列金融创新和货币宽松政策，增加了影子银行通道，拉长了资金套利链条，推高了金融机构间杠杆水平，导致影子银行规模过度扩张。实体经济回报率下降使宽松的流动性在影子银行体系内滞留并空转，金融业系统性风险上升；此外，影子银行对房地产、过剩产能行业提供了过多资金，刺激了房地产泡沫，延缓了产能出清。因此，加强影子银行监管也是势在必行的抉择。如何在确保不发生系统性风险的基础上，引导影子银行深入服务实体经济的诸多领域，则需要监管当局权衡利弊，在宏观审慎监管框架下，提出切实可行的监管对策。

自 2016 年下半年以来，“去杠杆、控风险”成为金融监管的重中之重，“一行三会”出台的一系列监管政策已经对影子银行存在的问题产生了效果。从影子银行资金来源方面看，理财和同业业务逐渐受到约束。2017 年 4 月银监会部署的“四不当”专项治理中，有一项是要求机构自查“若将商业银行发行的同业存单计入同业融入资金余额，是否超过银行负债总额的三分之一”等内容，此后央行在2017年第二、第三季度《货币政策执行报告》中均提到，做好将同业存单纳入MPA同业负债占比指标的准备工作，并在第三季度的报告中明确2018年将把同业存单纳入MPA同业负债占比指标考核。未来同业存单纳入同业负债，将从资金源头降低金融机构杠杆率，收缩影子银行业务规模，并对影子银行机构间层层嵌套的交易模式产生抑制作用。2017年11月，中国人民银行会同银监会、证监会、保监会、外汇局等部门起草的《关于规范金融机构资产管理业务的指导意见（征求意见稿）》，成为监管各类金融机构和资管业务的纲领性文件。未来金融稳定发展委员会将更好地协调原“一行三会”，在金融领域形成统一协调的监管体系。随着后续监管细则的出台落地，未来对影子银行的监管将按照统一标准、消除套利、穿透监管、打破刚兑、逐步整改、规范统计等方向开展，影子银行全面监管时代到来。

对影子银行的监管除了防范风险的基本需要，还要引导影子银行充分发挥服务实体经济的功能。当前政策以服务实体经济的名义进行金融去杠杆、引导资金脱虚向实，确实有助于控制影子银行的无序扩张，但同时也导致融资成本高企，对实体经济更为不利。金融加杠杆的底层资产主要是房地产和地方融资平台，金融纪律涣散的背后是财政纪律软约束。过去10年，基建投资高歌猛进，房地产销售大起大落，制造业投资持续萎缩，表明主要是地方融资平台和房地产部门加杠杆，国有企业、地方融资平台等低效率部门借助隐性背书和刚性兑付加杠杆占用了过多资源，而民企、制造业、生产性服务业等高效率部门被挤出。因此，在金融秩序整顿的同时，亟须推动财税、国有企业等软约束部门的改革，并跟中央信用剥离，打破刚兑。大规模减税，放松服务业管制，并加强金融监管协调，提升实体经济回报率，使金融系统中空转的资金回流到实体经济。

未来金融降杠杆的政策组合应从“紧货币 + 严监管 + 弱改革”转向“宽货币 + 严监管 + 强改革”。美国在金融去杠杆时期的货币政策和监管政策的配合值得借鉴，2009—2014 年美联储长期实施零利率和 QE，但是对房地产和商业银行监管升级，实施沃尔克法则并控制杠杆率，因此金融去杠杆比较有效，房地产金融泡沫没有过度膨胀，私人部门资产负债表得到修复，经济步入可持续复苏轨道。在金融改革与实体改革相匹配的情况下，通过宏观审慎与微观审慎监管结合，影子银行有望转向资产证券化等新兴业务领域，影子银行将以规范、专业的资产证券化服务来盘活存量信贷资金等，从而提升资金融通效率，为实体经济带来新的活力。

实战：
金融市场和大类资产配置

房地产周期研究

任泽平　夏磊　熊柴

（原文发表于 2017 年 8 月）

房地产是如此重要，而又如此广受争议。它是财富的象征、经济周期之母、金融危机的策源地、大类资产配置的核心，同时它关系民生福祉、社会稳定、实体经济竞争力。长期以来，与房地产相关的房价、泡沫风险、人口流动、城市规划、大城市病、长效机制等问题，引起社会各界广泛的争论、分歧乃至误解。

我曾研究了18年宏观经济、11年房地产，先后供职于高校、公共政策部门和金融机构，从学术研究、公共政策研究和商业研究等不同角度系统地研究了与房地产周期相关的一系列重要问题，采用广泛的国际视野、丰富的历史资料、扎实的数据逻辑，试图寻找那些争论和误解背后的真相。学术研究侧重是什么，公共政策研究侧重怎么办，商业研究侧重未来预测。经过长期专注的探索，我和我的团队先后推出了数十期《房地产周期研究》系列专题报告，我们定期对每篇报告进行修正，以期能够经得起时代的检验。

在一系列研究的基础上，我们试图建立分析房地产周期的逻辑框架，以期既能很好地解释过去，又能可靠地推演未来，提出了“长期看人口、中期看土地、短期看金融”的分析框架。在此框架基础上，近些年我们进行了商业实战：在2015年市场流行“卖房炒股”时，提出“一线房价翻一倍”。事实证明，当时正处于房价暴涨前夜，随后深圳、北京、上海、杭州、南京、合肥等城市房价出现了大幅上涨，这一预测被评为年度十大经典商业预测；2016年底当市场对房地产投资悲观时，我们发布报告《为什么我们对2017年房地产投资不悲观》，随后2017年房地产投资超预期，房地产后周期的相关行业实现了高景气并牛股辈出，成就了“漂亮50”。

《房地产周期》一书是过去十年我们对房地产周期系列研究的总结，该书出版半年内人民出版社加印八次，多次位居京东、当当销量同品类第一。一本专业书籍成为畅销书，再次让我们确认，研究是一种信仰，研究是有价值的。

房地产是周期之母，十次危机九次房地产

房地产是财富的象征、经济周期之母、金融危机的策源地、大类资产配置的核心

房地产是财富的象征。从财富效应看，根据拉斯·特维德（Lars Tvede）在《逃不开的经济周期》（*Business Cycles*）中的测算，在典型国家，房地产市值一般是年度 GDP 的 2~3 倍，是可变价格财富总量的 50%，这是股市、债市、商品市场、收藏品市场等其他资产市场远不可比拟的。以日本为例，1990 年，日本全部房地产市值是美国的 5 倍，是全球股市总市值的 2 倍，仅东京的地价就相当于美国全国的土地价格。我们估算 2017 年中国全国房地产市值约 300 万亿元，是 GDP 的 4 倍左右，是股市市值的 6 倍。美国总统特朗普是房地产商，中国香港的家族财阀多为房地产商，中国首富一度也是房地产商，房地产领域长期以来超级富豪扎堆，居民家庭的主要资产之一也是房子。

房地产是周期之母。商品房兼具投资品和消费品属性，且产业链条长，房地产市场的销量、土地购置和新开工面积是重要的经济

先行指标。从对经济增长的带动看，无论是在发展中国家还是在发达国家，房地产业在宏观经济中都起到了至关重要的作用。每次经济繁荣多与房地产带动的消费投资有关，而每次经济衰退则多与房地产去泡沫有关，比如，1991 年前后的日本、1998 年前后的东南亚、2008 年前后的美国。以中国为例，2016 年资本形成总额占 GDP 比重约为 44%，对经济增长贡献率高达 42.2%，考虑到消费波动性小，经济波动主要看投资。在全社会固定资产投资的构成中，2016 年，房地产业投资占 22.3%、房地产开发投资占 16.9%，考虑到制造业投资一半左右与房地产链相关、地方基建投资在很大程度上受土地财政支撑、服务业部分领域投资跟房地产相关，我们测算房地产链上带动的相关投资占全社会固定资产投资的 50% 左右，房地产带动了家电、家具、装修、银行、建筑、建材、玻璃、水泥等一系列后周期行业。

房地产泡沫经常是金融危机的策源地。房地产是周期之母，对经济增长和财富效应有巨大影响，也是典型的高杠杆部门，因此全球历史上大的经济危机多与房地产有关，“十次危机九次地产”。比如，1929 年大萧条跟房地产泡沫破裂及随后的银行业危机有关，1991 年日本房地产崩盘后陷入失落的 20 年，1998 年东南亚房地产泡沫破裂后许多经济体落入“中等收入陷阱”，2008 年美国次贷危机至今全球仍未完全走出阴影。反观美国 1987 年股灾、中国 2015 年股灾，它们对经济的影响则相对小很多。

房地产是大类资产配置的核心。美林投资时钟研究了经济周期不同阶段股票、债券、商品、现金等的收益率表现，是大类资产配置的一个基本方法。从美林投资时钟的周期角度来看房地产具有非常典型的顺周期特征，而且由于不管是购地还是购房环节都可以加杠杆，所以财富效应可以被放大。但是由于房地产在萧条时期流动性差，所以不适合进行短期投资。长期来看全球货币超发是普遍现象，能够跑赢印钞机的资产不多，在多数国家大都市圈的房地产是其中之一，具有抗通胀属性。

关于房地产的争论和误解

房地产是如此重要，但长期以来饱受争议。我有一次参加一个座谈，与在座的政府官员、企业家、学者讨论“什么决定房价”，竟然得到了十多种答案！比如，货币松紧、土地财政、人口流入流出、学校与医院优劣、就业机会、生活质量、空气、交通拥挤、是否处于交通干线等。房地产的相关问题始终是社会大众、金融投资和公共政策领域的热点话题。比如，什么决定房地产投资，什么决定人口流动，城市规划战略应是发展中小城市还是大都市圈，中国房地产是否有泡沫，如何建立长效机制，等等。

我们来看看过去20年社会上流行的对房地产的争论和误解。

自1998年“房改”以来，在社会舆论的巨大争议和此起彼伏的看空声浪中，一线房价出现了持续、猛烈而巨大的涨幅（见图5.1），北京、上海、深圳等一线城市房价10年6倍以上的涨幅即使放在全球房地产历史上也是相当惊人的。据说那些早期提出泡沫破裂、崩盘论的经济学家已经没有了听众。那些一度流行的看空逻辑，比如人口老龄化、房地产调控、城市化放缓、商品房存量大而空置率高、房价过高、房产税试点等，都没有阻止房价的上涨，房地产成为中国最坚硬的“泡沫”。究竟什么决定房价？什么造就了过去20年一线房价只涨不跌、涨冠全球的神话？未来一、二线房价会脱离地心引力一直涨上去吗？中国房地产市场有哪些潜在风险？如何促进房地产持续健康发展？

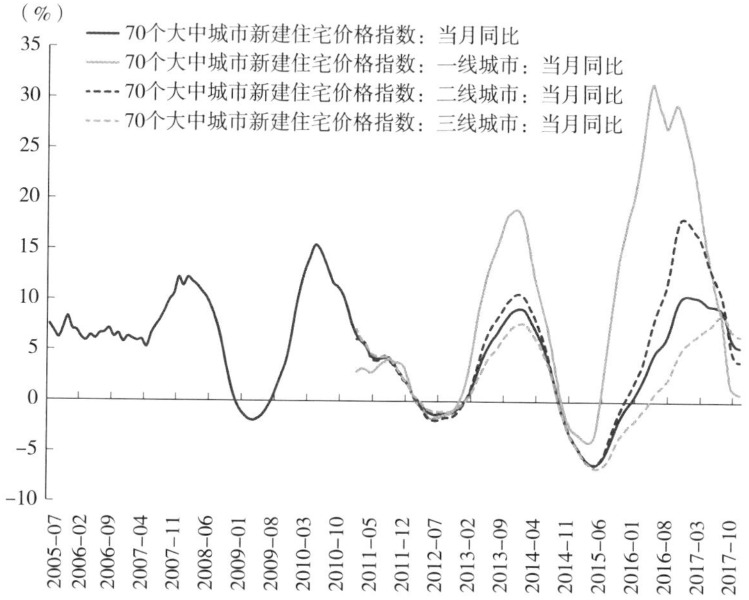

图 5.1　一线房价快速上涨

资料来源：Wind，作者整理。

长期以来，中国城市规划政策的指导思想是“控制大城市规模、积极发展中小城市和小城镇、区域均衡发展”，因此政策经常通过减少土地供应来控制大城市规模，同时增加中小城市土地供应。但事与愿违，过去几十年里，人口不断往大都市圈迁移，而土地供给错配，人地分离，造成了一、二线高房价，三、四线高库存。什么是驱动人口迁移的基本因素？国际上人口迁移的基本规律是什么？中国未来城市化的合理形态是什么？

一些舆论和政策出于对“大城市病”的担忧，以交通拥堵、环境污染、资源约束为由，强调控制大城市特别是特大和超大城市人口规模。但是当前北京和上海的轨道交通路网密度不超过 0.10 公里 / 平方公里，远低于纽约都市区、东京圈、首尔圈，这是造成北京轨道交通出行比例较低、道路较为拥堵的重要原因。国际经验表明，大城市比中小城市和城镇具有更大的集聚效应和规模效应，更节约土地和资源，更有活力和效率，这是几百年来城市文明的胜利，是城市化的基本规律。因不尊重人口集聚客观规律所造成的城市规划不足，才是导致一些“大城市病”的重要原因。强行控制人口的做法，一方面与尊重市场在资源配置中的决定性作用相违背，另一方面也不利于广大人民分享大城市发展的好处。未来中国应该如何治理“大城市病”？如何解决职住分离带来的交通压力和“睡城”现象？如何优化城市规划、人口空间分布和公共轨道交通？

社会各界经常把当前中国房地产泡沫风险与 1991 年的日本相比。日本在那次巨大的泡沫破裂以后陷入“失去的二十年”。事实上，日本在 1974 年和 1991 年分别出现了两次房地产大泡沫，泡沫程度“旗鼓相当”，但是 1974 年前后的第一次调整幅度小、恢复力强，原因在于经济中速增长、城市化空间、适龄购房人口数量维持高位等提供了基本面支撑。而 1991 年前后的第二次调整幅度大、持续时间长，原因在于经济长期低速增长、城市化进程接近尾声、适龄购房人口数量见顶等。从人均 GDP、城市化率、“增速换挡”进程等指标特征来看，当前中国房市具备 1974 年前后日本的很多特征，如经济有望中速增长、城镇化还有一定空间等基本面有利因素，如果调控得当，尚有转机。但许多因素也和日本 1991 年前后相似，如一线房价过高、置业人群达到峰值等。当前中国房地产市场风险有多大？是否会重蹈日本泡沫破裂的覆辙？如何避免寄希望于刺激房地产重回经济高增长的风险？中国城市化和经济增长对于消化高房价还有多大空间？

试图建立分析房地产周期的逻辑框架

理论是应时代而生的，理论以解释和解决所处时代的重大关键问题为使命。我曾研究了18年宏观经济、11年房地产，先后供职于高校、公共政策部门、金融机构和智库，从学术研究、公共政策研究和商业研究等不同角度系统研究了房地产周期相关的一系列重要问题。

在一系列研究的基础上，我试图建立分析房地产周期的逻辑框架，以期既能很好地解释过去，又能可靠地推演未来，提出了“长期看人口、中期看土地、短期看金融”的分析框架。在此框架基础上，近些年我们进行了商业实战。在2015年市场流行“卖房炒股”时，提出“一线房价翻一倍”，事实证明当时正处于房价暴涨前夜，随后深圳、北京、上海、杭州、南京、合肥等城市房价出现了大幅上涨，这一预测被评为“年度十大经典商业预测”；2016年底当市场对房地产投资悲观时，我发布报告《为什么我们对2017年房地产投资不悲观》，随后2017年房地产投资超预期，房地产后周期的相关行业实现了高景气并牛股辈出。

什么决定房地产周期

经济总是在复苏、繁荣、衰退与萧条之间周而复始地轮回，经济周期在客观世界是市场经济中由个人或企业自主行为引发的商业律动，在主观世界则是亘古不变的人性。经济周期研究是进行经济形势分析、制定公共政策以及实施反周期宏观调控的基础。现实中的经济运行由多股商业周期力量叠加而成。

研究房地产周期，首先要对关键词进行准确定义。房地产包括住宅和商业地产，其中以住宅为主。房地产兼具消费品属性（居住需求，包括首次置业的刚需和第二次置业的改善性需求）和金融属性（投资或投机性需求，在价格的博弈中获得价差，并且可以加杠杆）。影响房地产周期的因素既包括经济增长、收入水平、人口流动、城市化进程、人口数量和结构等长期变量，也包括土地政策等中期变量，还包括利率、抵押贷首付比、税收等短期变量。因此，房地产周期可以分为长中短周期，长期看人口、中期看土地、短期看金融。从房地产的供需角度来看，人口、金融均属需求侧因素，土地则属于供给侧因素，人口、土地、金融综合决定房地产周期。衡量房地产周期的指标包括销量、价格、开发商资金来源、土地购置、新开工、投资、库存等，衡量房地产市场泡沫化程度的指标包括房价收入比、租金回报率、空置率等。

长期看人口：人口迁移的趋势、超大城市的未来、人地分离的解决之道、大都市圈战略的确立

房地产周期长期是人口周期的一部分。人口影响房地产市场的逻辑如下。初期，在房地产周期的左侧，人口红利和城乡人口转移提升经济潜在增长率，居民收入快速增长，消费升级带动住房需求；20~50 岁置业人群增加（20~35 岁以首次置业为主，35~50 岁以改善型置业为主），带来购房需求和投资高增长；高储蓄率和不断扩大的外汇占款导致流动性过剩，推升房地产资产价格。随后，步入房地产周期的右侧，随着人口红利消失和刘易斯拐点出现，经济“增速换挡”，居民收入放缓；随着城镇住房饱和度上升，置业人群达到峰值，房地产投资长周期拐点到来。随着房地产黄金时代的结束，后房地产时代的典型特点是“总量放缓、结构分化”，人口迁移边际上决定不同区域房市。美国不同年龄段购房需求曲线见图 5.2。

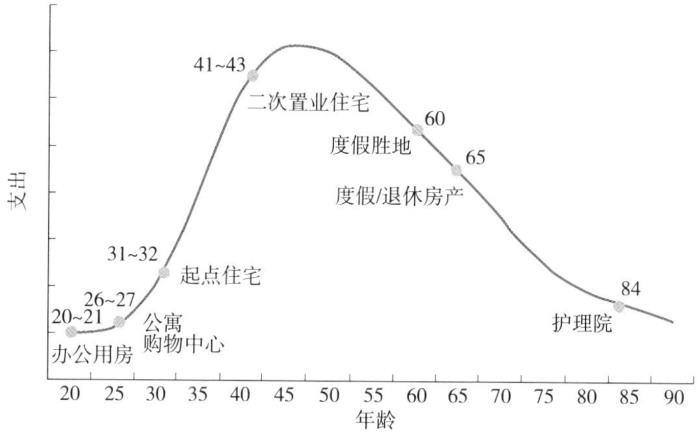

图 5.2　美国不同年龄段购房需求曲线

资料来源：美国人口普查局，作者整理。

根据典型工业化经济体房地产发展的经验，其发展过程中具有明显的阶段性特征。

（1）从高速增长期到平稳或下降期。在经济高速增长、居民收入水平快速提高、城镇化率快速上升的阶段，房地产销量和投资处于高速增长期，房价上涨由长期基本面支撑。当进入 经济“增速换挡”、城镇化率放缓阶段，大部分人群的住房需求基本得到满足，大规模住宅建设高潮过去并转入平稳或者下降状态。这之后住房开工量与经济增速以及城市化水平的关联度下降，而与每年出生人口数量以及有能力、有意愿购买住房的适龄人口数量的关联性更强，房价受居民收入和利率政策影响增大。比如，20 世纪五六十年代西方国家出现的婴儿潮，以及成功实现追赶之后日本社会的低生育率和老龄化，都对各自的住宅发展产生了显著影响。日本置业人群和住房开工量见图 5.3。

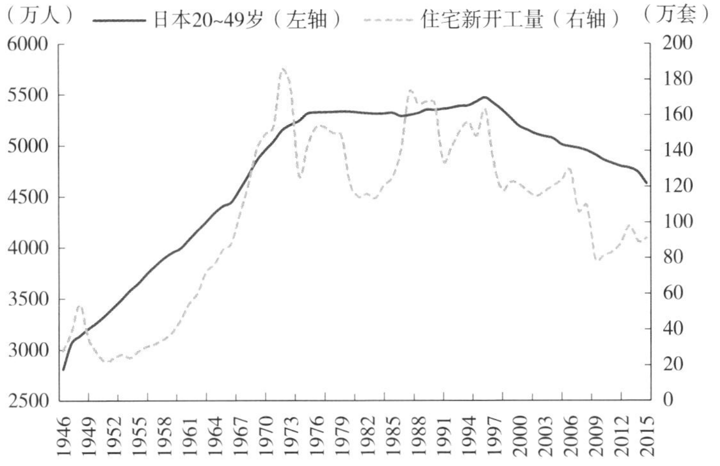

图 5.3　日本置业人群和住房开工量

资料来源：许伟（2013），日本总务省统计局，作者整理。

（2）从数量扩张期到质量提升期。初期，住房饱和度不高，住宅开工高速增长，以满足居民快速增长的最基本的首次置业居住需求；随着住房趋于饱和（比如，城镇户均一套），居民对住宅质量、成套率、人居环境等改善性需求的要求提高。

（3）从总量扩张期到“总量放缓、结构分化”期。综合典型国家城市化过程中经济发展阶段、产业结构和人口区域分布结构的关系来看，人口空间的分布大体上经历了农村、城市化、大都市圈化集聚三个阶段。

我们研究了人口迁移的国际规律和逻辑机理，这对理解未来中国人口迁移趋势、城市化布局和预测区域房价具有启发意义。

（1）美国、日本等人口迁移呈两大阶段（见图 5.4 和图 5.5）。第一阶段，人口从农村向城市迁移，不同规模的城市人口都在扩张，而且在总人口当中的占比均在上升。第一阶段与经济快速增长、产业以加工贸易中低端制造业和资源性产业为主相关，城市化率还没有达到 55%。第二阶段，主要是大都市圈化，人口从农村和三、四线城市向大都市圈及卫星城迁移，一些中小型城市增长放缓甚至净流出，而大都市圈人口比重继续上升，集聚效应更加明显，这可能与产业向高端制造业和现代服务业升级，以及大都市圈学校、医院等公共资源富集有关。对应的城市化水平在 55%~70%。在城市化率超过 70% 以后，人口继续向大都市圈集中，这时服务业比重占据主导地位。

（2）大城市比中小城市和城镇具有更大的集聚效应和规模效应，更节约土地和资源，更有活力和效率，这是几百年来城市文明的胜利，是城市化的基本规律。这也意味着，中国过去长期“控制大城市规模、积极发展中小城市和小城镇、区域均衡发展”的城镇化战略和大规模西部造城运动不符合人口迁移和城市化规律。

（3）中国正处于人口迁移的第二个阶段，在未来中国的人口迁移格局中，大都市圈人口将继续集聚，城市之间、地区之间的人口集聚态势将分化明显。2015—2016年，全国房地产市场分化明显，一线城市和部分二线城市房价上涨明显，大部分三、四、五、六线城市房价平稳，表明中国城市化正步入第二个阶段：大都市圈化。

（4）由于大量人口迁入，一、二线城市房价不是由当地居民收入水平决定的，而是由经济体整体财富、贫富分化水平、富有阶层迁入、房屋供应能力等决定的。

（5）除了人口迁入、货币超发、城市经济活力等因素外，一、二线大城市房价还跟住宅用地供给有关，目前供给不足，房地产越来越货币金融化。

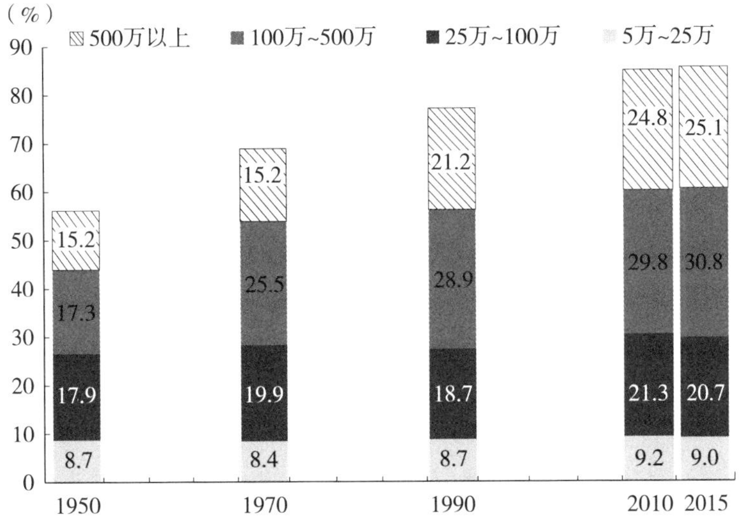

图5.4　美国分规模都市区人口占全国比重

资料来源：美国人口普查局，作者整理。

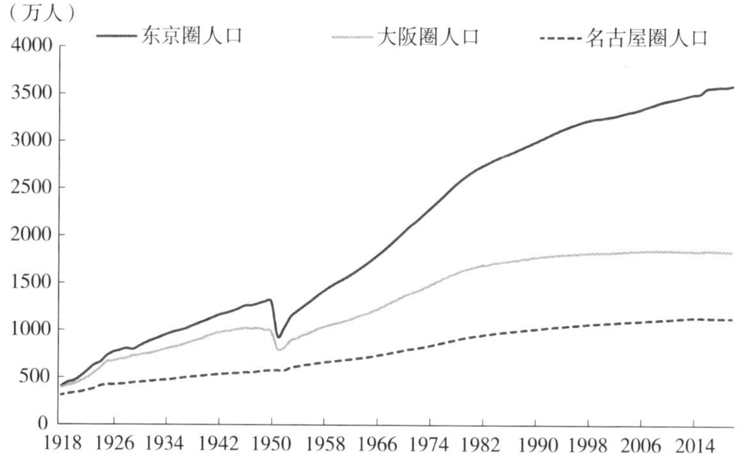

图 5.5 日本三大都市圈人口增长

资料来源：日本总务省统计局，作者整理。

中国政府长期实施“控制大城市规模、积极发展中小城市和小城镇、区域均衡发展”的城镇化战略。1980 年全国城市规划工作会议提出“控制大城市规模”，1990 年开始实施的《城市规划法》规定“严格控制大城市规模”，2014 年《国家新型城镇化规划（2014—2020 年）》和《国务院关于进一步推进户籍制度改革的意见》中提出“严格控制 500 万人以上特大城市人口规模”。但是，从历史上看，政府制定或预测的人口控制目标在北京、上海等地不断被突破。当前北京、上海等地的新一轮城市总体规划均继续要求控制人口。《上海市城市总体规划（2016—2040）（草案）》要求把上海市常住人口到 2020 年控制在 2500 万人以内，2040 年控制在 2500 万人左右。《北京市城市总体规划（2016—2030）（草案）》要求北京市到 2020 年把常住人口控制在 2300 万人以内。

严控北京、上海等超大城市的人口规模是否合理？从长期来看，人口控得住吗？未来大城市的重点是控制人口还是改善城市规划？我们在研究中发现，人口向大都市圈迁移是国际城市化的基本规律。这也就意味着，试图限制大城市人口的行政性措施是违背经济规律的，出路在于着力解决城市规划和基础设施供给不足问题。

我们重点研究了国际上超大城市人口发展趋势及其对中国北京、上海等的启示，研究发现：

（1）城市人口集聚的基本逻辑是经济与人口分布平衡。从长期来看，决定一个城市人口集聚规模的关键在于该城市与所在国家其他地区的收入差距，这种区域收入差距可以用区域经济份额与区域人口份额的比值来表示。在完全市场竞争和个体同质条件下，一个城市较高的人均收入将不断吸引区外人口净迁入，直至该地区人均收入与其他地区持平。OECD（经济合作与发展组织）城市功能区及美日韩的经验也证实了这一点，全球高收入国家50万人以上城市功能区的经济与人口比值的中位数为1.01，平均值为1.07。美国、日本、韩国等高收入经济体城市人口集聚的国际经验表明，经济与人口比值趋近1。如果高于1，将面临人口净迁入；如果低于1，将面临人口净迁出。

（2）当前北京、上海的经济与人口比值高达1.9以上，人口增长仍有较大潜力，在北京、上海迈向世界城市或全球城市的路途中，经济与人口分布的内在平衡动力将驱动其未来人口显著增长。从全球主要都市圈人口密度的国际比较来看，北京、上海人口仍具有较大的增长空间，分别超过1000万人、400万人，预计未来北京、上海都市圈人口都将超过3000万人。然而受人口调控政策影响，近年北京人口增量放缓，上海人口增量由正转负。

（3）交通拥堵、环境污染、资源约束均不是严控人口规模的理由。当人口规模超过一定水平时，城市交通情况与城市布局、城市交通设施水平及城市管理能力等更为相关。当前北京、上海的轨道交通路网密度不超过 0.10 公里 / 平方公里，远低于纽约都市圈、东京圈、首尔圈，这是造成北京轨道交通出行比例较低从而较为拥堵的重要原因。

（4）北京、上海人口发展存在老龄化、人口分布失衡、职住分离等突出问题。从全球角度看，大量年轻外来人口涌入大都市圈是城市活力的源泉，国际大都市圈的老年人口比重大多明显低于本国平均水平。然而 2015 年，北京、上海户籍人口中 60 岁及以上人口占比分别高达 23.6%、30.2%，北京市接近全国平均水平，上海市明显高于全国平均水平。北京市五环内、上海市外环内均集聚了接近一半的常住人口，人口密度明显高于其他大都市，这意味着北京市、上海市的核心区域人口已经严重饱和。北京、上海的就业分布相对集中，而居住分布比较分散，且二者相距较远，一些地区“睡城效应”十分明显。

（5）改善北京、上海人口调控政策，优化城市规划、人口空间分布和公共轨道交通，将是应对这两个城市目前问题更好的方式（东京圈和北京主要出行方式比较见图 5.6）。可借鉴 OECD 的城市功能区视角，超越行政边界解决存在的难题。放弃人口总量调控目标，保持相对开放的人口迁徙政策，青年移民是城市活力的源泉。优化人口的空间分布，并促进职住平衡，向新城疏解中心城部分功能及部分优质公共服务资源。大力提高城市轨道交通路网密度，推进轨道交通系统制式多元化发展，改变当前以中心城为核心的放射型轨道交通体系为环状“井”字形。

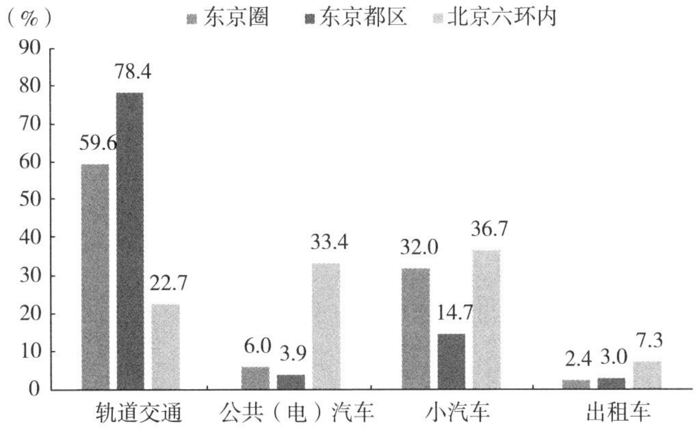

图 5.6 东京圈和北京主要出行方式比较

资料来源：日本总务省统计局，北京市统计局，作者整理。

人口向大都市圈流入是世界各国城市化的基本趋势与规律。由于人口流动主要由市场机制决定，土地供给由政府决定，所以实行“控制大城市规模、积极发展中小城市和小城镇、区域均衡发展”战略的结果将是：一线和部分热点二线城市人口快速增长、土地供给不足，三、四线城市人口增长缓慢、土地供给过多，土地供需错配。解决之道在于从短期调控转向长效机制，从限制需求转向供给侧改革。2016 年 12 月，中央经济工作会议提出“要坚持‘房子是用来住的，不是用来炒的’的定位，综合运用金融、土地、财税、投资、立法等手段，加快研究建立符合国情、适应市场规律的基础性制度和长效机制”，关键在于解决土地供需错配问题。（1）以超越行政边界的大都市圈战略替代中小城市战略，合理增加一线和部分热点二线城市居住用地供给，合理规划布局圈内产业、居住、交通和公共服务资源等。（2）适时重启跨省换地、占补平衡：实行跨省域的耕地占补平衡政策和城乡建设用地增减挂钩政策。（3）加快推进一线和热点二线城市低效工业用地转居住用地。(4) 加快推进一线和热点二线城市的农村集体建用地入市,并在符合规划种用途管制前提下,允许其作为居住用地。(5) 严格控制投资投机性需求，对炒房课以重税。(6) 完善一、二线大都市的城市规划、产业布局和轨道交通，提高出行效率。

中期看土地：中国香港批租制度、土地财政、地方GDP锦标赛、地价推高房价

金融、人口因素是影响房地产需求的主要因素，而土地则是影响房地产供给的主要因素（见图5.7和图5.8)。从供地到开发商拿地，到开工，再到预售或竣工待售形成住房供给，存在两年左右的时滞。因此，土地因素对房地产周期的影响主要在中期，介于人口因素和金融因素之间。土地供应量的多少是住房市场供求平衡和平稳运行的重要基础，如果短期内土地供应过多（或过少），极易造成住房供给过剩带来的供求失衡（或供应不足造成的房价过快上涨），因此，土地市场供求平衡对中期住房供求平衡十分重要。

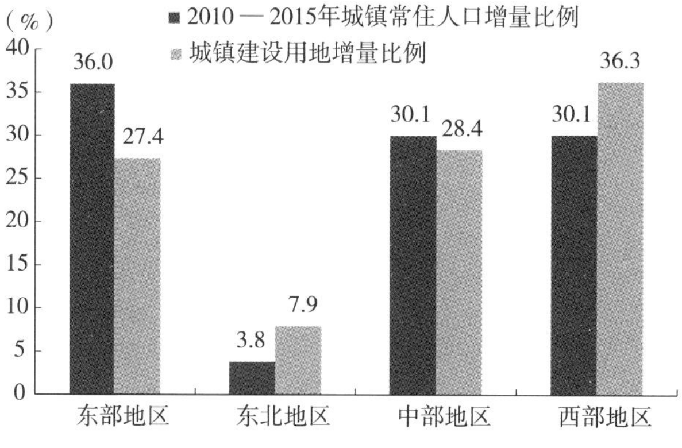

图 5.7　分地区城镇人口、土地增量占比

资料来源：国土资源部，国家统计局，作者整理。

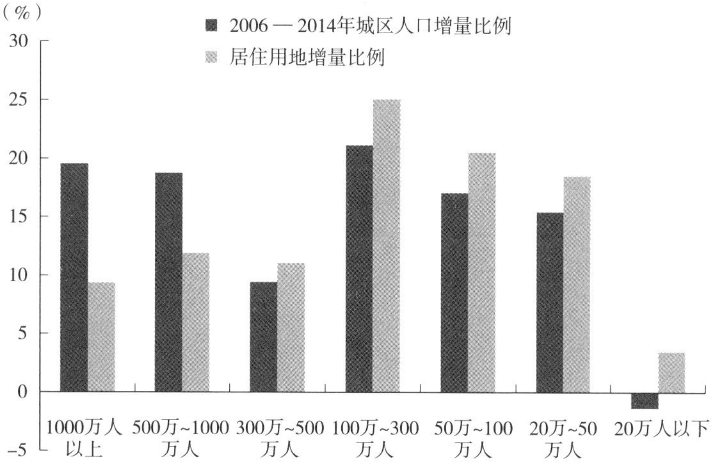

图 5.8　分规模城市城区人口、居住用地增量占比

资料来源：住建部，作者整理。

在发达经济体，土地大部分为私有，在用途和规划管制下可自由交易，在获得许可后可建设住宅，但各国、各地区具体政策差异较大。国内外普遍经验表明，土地供给对一个地区房地产市场波动影响显著。在德国，房价之所以波动较小、长期稳定，一个重要原因就是住房供给稳定充足，1978 年德国住房套户比达 1.21；在日本，除货币宽松外，1985—1991 年房地产泡沫产生的另一个重要原因是土地投机过度、供给不足，而政府对此未能有效干预；在美国，2000—2006 年，土地供给严格城市的房价年均涨幅约为土地供给弹性城市的 2 倍左右。

在中国香港，土地租批和限制土地供给的制度导致房价畸高。自 1842 年起，香港就开始实行土地租批制度，即土地归政府所有，由政府向开发商或土地使用者批租土地，开发商或使用者获得承租批准期限内的土地使用权，并向政府一次性缴纳规定期限内的土地使用权出让金。香港回归以后，香港的土地批租制度并没有改变，根据《中华人民共和国香港特别行政区基本法》规定，1997年7月1日起，香港的土地属于国家所有，由香港政府负责管理、使用、开发、出租或批给个人、法人或团体使用或开发，其收入归香港政府支配。1985年当地政府出台了“每年供地规模不超过50公顷”的政策，这是1985—1994年香港房价快速上涨的重要原因之一。2004—2011年的住房价格大幅上涨，也与当时出台“2002年宣布取消拍卖土地，暂停‘勾地’一年，直至2004年5月再作土地拍卖”的政策规定密切相关。两年停止供地计划必然加剧未来住房供给的短缺。2011年和2012年香港房价大涨，这与前期土地供应量不足有密切关系。2008—2009年，新增住宅用地只有0.019公顷。2010年香港仅有约19800个住宅单位建成，不到2000年的1/4。

相比于美国、欧洲等土地私有化的情形，中国内地与香港地区的土地政策较为类似。20世纪80年代，内地改革开放，在土地政策方面借鉴了香港地区的经验，效仿了土地租批和限制土地供给的制度。在内地房地产发展的历程中，整个发展轨迹乃至许多关键词能看到香港模式的影子。从25年前“中国土地第一拍”在深圳落槌，到之后的制度（包括土地出让制度、预售制度、按揭制度等）、产品（包括外观、层高、园林、会所等），甚至营销模式、物业管理，内地如今这一整套房地产运作规则都是在学习香港的基础上发展而来的。在改革开放之初，中国实行土地公有制，即城市土地国家所有、农村土地集体所有，由于宪法规定土地不允许买卖交易，中国制定了土地所有权与使用权分离的政策，对土地使用权实行出让、转让，实行国有土地有偿使用制度，并率先在深圳、广东、上海等地试点，随后在全国推广，形成了中国土地财政制度。中国土地出让先是以协议出让为主，但由于不透明而容易产生腐败。2002年以来则规定经营性土地出让的方式必须采取招拍挂，然而这些方式看似公开透明，实则不断推高地价、产生地王，助推了房价持续上涨。有观点认为，香港的土地财政与限制土地供给的制度，是导致房价高涨、伤害民众福利和实体经济的反面例子，内地错把香港的教训当经验引进。

在中国内地，土地政策主要由国土资源部制定，并受到住房和城乡建设部、农业部、财政部等部门的影响。在全国层面，土地供应总量在中长期由国土资源部制定的土地利用总体规划决定，比如，《全国土地利用总体规划纲要（2006—2020年）》决定全国十五年土地供给总量。在土地利用总体规划下，有五年规划、年度计划。在地区层面，由中央划分各省指标，各省据此制定土地利用规划、五年规划、年度计划。在城市层面，除土地利用规划外，城市总体规划中建设用地等指标也列明了中长期土地供应指标，并落实到年度计划。

除了土地财政制度之外，中国内地一、二线城市房价过高，三、四线城市房地产库存过高，则与土地资源错配有关。由于“控制大城市规模、积极发展中小城市和小城镇、区域均衡发展”的城市化指导思想，一线和部分二线城市建设用地规模被严格控制，而三、四线城市土地供给偏多。在人口大都市圈化背景下，土地错配必然导致一、二线高房价，三、四线高库存。一、二线热点城市每次限制土地供给均为下一次报复性上涨埋下伏笔。

为什么地方政府热衷于经营城市，对调控房价不积极？在房地产的盛宴里，谁切到了最大的蛋糕？利益结构决定博弈结构和行为模式。通过房价构成，研究房地产市场的利益主体、激励机制以及各自的行为模式，有助于判断房市的博弈结构和趋势。研究发现：

（1）地方政府是最大受益者，政府所得占房价的6成左右，占比较高。从宏观层面看，2014年土地出让金和房地产相关的税收占房地产销售额的85.8%；从中观城市看，2015年土地出让金和税收成本占房价的56.8%（见图5.9）；从微观上市企业看，2015年土地转让金和税收占房价的56%。

（2）从宏观层面看，1999—2015年，国有土地出让金从514亿元激增至3.25万亿元，增长63.3倍，占地方财政本级收入的比例从9.2%增加至39.2%。2004—2014年，5个房地产特有税种税收合计从1207亿元飙升至1.38万亿元，10年间增长11倍，占地方财政本级收入之比也从10.16%上升至18.21%。2004—2014年，6个房地产业相关的税种税收合计从1028亿元上升到7294亿元，增长约7倍。2014年6种税种税收合计占地方财政本级收入的比重达到9.61%。地价和房地产相关税收占商品房销售额已达8成。

（3）从中观城市看，主要是土地价格推动房价上涨，各地方建安成本差异不大。通过回归分析可以发现，土地价格显著影响房价。

（4）从微观企业看，房企净利占营收比重低且在下降，土地成本持续攀升。拿地成本占房价4成以上，税收占比约13%，政府这两项收入之和占房价的6成左右。

（5）受益于土地财政，地方政府是房价上涨的最大受益者，占6~8成。这是由于地方政府对土地财政的依赖，使其天然追求土地出让收入最大化。我们既要客观看待过去几十年土地财政为中国城镇化融资的历史贡献，也要正视地价推高房价、拉大财富差距等负面作用。土地财政难以持续，出路在于建立房产税、消费税、个人所得税等地方主体税，这涉及深层次的经济乃至政治改革，不动产实名制和金融实名制是现代国家治理的基础。

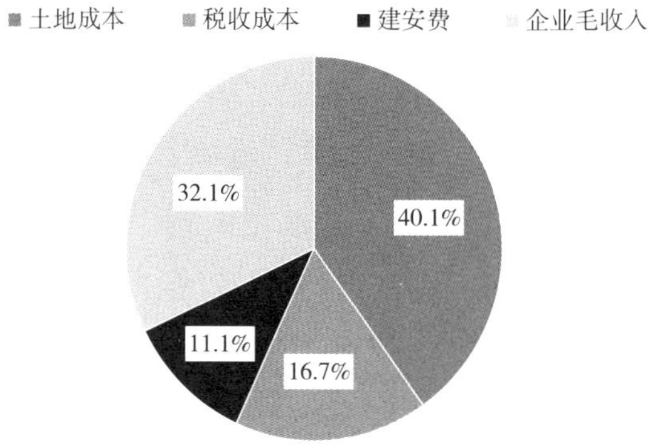

图 5.9　2015 年土地加税收成本占房价的 56.8%

资料来源：《中国税务年鉴》，国家统计局，作者整理。

过去十多年地王频出，高地价是高房价的主要推手，为什么地王频出？谁是地王的制造者和获益者？研究发现：

（1）地王频出和高房价背后的制度因素是土地财政。土地出让金约为地方一般预算收入的一半，再加上与房地产相关的税收收入，土地财政成了地方政府财政的核心。因此，在土地财政制度中，地方政府和开发商是房价上涨的受益者，也是地王的制造者。由于地方政府是地王的最大获益者，除非受到来自中央调控措施的压力，一般来说地方政府会在房价上涨时无逆周期调节动力，而在房市萧条时出台刺激政策。

（2）土地财政的历史和成因。土地财政是指地方政府通过“经营土地”获得的收入，包括以出让土地所有权为条件的土地出让金收入、与土地出让相关的各种税费收入、以土地抵押为融资手段获得的债务收入。土地财政的形成过程可概括为：在分税制改革后，中央上收财权把大量外部性事权留在地方，导致地方政府事权多、财权少，在中央允许和土地收储制度下，地方政府开始经营城市土地，政府对农地征收的国家垄断和土地变更的政府用途管制成了土地财政的基础。在地方政府“GDP 锦标赛”激励下，受益于快速城镇化带来的房地产业爆发式增长，最终带来了土地财政的独特现象。

（3）土地财政是地方财政的核心。2014 年在不考虑土地融资的情况下，土地财政贡献了地方财政收入的 35.64%（见图 5.10）。2015 年国有土地使用权出让收入达到 4.26 万亿元，2003—2015 年土地转让金与地方一般预算收入之比平均为 49.74%。2014 年与土地、房地产关联的税收占地方一般预算收入近 28%。2015 年地方债务总和为 18.4 万亿元，土地融资规模 3.68 万亿元。

（4）我们需要客观认识土地财政在调动地方积极性、推动经济增长、完善城市公共基础设施方面的积极作用。地方政府通过低成本征收农业用地，低价格转让工业用地，高价格出让商、住用地，一方面刺激投资，另一方面获得高额土地出让金弥补财政缺口。巨额的土地出让收入用于征地和拆迁补偿、土地开发、城市建设、基础设施建设，成为中国经济发展的一个内生逻辑。

（5）我们需要正视土地财政带来的待解问题。推高房价，形成资产泡沫；增加地方政府债务风险；地方政府一方面运用计划经济的方式低价购地，另一方面利用市场经济的方式高价供地，形成“地价剪刀差”，提供了“寻租”空间；地价房价大涨扩大收入差距；抬高实体经济成本，“开工厂不如炒房子”诱发产业空心化风险。

（6）改革完善土地财政。建立和完善与事权相匹配的地方财政体制；减少地方政府对土地财政的依赖，扩展消费税、房产税等稳定、持续的地方主体税，保证地方政府提供公共产品的长期稳定税源；改变过去地方政府只以 GDP 论英雄的状况，增加就业、创新、环保等考核权重，从“投资型政府”向“服务型政府”转变；明确农村土地产权，保护农村集体对土地的占有权、使用权和收益权，完善土地的征地范围、征地程序和补偿机制等制度建设；建立规范的地方债制度。这些都是解决土地财政问题以及背后延伸的地王频出问题的重要改革方案。

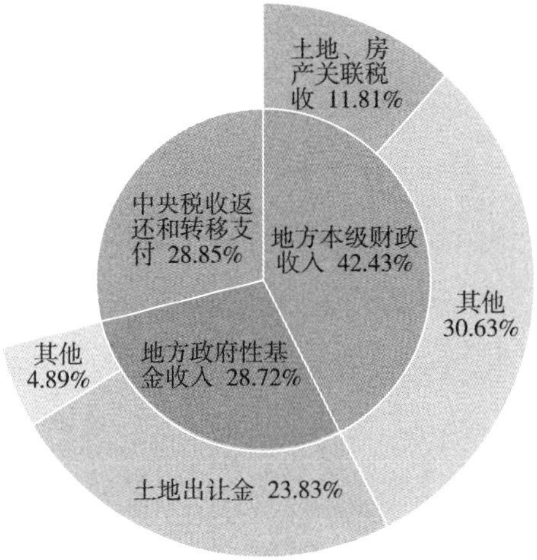

图 5.10　2014 年不考虑土地融资，土地财政贡献地方财政收入的 35.64%

资料来源：Wind,《中国税务年鉴》，国家统计局，作者整理。

短期看金融：利率、货币超发、支付能力、加杠杆、抵押物信贷加速器

金融政策（利率、流动性投放、信贷、首付比等）既是各个国家进行宏观经济调控的主要工具之一，也是对房地产市场短期波动

影响最为显著的政策。住房的开发和购买都高度依赖银行信贷的支持，利率、首付比、信贷等政策既影响居民的支付能力，也影响开发商的资金回笼和预期，对房市供求波动影响较大。国内外房地产泡沫的形成大多受低利率和充裕流动性推动，而房地产泡沫破裂则大多归因于加息和流动性收紧。

房地产短周期是由利率、抵押贷首付比、税收等短期变量引发的波动，其途径主要通过改变居民的支付能力和预期使购房支出提前或推迟。比如，如果政策为刺激房地产，下调利率和抵押贷首付比将提高居民支付能力，通过鼓励居民加杠杆来透支住房需求；反之，则可以采取提高利率和首付比操作，以降低居民支付能力并延迟住房消费。由于商品房具有消费升级的属性，且产业链条长，因此，房地产市场的销量、土地购置和新开工投资是重要的经济先行指标。一轮完整的房地产短周期为：政策下调利率和抵押贷首付比，居民支付能力提高，房地产销量回升，商品房去库存，供不应求，开发商资金回笼后购置土地，加快开工投资，房价上涨，商品房作为抵押物的价值上涨会增加居民、开发商和银行的贷款行为；当房价出现泡沫化，政策上调利率和抵押贷首付比，居民支付能力下降，房地产销量回落，商品房库存增加，供过于求，开发商资金放缓购置土地和开工投资进度，房价回落，商品房作为抵押物的价值缩水会减少居民、开发商和银行的贷款行为。在这个过程中，情绪加速器、抵押物信贷加速器等会放大房地产短周期波动。

住房金融政策保持基本稳定是住房市场保持基本平稳的重要条件。例如，德国在 1981—2011 年的房价平均涨幅在 1.5% 左右，这 30 年实际利率水平基本维持在 8.5% 左右。美国 1991—2000 年房价平均涨幅在 3% 左右（最高点只有 5.6%），抵押贷款利率始终在 7.0%~8.1% 小幅波动。住房金融政策的大幅调整是房地产泡沫产生和破灭的主要原因。比如，日本、美国房地产泡沫的形成均与低息政策和流动性泛滥刺激相关，而泡沫破灭则与加息和流动性收紧直接相关。

美国经验表明，住房金融政策与住房市场波动密切相关。上一轮美国房地产泡沫开始于 2001 年美联储的低息政策刺激（见图 5.11）：2001—2003 年，美联储连续 13 次降息，累计降息 5 个百分点，至 2003 年 6 月，基准利率降至 1.00%。美联储的这一低息政策一直延续到 2004 年上半年，其间过低利率刺激抵押贷款大幅增加，从而造成了房地产泡沫。随后美联储的连续加息则刺破了美国房地产泡沫。2004—2006 年，美联储连续加息 17 次，累计加息 4.25 个百分点，直到 2006 年 6 月基准利率升至 5.25%；而美国标准普尔 /CS10 个大中城市房价在 2006 年 6 月到达历史高点之后开始连续下跌，这说明联储加息政策是刺破美国房地产泡沫的主要原因。

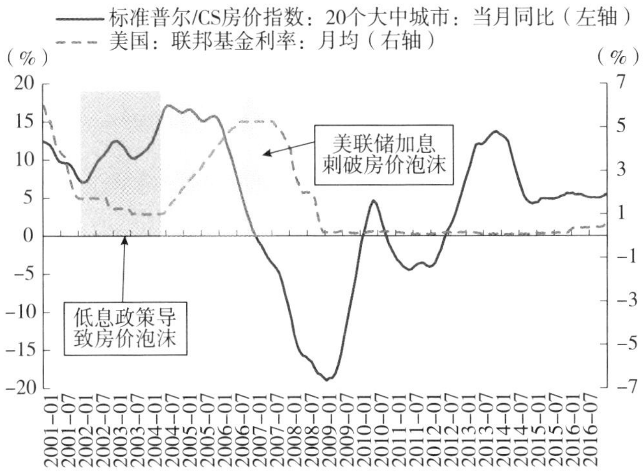

图 5.11　美国房地产价格波动与联邦基金利率

资料来源：Wind，作者整理。

日本经验同样表明，住房金融政策与住房市场波动密切相关。日本的房地产泡沫与日本央行下调利率有密切关系（见图 5.12）：1986—1987 年，日本央行连续 5 次降息，中央银行贴现率从 5% 降到 2.5%，不仅为日本历史之最低，也为当时世界主要国家之最低，这一低息政策维持长达两年。低息政策促进了房地产市场的空前繁荣，反映在土地价格的迅速上涨上。与美国相同，日本央行随后的加息刺破了日本房地产泡沫：1989 年 5 月 31 日，日本央行加息 0.75 个百分点；此后的 15 个月内，日本央行再度 4 次加息，将贴现率提高到 6%，连续加息给日本房地产市场造成了巨大打击，东京圈城市土地价格开始了长达 15 年的持续下跌。

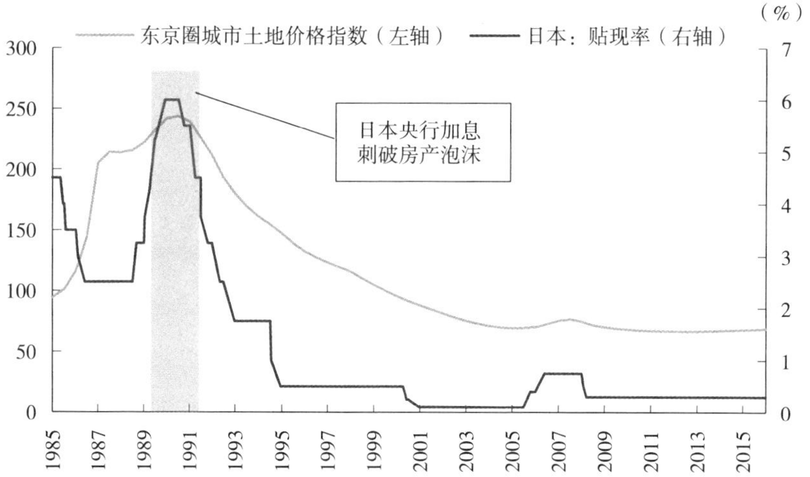

图 5.12　日本房价波动与利率

资料来源：Wind，作者整理。

从国内的经验来看，金融政策对国内房地产市场的影响同样非常显著。例如，1993 年央行大幅加息是海南房地产泡沫破裂的重要因素。作为当年宏观调控的16条措施之一，1993年5月15日和7月11日，央行两次分别加息（一年期贷款利率）72个基点和162个基点，累计加息234个基点。央行大幅加息导致海南房地产泡沫破裂，烂尾楼、积压房地产大量增加。据《20世纪90年代海南房地产泡沫警示》称，当时海南省烂尾楼达600多栋、1600多万平方米，闲置土地18834公顷，积压资金800亿元，仅四大国有商业银行的坏账就高达300亿元。

商品房需求包括居住需求和投机需求。居住需求主要与城镇化、居民收入、人口结构等有关，它反映了商品房的商品属性。投机需求主要跟货币投放、低利率和土地供给垄断有关，它反映了商品房的金融属性。1998年房改以来，中国一线房价涨冠全球，除了跟城镇化、经济增长和居民收入有关之外，还跟货币超发有关。房价上涨有没有泡沫，首先要区分基于基本面支撑的正常上涨和基于货币现象投机性需求的非正常上涨。过去几十年中国房价持续上涨存在一定基本面支撑：经济高速增长、快速城镇化、居民收入持续增长、20~50岁购房人群不断增加和家庭小型化。1978—2015年，中国GDP年均名义增长15.3%，城镇居民可支配收入年均名义增长13.2%。1978—2015年，中国城镇化率从17.92%上升到56.1%，城镇人口从1.7亿人增加到7.7亿人，净增6亿人，其中20~50岁购房人群在不断增加。五次普查数据显示，1982年平均每户家庭人数4.41人，2000年为3.44人，2010年为3.1人，家庭趋向小型化发展。

但是，2000—2016年尤其是2014—2016年间房价涨幅远远超过了城镇化和居民收入增长等基本面数据能够解释的范畴。金融属性的驱动力主要是货币超发和低利率。根据货币数量方程MV=PQ，若货币供应增速持续超过名义GDP增速（生产活动所需要的资金融通），将推升资产价格。商品房具有很强的保值增值金融属性，是吸纳超发货币最重要的资产池。2014—2016年，M2、GDP和城镇居民可支配收入的名义增速年均分别为16.1%、13.3%和11%，平均每年M2超过GDP、城镇居民收入名义增速分别为2.8个百分点、5.1个百分点。M2-GDP较高的年份往往是房价大涨的年份，如2009年、2012年和2015年。因此，过去几十年房价持续上涨，一部分可以用城镇化、居民收入等基本面数据解释（居住需求，商品属性），另一部分可以用货币超发和土地供给垄断解释（投机需求，金融属性），这两大因素共同造就了过去20年中国一线房价只涨不跌的不败神话。由于中国城镇化速度、居民收入增速和货币超发程度（M2-GDP）超过美国、日本等主要经济体，叠加一、二线热点城市土地供给不足，造成了中国房价涨冠全球。2015—2016年房价大涨很大程度上是货币现象，即低利率和货币超发，不断降息提高了居民的支付能力。自2014年"9·30"新政和"11·21"降息以来，房价启动新一轮上涨。2015年"3·30"新政和下半年两次双降，房价启动暴涨模式。货币超发导致房价涨幅远远超过GDP和居民收入。2015年M2-GDP达到6.9个百分点，货币超发程度在过去十多年仅次于2009年，也大大超过了年均2.8个百分点的历史平均水平（见图5.13和表5.1）。

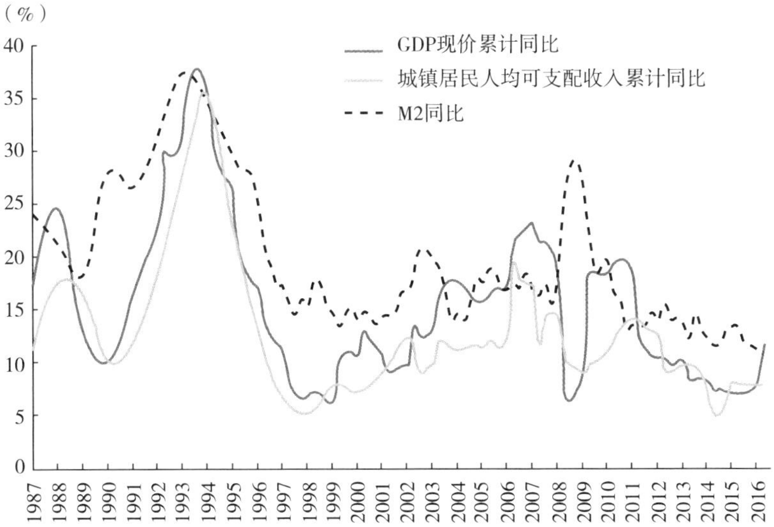

图 5.13　中国货币供应增速超过名义 GDP 和居民收入增速

资料来源：Wind，作者整理。

表 5.1　房价、收入与货币供应量：是房价涨得多还是货币发得多

年份	城镇新建住宅销售均价（元 / 平方米）	城镇人均可支配收入（元）	M2（亿元）
1998	1854	5425	104499
2016	7203	33616	1550067
2016/1998	3.89	6.20	14.83

资料来源：Wind，国家统计局，作者整理。

如何衡量房地产市场风险

从全球历次房地产大泡沫看中国房地产市场风险

十次危机九次房地产，我们研究了全球历次房地产大泡沫的催生、疯狂、轰然崩溃及启示，包括1923—1926年美国佛罗里达州房地产泡沫与大萧条、1986—1991年日本房地产泡沫与“失去的二十年”、1992—1993年中国海南房地产泡沫、1991—1997年东南亚房地产泡沫与亚洲金融风暴、2001—2008年美国房地产泡沫与次贷危机。研究发现：

（1）历次房地产泡沫的形成在一开始都由经济增长、城镇化、居民收入等基本面支撑。比如，1923—1925年美国佛罗里达州房地产泡沫一开始与美国经济的“一战”景气和旅游兴盛有关，1986—1991年日本房地产泡沫一开始与日本经济成功转型和长期繁荣有关，1991—1996年东南亚房地产泡沫一开始与“亚洲经济奇迹”和快速城镇化有关。

（2）虽然时代和国别不同，但历次房地产泡沫走向疯狂无不受到流动性过剩和低利率的刺激。由于房地产是典型的高杠杆部门（无论是需求端的居民抵押贷款还是供给端的房企开发贷款），因此房市对流动性和利率极其敏感，流动性过剩和低利率将大大增加房地产的投机需求和金融属性，并脱离居民收入、城镇化等基本面。1985年日本签订“广场协议”后为了避免日元升值对国内经济产生负面影响而持续大幅降息，1991—1996年东南亚经济体在金融自由化下国际资本大幅流入，美国2000年网络泡沫破裂以后为了刺激经济而持续大幅降息。中国自2008年以来有三波房地产周期回升,2009年、2012年、2014—2016年，除了经济中高速增长、快速城镇化等基本面支撑外，每次都跟货币超发和低利率有关，2014—2016年这波尤为明显，在经济衰退背景下主要靠货币刺激。

（3）政府支持、金融自由化、金融监管缺位、银行放贷失控等起到了推波助澜、火上浇油的作用。政府经常基于发展经济的目的刺激房地产，1923年前后佛罗里达州政府大举兴办基础设施以吸引旅游者和投资者，1985年后日本政府主动降息以刺激内需，1992年中国海南设立特区后鼓励开发，2001年小布什政府实施“居者有其屋”计划。金融自由化和金融监管缺位使过多货币流入房地产，1986年前后日本加快金融自由化并放开公司发债融资，1992—1993年海南政府、银行、开发商结成了紧密的铁三角，1991—1996年东南亚国家加快了资本账户开放导致大量国际资本流入，2001—2007年美国影子银行兴起导致过度金融创新。由于房地产的高杠杆属性，银行放贷失控火上浇油，房价上涨、抵押物升值会进一步助推银行加大放贷，甚至主动说服客户抵押贷、零首付、放杠杆，在历次房地产泡沫中银行业都深陷其中，从而导致房地产泡沫危机既是金融危机也是经济危机。

（4）虽然时代和国别不同，但历次房地产泡沫崩溃都与货币收紧和加息有关。风险是涨出来的，泡沫越大破裂的可能性越大，调整也越深。日本央行从 1989 年开始连续 5 次加息，并限制对房地产贷款和打击土地投机，1991 年日本房地产泡沫破裂。1993 年 6 月 23 日，朱镕基讲话宣布终止房地产公司上市，全面控制银行资金进入房地产业，24 日国务院发布《关于当前经济情况和加强宏观调控意见》，海南房地产泡沫应声破裂。1997 年，东南亚经济体汇率崩盘，国际资本大举撤出，房地产泡沫破裂。美联储从 2004 年 6 月起两年内连续 17 次调高联邦基金利率，2007 年次贷违约大幅增加，2008 年次贷危机全面爆发。

（5）如果缺乏人口、城镇化等基本面支持，房地产泡沫破裂后调整恢复时间更长。日本房地产在 1974 年和 1991 年出现过两轮泡沫，1974 年前后的第一次调整幅度小、恢复力强，原因在于经济中速增长、城市化空间、适龄购房人口数量维持高位等提供了基本面支撑；而 1991 年前后的第二次调整幅度大、持续时间长，原因则在于经济长期低速增长、城市化进程接近尾声、人口老龄化等。2008 年美国房地产泡沫破裂以后没有像日本一样陷入“失去的二十年”，而是房价再创新高，主要是因为美国开放的移民政策、健康的人口年龄结构、富有弹性和活力的市场经济与创新机制等。

（6）每次房地产泡沫崩盘，产生的影响都大而深远。1926—1929 年房地产泡沫破裂及银行业危机引发的大萧条从金融危机、经济危机、社会危机、政治危机最终升级成军事危机，对人类社会造成了毁灭性的打击。1991 年日本房地产崩盘后陷入“失去的二十年”，经济低迷、不良高企、居民财富缩水、长期通缩。1993 年中国海南房地产泡沫破裂后，当地不得不长期处置烂尾楼和不良贷款，经济长期低迷。自 2008 年次贷危机至今，美国经济经过 3 轮 QE 和零利率才走出衰退，而欧洲、日本经济在 QE 和负利率刺激下才走出低谷，中国经济从此告别了高增长时代。至今，次贷危机对全球的影响仍未完全消除。

在货币超发、低利率和政策鼓励居民加杠杆刺激下，2014—2016 年一、二线城市房价地价暴涨。中国房地产泡沫风险有多大？体现在哪些环节？我们从绝对房价、房价收入比、库存、租金回报率、杠杆、空置率等方面进行了定量评估，研究发现：

（1）绝对房价：中国之都、世界之最，全球前十三大高房价城市中国占四席。过去中国是房价收入比高，经过 2014—2016 年这一波上涨，现在是绝对房价高。世界房价最高的城市中（中心城区房价），中国香港排第一位，深圳、上海、北京分列第七位、八位、十三位。

（2）房价收入比：一、二线偏高，三、四线基本合理。最新全球房价收入比的十大城市里面，北上广深占据了四席（见图 5.14）。中国一、二线和三、四线房价收入比的巨大差异可能反映了两个因素：一是收入差距效应，高收入群体向一、二线城市集中；二是公共资源溢价，医院、学校等向一、二线城市集聚。

（3）库存：去化压力比较大的是部分三、四线中小城市。去库存化压力比较大的城市大多为中小城市，且多集中在中西部、东北及其他经济欠发达地区，这与三、四线城市过度投资、人口及资源向一、二线城市迁移的过程相符。从美国、日本等国际经验来看，后房地产时代人口继续向大都市圈迁移，三、四线城市等面临人口净流出的压力。因此，一、二线主要是价格偏高风险，三、四线则主要是库存积压风险。

（4）租金回报率：整体偏低。目前中国主要城市的静态租赁回报率为 2.6%，一线城市在 2% 左右，低于二、三线城市。对此国际静态租赁回报率约为 4%~6%，中国水平远低于国际水平。中国的房地产并非简单的居住功能，而是一个捆绑着很多资源的综合价值体，如户籍、学区、医院等。

（5）空置率：三、四线高于一、二线。中国房地产空置率比较高，积压严重，三、四线比一、二线更严重。从住宅看，中小城市空置率更高可能是因为过度建设，大城市的空置率可能跟过度投机有关。

（6）房地产杠杆：居民杠杆快速上升但总体不高，开发商资产负债率快速上升。房地产杠杆包括需求端的居民借贷杠杆和供给端的开发商债务杠杆，它衡量了财务风险。①从国际比较看，中国居民杠杆水平低于主要发达经济体（见图 5.15）。目前，中国房地产贷款余额占银行贷款比重为 25%（其中个人购房贷款 16.9%），虽然近些年这个比例不断攀升，但比美国水平低很多，美国次贷危机以来不动产抵押贷款占银行信贷的比重持续下降，但仍高达 33%。②目前房地产开发资金来源中，约有 55% 的资金依赖于银行体系，明显超过 40% 的国际平均水平。房地产行业的资产负债率从 2003 年的 55% 一路上升至 2016 年的 77%，流动比率从 2009 年的 1.88 下降至 2016 年的 1.65。

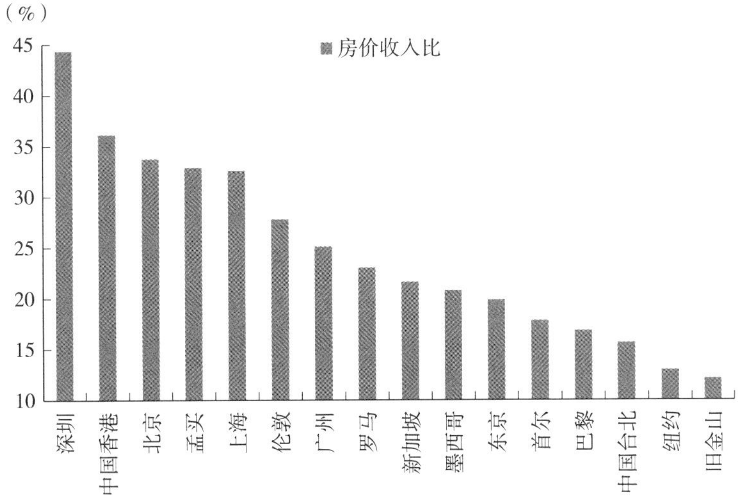

图 5.14 北上广深房价收入比位居全球主要城市前列

资料来源：Numbeo，作者整理。

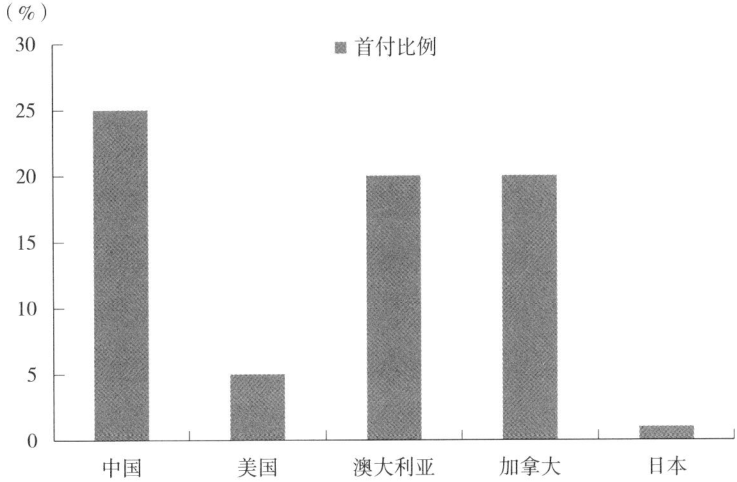

图 5.15 中国首付比例在国际上位于较高水平

资料来源：Wind，作者整理。

2015—2016 年中国一、二线城市房价大涨，资产价格泡沫担忧加剧。经过比较研究发现：

（1）与过去比：中国本轮房价大涨有五点不同。涨速快，脱离基本面。本轮房价大幅上涨背景是经济增速放缓，人口增速和城镇化明显放缓；货币超发，M2 与名义 GDP 增速的裂口不断扩大，杠杆明显上升，先后推升股市、房市泡沫和滞胀预期；区域分化明显。一线城市大涨，三、四线基本持平；政策刺激，每一项重要政策发布后一线城市房价都出现了拐点性变化。2014 年“11·21”降息后，止跌回升，2015 年“3·30 新政”后加速上涨，“9·30 新政”后再次加速上涨。2016 年 2 月 2 日首付比例下调和 2 月 19 日契税和营业税调整后，房价在春节后跳涨。

（2）与日本 1991 年前后房地产大泡沫比：涨速快，1987—1990 年，日本六大城市房价年均增速 24.6%，远超 1986 年前均值；脱离基本面，广场协议后日本出口大降，实体经济困难，经济增速低于 1986 年前的均值；货币超发，从 1986 年开始，日本 M2 增速明显加快，利率大降；区域分化明显，1986—1991 年日本六大城市房价大涨，中小城市房价涨幅很小；政策刺激，1991 年前，货币宽松催生了泡沫，随后货币收紧又刺破了泡沫。不过当前中国房市和日本 1974 年前后的那轮泡沫也有相同点，如经济有望中速增长、城镇化还有一定空间等，如果调控得当，尚有转机。

（3）与 2015 年股市大泡沫比：“水牛”，货币超发未流入实体经济；“政策牛”“刺激牛”，2014 年以来不断出台刺激房地产的政策；“杠杆牛”，鼓励居民加杠杆，测算表明，居民加杠杆大多是“场内”的，全国房贷“场外配资”金额在 500 亿~800 亿元，撬动的房地产成交额按照保守的5倍计算，杠杆成交金额超2500亿元；“疯牛”，脱离基本面加速上涨。

（4）我们需要采取措施避免悲剧重演。房地产泡沫过高将降低一国实体经济竞争力，房地产泡沫崩溃将引发经济金融危机。当前中国房市泡沫跟1991年日本房市大泡沫和2015年中国股市大泡沫有很多相似之处，同时也具备1974年日本房市的很多特征和消化空间。住宅投资已告别高增长时代，房地产政策应适应“总量放缓、结构分化”新发展阶段特征，避免货币超发引发资产价格脱离人口、城镇化、经济增速等基本面的泡沫风险，尽快建立长效机制。

近年来关于“保汇率还是保房价”的讨论增多，房价和汇率之间的逻辑关系及影响机制是什么？我们研究了三个国家/地区应对汇率变动的不同方式，以及随后房价的变化：2014年俄罗斯模式（弃汇率、保房价）、1991年日本模式（保汇率、弃房价）以及1997年东南亚模式（汇率和房价都未保住），并通过对三个模式的分析，展望未来中国房价和汇率之间的钩稽关系及走势。研究发现：

（1）保房价还是保汇率这一现实命题涉及购买力平价理论、资产组合理论和不可能三角理论。

（2）实体经济回报率是支撑汇率和房价的根基。1997年前后的东南亚和2014年的俄罗斯的实体经济回报率均出现下降，汇率面临贬值压力，房价泡沫也因缺乏居民收入支撑而更多地呈货币金融现象。1985—1991年日元升值过快以及房地产泡沫过大导致实体经济企业外迁。

（3）“保房价还是保汇率”这一选择题的存在，说明房价和汇率之间存在定价错误和套利机会，必须进行修正，否则将面临持续的资本出逃。比如，1990年前后日本的案例中房价存在高估、汇率存在低估，1997年前后东南亚的案例中房价和汇率都存在高估，2014年俄罗斯的案例中汇率存在显著高估。东南亚和俄罗斯汇率高估的根源是实体经济回报率下降和前期货币超发推高国内资产价格泡沫，日本当年汇率低估主要由20世纪80年代没有顺势贬值以及1985—1990年贬值过快所致。

（4）在“保房价还是保汇率”之间选择，实际上是对内部目标和外部目标之间的权衡。三大案例表明，为保汇率而收紧货币金融条件增加了国内资产价格的压力，而弃汇率却使国内资产价格表现较好。比如，1990年前后日本由于受美国挟持，为保汇率而选择收紧国内货币金融条件，导致股市房市崩盘；1997年前后东南亚国家由于有大量对外负债而被迫保固定汇率制，结果国内金融条件收紧、资本出逃，汇率和房价双失守；只有2014年俄罗斯主动选择大幅贬汇率，才使国内房价震荡走高。

（5）在金融自由化和资本账户开放的情况下，国内经济结构不合理和金融体系不健全的风险暴露会被放大。根据不可能三角，资本自由流动、汇率稳定和货币政策有效性三者不可能同时兼顾。对于俄罗斯和“东南亚四小虎”这些经济结构单一、金融体系尚不健全的地区而言，资本项目的完全放开具有相当大的风险。在内外部流动性充裕时，如果该国实体经济的回报率不高，资本会进入房地产等资产领域进行投机；而当流动性逆转时，由于资本项目的开放，资金可以在毫无障碍的情况下逃出去，加速货币贬值。

（6）在三种模式下，房价走高都是由汇率升值预期导致国内流动性过剩引起的。俄罗斯卢布在2003年后随着大宗商品价格走强而开始缓慢连续升值，国际资本蜂拥而入，加上国内基准利率连续下调，房地产价格上升。日本则在签订“广场协议”后为了避免日元升值对国内经济的负面影响而持续大幅降息。1991—1996年东南亚各国在金融自由化下国际资本大幅流入。在实体回报低迷的情况下，俄罗斯、日本和东南亚各国的过剩流动性涌入资产领域，推升股市房市价格。

（7）三种模式下，政府和央行干预的对象都是汇率，房价的变动则是应对汇率变动的结果。俄罗斯单一的产品结构和薄弱的外储规模决定了俄罗斯央行无法对抗国际资本外逃和能源价格下跌引发的卢布贬值。在连续提高基准利率失效的情况下，俄罗斯放弃干预卢布汇率，大幅贬值。房价则在俄罗斯央行连续5次下调基准利率的情况下维持了震荡上行的走势。日本错误地估计了日元升值的不利影响而连续放松货币信贷，导致了严重的资产价格泡沫。在泡沫不断膨胀的压力下，日本政府采取了严厉的行政措施和紧缩性货币政策主动挤泡沫，导致了房地产价格的暴跌。东南亚各国在巨量的外债和国际投资者的做空压力下，一开始试图守住固定汇率。为了避免大量资本外逃和提高做空成本，各国纷纷提高利率，结果却是在国外流动性流失和国内紧缩性政策的双重挤压下，汇率失守、房价暴跌。

（8）作为大国开放经济体，中国如果面临“保汇率还是保房价”选择，可能会首先考虑国内目标，同时加快供给侧结构性改革推动经济成功转型，这是汇率和房价稳定的基础。中国既不像1997年前后的东南亚那样有大量的对外负债，也不像1985—1991年的日本那样被美国挟持，在面临“保汇率还是保房价”选择时，可能会以国内经济金融稳定为首要目标，不太可能以牺牲国内目标来保汇率。但同时也需要警惕，在改革转型面临阻力时，中国公共政策可能倾向于放松货币信贷刺激房地产来稳定短期经济，这将增加房地产泡沫、汇率贬值压力、产业空心化风险以及经济金融杠杆。面对结构性和体制性问题，中国经济的出路在供给侧结构性改革破冰攻坚，这是化解一切风险的根基。

如何促进房地产健康发展

短期调控，长效机制

综观全球，很少有国家可以保持房价长期稳定，而德国却“独善其身”（见图5.16）。从1977年至今，德国人均收入增长约3倍，但同期名义住房价格仅上涨约60%，房价收入比较低，这提高了民众的幸福度，也成就了“德国制造”。全球各国普遍受诱惑刺激房地产泡沫，而泡沫崩溃又带来沉重代价，如1991年日本房地产泡沫和2008年美国次贷危机，唯独德国没有出现过严重的房地产泡沫和危机。德国房价为何长期稳定？对我们有哪些启示？我们研究发现：

（1）德国长期实行以居住为导向的住房制度设计，并以法律形式做保障。德国政府始终把房地产业看作属于国家社会福利体系的一个重要组成部门，没有过多地强调其“支柱产业”的地位，而是更加重视发展高附加值和技术密集型的汽车、电子、机械制造和化工等产业，成就“德国制造”。德国的《住房建设法》《住房补助金法》《住房租赁法》《私人住房补助金法》分别为社会保障住房供给、中低收入的房租补贴、租赁市场的规范和私有住房提供了法律框架，被称为德国住房政策的“四大支柱”。

（2）德国拥有充足稳定的住房供给和规范发达的租赁市场，住房拥有率低，租房比例高。经过战后重建，1978 年，德国平均每户家庭有 1.21 套住房，长期的住房紧张问题得到缓解。德国政府大力推动廉价住房建设，同时支持建设福利性公共住房建设，并根据家庭人口、收入、房租给予居民房租补贴，确保每个家庭有足够的租房支付能力，86% 的德国人可以享受不同额度的租房补贴。同时，保护承租者的租赁市场，《租房法》规定房租涨幅不能超过合理租金的 20%，否则房东就构成违法行为，房客可以向法庭起诉；如果超过 50%，就构成犯罪。住房拥有率较低，租房比例较高，德国的住房平均拥有率一直在 40% 左右，有 50% 的家庭均通过租房解决住房问题。

（3）德国政府严厉遏制投机性需求和开发商暴利行为，保持合理稳定的住房投资回报率。德国先后出台了多项严厉遏制住房投资投机性需求和开发商获取暴利行为的政策：在住房交易中，若未满 10 年出售，需缴纳 25% 的资本利得税；如果开发商制定的房价超过合理房价的 20%，购房者就可以向法庭起诉；如果超过 50%，就定性为“获取暴利”，开发商将面临高额罚款和最高 3 年徒刑的严厉惩罚。在这些政策支持下，德国住房市场具有较为稳定的投资回报率，长期稳定在 4%~5%。

（4）货币政策首要目标是控通胀，物价长期平稳。德国联邦银行长期实行稳健的货币政策，通货膨胀水平长期维持在较低水平，CPI 基本控制在 2% 以内。德国央行的这一传统也在欧央行中得以传承。

（5）实行长期稳定的房贷政策。德国实行“先存后贷”合同储蓄模式和房贷固定利率机制，为稳定购房者预期和房价水平提供制度保障。德国对住房储蓄业务实行严格的分业管理，购房者不会受到国家宏观调控政策特别是货币政策变动的影响，也不受通货膨胀等利率变动的影响。①德国居民要得到住房储蓄银行的购房贷款，必须在该银行存足相应款项，一般是存款额达到储蓄合同金额的50%，住房储蓄银行才把合同金额付给储户。②存贷利率固定不变。存贷款利率分别是3%和5%,抵押贷款固定利率期限平均为11年半。

（6）德国的城市体系是多核心且均衡发展。据2006年德国官方数据显示，德国有11个城市群，人口占比71.98%，GDP占比73.14%。德国城市可以均衡化发展很大程度来自不同差异化的特殊产业集群，如特林根地区的医学技术研发区、科隆的展览区和法兰克福的金融服务区等。合理的城市布局，使大多数德国居民分散在众多中小城市里。

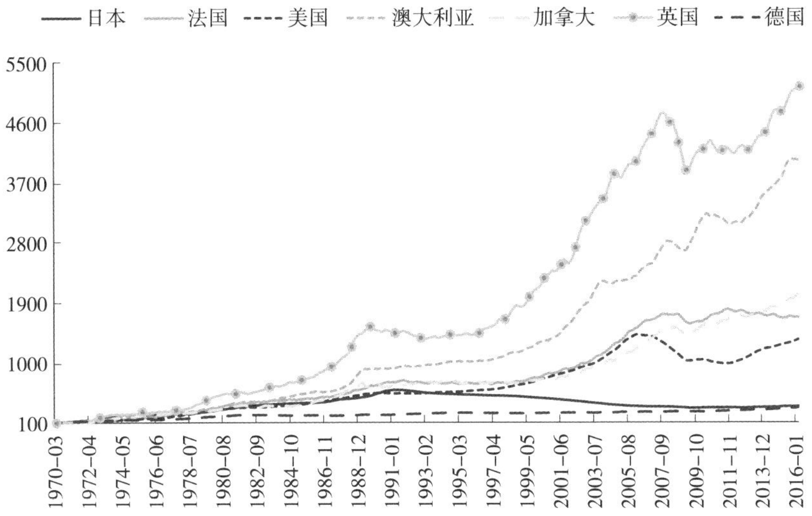

图5.16 主要发达国家的名义住房指数变化对比

注：以1970年为100，季度数据。

资料来源：世界银行，作者整理。

1998年房改释放了中国房地产市场的洪荒之力。过去20年，一方面，房地产业迅猛发展成为支柱产业，对国民经济产生了巨大的带动作用。另一方面，房地产调控在稳增长和控房价之间几经反复，先后动用了货币、信贷、税费和土地等各种政策工具，但房价越调越涨，北上深一线城市房价排在全球前列。在“房子是用来住的，不是用来炒的”新定位下，我们回顾历次房地产调控的背景、措施、效果，并反思经验教训，研究发现：

（1）过去20年可以总结为6个调控阶段和两个调控目标。房地产调控的目标只有两个：避免过热和防止过冷。1998—2001年，为了应对亚洲金融风暴，房改启动住房消费需求，推动住房分配从实物转向货币化、住房信贷和土地招拍挂等改革；2002—2007年，房地产从出现过热苗头，到上涨压力巨大，政府先后出台调整土地供应、调节市场、信贷结构和开征交易税费等措施；2008—2009年，国际金融危机爆发，为保经济增长、避免房地产市场下滑，政策开始转向刺激住房消费，推出信贷支持、增加保障房供应和税收减免政策；2010—2013年，房地产市场强势复苏，平衡“保增长”和“遏制房价上涨”，在土地供应、市场结构、税收和信贷调控基础上，全面出台限购措施；2014—2016年9月，中国经济进入新常态，在稳增长和去库存目标下，出台四轮刺激政策，主要是放松限购限贷，加强信贷支持和税收减免，热点城市房价暴涨；2016年9月—2017年，政策转向“防风险”，政策长短结合，短期依靠限购限贷，长期寻求建立长效机制。

（2）调控的政策工具多样，效果不一。①货币政策直接影响购买力。房地产短期看金融，首付比例和贷款优惠利率直接决定房地产购买意愿和购买力。货币超发或收紧，冲击资产配置需求。②财税政策直接影响市场供应。税收政策直接影响房地产交易量，营业税、个人所得税、契税的优惠减免，对增加房地产供应有直接影响。土地增值税的征收和计算，也直接影响开发商的推盘节奏。③土地政策对不同城市效果不同。在三、四线城市土地大量供给的同时，部分一、二线城市则面临无地可卖的境地。④“限购”等行政措施短期影响直接。短期限购政策对房地产成交量影响显著，但是也导致了“假离婚”等社会问题。且限购一旦取消，房价将迅速上涨，并未解决根本问题。

（3）历次房地产调控的反思：重短期调控，轻建立长效机制，所以调控效果经常反复；重抑制需求，轻增加供给；经常使用行政手段，市场机制不完善；货币超发使房地产越来越金融化，从而脱离居住属性和居民收入基本面；土地收入是地方财政的保障，同时也成了高房价的推手。

房产税是长效机制的重要支柱，但喊了十多年“狼来了”，房产税和不动产联网迟迟未推出。房产税是否有可能在短期推出？时机合适吗？房产税真的能有效抑制房价吗？我们的研究发现：

（1）从国际经验来看，国内房地产税改革具有必要性和紧迫性。房产税通常被成熟市场经济体作为地方财政收入的重要和稳定来源。随着存量房时代下土地出让金减少、交易环节税收减少，作为保有环节税收，房产税改革的紧迫性上升。当前中国房地产税负结构呈“重增量轻存量、重建设交易轻保有”的特征，导致房地产行业税负远高于全国整体水平。房地产税改革是对各环节税负调整，若对居民住房开征房产税，就能够相应减少交易环节税负，同时简并税种、优化税收结构，为房地产税替代土地出让收入创造条件。

（2）预计个人住房房产税短期内难以推出。主要有四个原因：①六大前提条件尚不具备，包括开展全国性的住房普查、建立全国统一的不动产登记系统、统一界定房屋性质等。②短期内难以替代土地财政收入。由于较高的豁免设置、较低的累计税率设置、大量房产难以统计和确权以及真实城镇化率较低等因素，即使开征个人住房房产税，短期内也难以替代土地出让财政收入。③无论是从国外还是从重庆、上海试点来看，房产税都不是稳定房价的有效手段。从国外房产税实践经验来看，虽然房产税能作为地方财政收入的重要来源，但对房地产市场调控的效果均不理想。④无助于降房价，不利于去库存。一线城市和热点二线城市由于供不应求，一致性预期下房产税将出现转嫁，推高房价和房租；在三、四线城市，房产税则将抑制改善性和投资性需求，仅剩城镇人口增加和棚改动迁两个途径去库存。

（3）中国目前房产税改革试点效果有限。目前按1986年《中华人民共和国房产税暂行条例》征收房产税。由于征税对象范围窄、税基偏小，目前房产税收入在地方财政税收收入中占比有限，2007—2015年维持在3%左右。2010年国务院和财政部三次发文，推进个人住房房产税改革。2011年上海和重庆率先试点改革，但并未获得可观的财政税收，也未对房地产市场形成有效调节。此后个人住房房产税试点陷入停滞。

在货币超发、土地财政、人地分离和中小城市化战略等因素作用下，中国房价尤其是一、二线城市的房价呈脱离基本面的泡沫化趋势。房地产泡沫具有十分明显的副作用：房价大涨恶化收入分配，增加了社会投机的气氛并抑制了企业创新的积极性；房地产具有非生产性属性，过多信贷投向房地产将挤出实体经济投资；房价过高增加社会生产生活成本，容易引发产业空心化；房地产泡沫破裂对经济和社会影响深远。

促进房地产持续健康发展，关键是从短期调控到长效机制，从限制需求转向供给侧结构性改革。

（1）适应房地产新发展阶段特征。住房市场具有非常明显的阶段性特征，“增速换挡”期，住宅投资从高速增长步入平稳或下降状态，从数量扩张步入质量提升，从总量扩张步入“总量放缓、区域分化、人口继续向大都市圈迁移”。房地产政策应适应新发展阶段的特征，避免寄希望于刺激房地产重归高增长轨道，否则将形成泡沫，酝酿金融危机，日本在1969—1973年、韩国在1992—1996年都犯过类似的错误。新阶段的房地产政策应注重提高住房质量，改善人居环境和提高住房成套率，更应注重区域差异。

（2）建立居住导向的、完善的住房法律体系。通过法律形式明确以居住为导向的住房制度设计，建立遏制投资投机性需求的长效机制是德国的主要经验，对中国有很大的启示。首先，在《城市房地产管理法》基础上，应抓紧起草《住宅法》《住房租赁法》《住房保障房法》等各项专门法律，构建完整的住房法律体系。借鉴德国经验，法律首先要明确住房的居住属性，“房子是用来住的，不是用来炒的”，强化对市场投机性需求和开发商“囤地”“囤房”等扰乱市场正常秩序行为的法律约束和处置。其次要构建租户和购房者利益维护机制。对房东和开发商短期内过快提高租金和房价的行为，法律要有明确严厉的处罚措施，以法律形式遏制房价漫天涨行为。

最后要建立独立的房地产价格评估机制，对不同地段、不同类型的住房必须定期制定详细的基准价格作为执法依据。

（3）实行长期稳定的住房信贷金融政策。从国际经验来看，首付比例和贷款利率变动对购房者支付能力影响很大。购房需求容易受到房贷政策影响而出现集中爆发现象，短期内易推动房价过快上涨。建议研究和探索居民购房时的首付比例和贷款利率固定或两者反向变动的房贷政策，以稳定购房者预期，避免购房需求短期内提前释放。为减少通胀水平对贷款利率的影响，中长期可考虑成立专门的住房储蓄银行，通过与通胀水平挂钩，使真实贷款利率长期不变。

（4）逐步建立城乡统一的建设用地市场和住房发展机制。建立城乡统一的建设用地市场是十八届三中全会提出的任务。在符合规划和用途管制的前提下，应允许农村集体经营性建设用地以出让、租赁等方式，与国有土地同等入市、同价同权，增加住宅用地供应主体，提高重点城市土地供给弹性。从 2015 年开始，全国人大常委会授权国务院在全国 33 个县市区组织开展农村土地征收、集体经营性建设用地入市和宅基地管理制度改革试点，试点期限延长一年至 2018 年底结束；土地管理法修改已列入十二届全国人大常委会立法规划。推动“多规合一”试点，逐步把农村集体建设用地的建成区，以及一些城中村，纳入城镇化规划，统一建筑标准、基础设施标准和住宅与商业发展规划。

（5）改变“控制大城市人口、积极发展中小城市和小城镇、区域均衡发展”的指导思想，确立城市规划的大都市圈战略导向，推进人地挂钩。人口向大都市圈迁移是城市化第二阶段的基本趋势，大都市圈相比中小城市和小城镇更节约土地、更节约资源、更有规模效应、更有活力，应当大力解决人地分离及供需错配的矛盾，增加大城市建设用地，优化城市工业用地、住宅用地和商业用地结构。完善大都市圈的城市规划、产业布局和轨道交通。

（6）实行跨省的耕地占补平衡和城乡用地增减挂钩。长期以来，耕地占补平衡政策和城乡建设用地增减挂钩政策多局限在县域、地级市，至多省域范围内，这严重限制了土地资源在全国范围内的优化配置，限制了东部地区的建设用地供给，特别是一线和热点二线城市的建设用地供给。当前耕地占补平衡政策已从早期的数量平衡发展到数量—质量—生态平衡，这就意味着只要严格执行该政策，被占用的优良耕地便可以得到补充平衡。并且，只要价格合理，当前日益进步的农业技术大多可以逐渐改良补充耕地质量。同时，探索并推行中西部地区外出农民工大省与东部地区农民工接收大省之间的城乡建设用地增减挂钩政策。2017 年 1 月，《中共中央国务院关于加强耕地保护和改进占补平衡的意见》发布，其中一个亮点是“以县域自行平衡为主、省域内调剂为辅、国家适度统筹为补充，落实补充耕地任务”。

（7）逐步推动土地财政向房产税的转型。推动不动产联网和房产税立法，保障税基广泛、税源透明及税率公平。不动产实名制和房产税不仅是财税改革的重要内容，而且是现代国家治理的制度基石。

研究房地产周期的意义是什么

探索真相，致良知，为民生

“大萧条”号称是宏观经济研究的圣杯，伯南克在研究大萧条时得出结论：“货币紧缩是大萧条的一个重要原因，货币放松是经济恢复的主导因素。”2009 年当美国实施大规模 QE、中国实施“四万亿元刺激计划”时，全球曾宣称“我们找到了避免大萧条的办法”。现在看来过于乐观，全球经济虽然逐步走出低谷，但是房市、股市等资产价格大涨以及收入分配恶化的代价十分沉重。

回顾宏观经济思想史可以发现，宏观经济学是一门伟大的学科，因为它试图拯救世界。1929 年“大萧条”是宏观经济思想的第一次分野，在此之前，世界信奉古典自由主义，市场这只“无形之手”和谐地进行资源配置，政府仅充当“守夜人”。但是“大萧条”打破了这个神话，全球经济陷入长期的深度衰退，更为严重的是世界各国通过关税、竞争性贬值等手段以邻为壑，并从金融危机蔓延到经济危机、社会危机、政治危机，最终扩大成了军事危机，爆发了第二次世界大战。经济学家普遍反思，如果能够避免大萧条或许就能够避免“二战”。因此，研究“大萧条”被称为宏观经济学的圣杯。在这一时代背景下凯恩斯主义崛起，建议政府这只“有形之手”通过积极的财政货币政策进行干预，以弥补有效需求不足。20 世纪 70

年代的“大滞胀”是宏观经济思想的第二次分野，经济学家把滞胀归因于政府干预过多而非成本冲击，凯恩斯主义面临挑战，货币主义、新自由主义、新古典主义、供给学派和奥地利学派等的兴起，使古典主义精神复兴。2008年次贷危机是宏观经济思想的第三次分野，全球对放任自由进行反思，新凯恩斯主义再度兴盛，全球普遍采用量化宽松、低利率和积极财政政策等手段，甚至把货币宽松发挥到QE、零利率甚至负利率的极致，虽然避免了“大萧条”，但房市、股市和债市等资产价格轮番上涨积累了金融风险，恶化了居民收入分配。

为什么放了这么多货币，全球通胀却依然低迷？根据货币数量方程MV=PQ，货币增长影响的无非是经济增长Q、物价P和货币流动速度V。尽管当前广义货币供应和名义GDP增速的裂口不断张大，超发货币却未流入实体经济和推升通胀。超发的货币可能有两个去向：一是维持国企、房地产、地方债务循环和庞氏融资滚动，资金大量沉淀从而导致货币流通速度V下降，金融加杠杆；二是推升资产价格P，股市、房市泡沫先后涌现。

中国2009年“四万亿元刺激”虽然缓解了国际金融危机的冲击，但遗留了一大堆过剩产能，随后经历了漫长的通缩和出清。2014—2015年货币超发遗留一堆股市房市泡沫，2015年去杠杆触发股灾，一、二线热点城市房价暴涨抬升实体经济成本，拉大收入差距。公共政策经过长期实践表明，结构性和体制性问题难以通过总需求管理政策来解决，供给侧结构性改革需要落地攻坚、久久为功。“增速换挡”期应避免寄希望于刺激房地产重回高增长，而是应该按照“房子是用来住的，不是用来炒的”导向，加快房地产长效机制建设。经历过改革转型洗礼后，中国经济的前景将更加光明。

投资时钟与大类资产表现：经典理论与实证检验

任泽平 宋双杰

（原文发表于2017年4月17日）

大类资产配置是证券投资研究的王冠。投资时钟理论研究了经济周期循环不同阶段的不同大类资产的相对表现，进而给出投资建议，是一种从上到下的投资思路，自经典理论提出以来，一直是主流的大类资产配置方法框架。本篇旨在研究经典的投资时钟理论，并检验其在美国、日本及中国的有效性。

美林投资时钟：资产配置领域的经典理论。通过对经济增长和通胀两个指标的分析，将经济周期分为衰退、复苏、过热、滞胀四个阶段，并依次推荐债券、股票、大宗商品或现金。

检验美林投资时钟的有效性：基本可靠。根据美林投资时钟模型，我们把经济周期划分为四个阶段，当产出缺口与通胀双双下行时为衰退阶段，产出缺口上行通胀下行时为复苏阶段，产出缺口与通胀双双上行时为过热阶段，产出缺口下行通胀上行时为滞胀阶段。美国各类资产在各经济周期的平均收益率，与美林投资时钟的预期一致。（1）衰退：债券是衰退阶段的最佳选择。债券的收益率达到了10.57%。处于投资时钟对立位置的大宗商品表现糟糕。（2）复苏：股票是复苏阶段的最佳选择，每年收益率达到了19.43%。大宗商品的投资收益率是负值，但这主要归因于油价下跌。（3）过热：大宗商品是过热阶段的最佳选择，年收益率为16.8%。债券表现糟糕，年收益率只有5.83%。（4）滞胀：现金在该阶段的年均收益率为6.42%。处于投资时钟对立位置的股票表现最糟糕，年收益率为-3.92%。大宗商品的年均收益率高达23.02%，但受20世纪70年代两次石油危机冲击的影响比较大，掩盖了同时期非石油类大宗商品价格的下跌。

美林投资时钟在中国基本适用。（1）我们采用中国的GDP产出缺口和CPI数据来识别增长趋势与通胀趋势来考察2002年1月到2016年12月的经济周期。（2）大类资产收益率与美林投资时钟预期一致。Ⅰ衰退：债券是衰退阶段的最佳选择，债券的收益率为3.76%。Ⅱ复苏：股票是复苏阶段的最佳选择，年平均收益率达到了68.07%。Ⅲ过热：商品在过热阶段表现最好，年平均收益率为15.65%。Ⅳ滞胀：现金在该阶段的年均收益率为2.08%。但表现最好的是债券，年平均收益率为3.59%。（3）依美林投资时钟的资产配置表现优异，2002—2016年，其净值达到了14.44，收益率累积为1344.3%，而债券、股票、商品与现金收益率累计分别为70.98%、151.44%、−13.39%、36.53%。（4）考虑净值的回撤，依美林投资时钟进行资产配置较仅投资股票优势更为明显。仅投资股票的净值两次巨大的回撤分别为70.8%、40%，而依美林投资时钟进行的资产配置的净值回撤最大的两次分别回撤了15.1%、11.8%。

投资时钟的研究进展

最早的投资时钟

最早的投资时钟在 1937 年的《伦敦标准晚报》(*London Evening Standard*)上发表，其展示了各类资产在几十年经济周期循环中的收益轮动，虽然实践中人们很难抓住这种收益轮动所带来的投资机会，但历史数据证实这种轮动收益是真实存在的。相对而言，年轻的投资者通过此获益的可能性较低，但那些敏锐的、监测经济周期循环时各资产状况的投资者能据此获得更高的收益。最早的投资时钟也有缺陷，它看待经济背景的方式过于粗糙，但仍可以在经济周期的不同阶段，为指导投资决策提供有用的框架。

在最早的投资时钟里，大类资产包括现金、固定收益产品(债券)、股票、海外资产、大宗商品和房地产。经济周期在 12 个刻度的时钟上轮动(见图 6.1)，不同时刻对应着不同的经济阶段，其中 12 点代表经济最繁荣的阶段，而 6 点代表经济最萧条的阶段。

12 点：经济繁荣的顶点，房地产市场价格提高。房地产市场受充分就业、经济快速增长、有利的经济条件和积极的市场情绪等因素的影响，随着通胀的上行，经济强劲，需求旺盛，大宗商品成为有吸引力的标的，通胀挂钩债券可用于对抗通胀的上升。

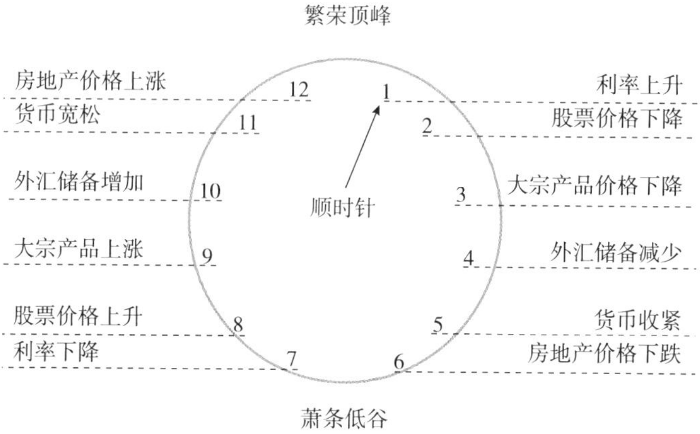

图 6.1　最早的投资时钟分为 12 个时刻

资料来源：《多资产投资：现代投资组合管理实践》(*Multi-asset investing:A practical guide to modern portfolio management*)，作者整理。

1 点：经济减缓，利率上升。经济进入经济周期的减速阶段，通胀升高、对资金的旺盛需求（如购置房地产的高杠杆率）和政府为使过热的经济软着陆而做出的努力，共同推高了利率水平，但如果政策失误、提高利率水平过快，就会导致经济的硬着陆。

2 点：经济进一步放缓，债券备受青睐，股价下跌。在经济活动放缓的情形下，房地产和股票价格的上涨不能持续。利率上升使房地产的资金成本上升,房价承压。因利率水平接近其可能达到的上限，固定收益类投资更具吸引力。企业的赢利能力因高企的利率、大宗商品高价和房地产价格飙升而承压，股票的吸引力下降。因为预期到经济衰退的风险，虽然经济衰退还没有发生，股票价格仍可能发生修正下跌的风险。

3 点：经济放缓的尾声，衰退的开始，大宗商品价格下跌。经济衰退期标志着经济周期下行波动的高峰，当市场意识到经济衰退已经开始并将其定价到股价里，股价的修正变得更加可能。经济活动放缓、利率水平仍高、股价下跌、负面市场情绪和企业赢利能力下降，使经济陷入衰退，大宗商品价格下跌。

4点：商业信心和消费支出水平下降，现金为王，避险资产受宠。房地产和股票的风险收益比差，不具有吸引力。固定收益类投资工具和现金受宠，现金为王。风险偏好下降，对安全高质资产的偏好上升，推高政府债券和黄金价格，美元、日元和瑞士法郎等避险货币升值。

5点：经济低迷，信贷收紧，企业盈利下滑，债券现金表现较佳。糟糕的经济状况，低迷的商业信心，阻碍了企业的并购和IPO活动。信贷收紧，银行不愿意放贷。消费者信心低迷，悲观主义盛行。对商品和服务的需求疲弱使企业的赢利能力下降，利润进一步下滑。当连续两个季度经济萎缩时，经济正式进入衰退阶段。固定收益投资类工具和现金将继续跑赢大市。

6点：经济衰退的谷底，风险资产下跌。恐慌使投资者抛售所有的风险资产（股票、大宗商品、高收益债券）。通胀缓解，对资金的需求降低，利率开始下降。个人和企业专注于通过减少杠杆和债务来修复资产负债表（去杠杆），消费者缩减开支。劳动力市场面临压力和失业率高企。财政和货币政策常常介入以刺激经济。

7点：财政支出增加，利率下降，经济从衰退的底部开始复苏，债券具有吸引力。投资者重新投资股票，因为股票估值具有吸引力而且下降的利率抬升股票的估值中枢，长期投资者进入股市，购入表现较好的股票。公司债券和高收益债券具有吸引力，因为其资产负债表得到修复，去杠杆减少了公司和高收益债券的供应。

8点：经济复苏，股市回暖。在经济衰退期间，企业被迫降低成本、裁员和提高效率。企业的赢利能力和边际利润率同时提升，经济开始逐步增长，经济扩张的预期体现在股价中，股价上涨。此时是买入股票和公司债券等风险资产的好时机。

9点：经济进入扩张期，大宗商品价格上涨。经济进入扩张期，失业率下降。经济活力提高增加需求、通胀上升，大宗商品价格上涨。利率虽在上升但仍不高，房地产融资成本仍低，房地产价格再次上涨。利率上行，通胀上升，对固定收益类投资工具不利。

10点：经济扩张，风险偏好上升。经济的好转使市场非常活跃，疯狂追求收益，开始狂热投机，乐观情绪蔓延，许多人声称“这一次不一样”，认为繁荣可以一直持续，忘记了经济减速近在咫尺，泡沫正是在这一阶段形成。投资者仍然可以从风险资产中获得丰厚的收益，但是拐点日益临近，且很难预测其到来的准确时点。

11点：经济繁荣，拐点将临。政府的基建投资支出创造了大量的就业机会，较低的利率水平刺激企业贷款和投资，带动更多的员工被雇佣以满足增长的需求。聪明的投资者预见到因经济过热、通胀高企、过度雇佣和产能过剩导致的经济拐点即将降临。

在12点即将到来的时候，投资时钟将会开始新一轮的转动。这是投资时钟最早提出的模型，虽然存在对待经济背景状况的方式过于粗糙、大类资产选择过多、可操作性存疑等问题，但提出的大类资产周期轮动思路为以后更为成熟的投资时钟的形成打下了基础。

美林投资时钟

基于对美国从1973年到2004年30年的历史数据研究，将资产轮动及行业策略与经济周期联系起来，“美林投资时钟”是2004年由美林证券提出的资产配置领域的经典理论。

如图6.2所示，美林投资时钟模型将经济周期划分为衰退、复苏、过热和滞胀四个阶段，资产类别划分为债券、股票、大宗商品和现金四类资产，完整展示了在一轮经济周期中，经济从衰退逐步向复苏、过热方向循环时，债市、股市、大宗商品的收益依次领跑大类资产。

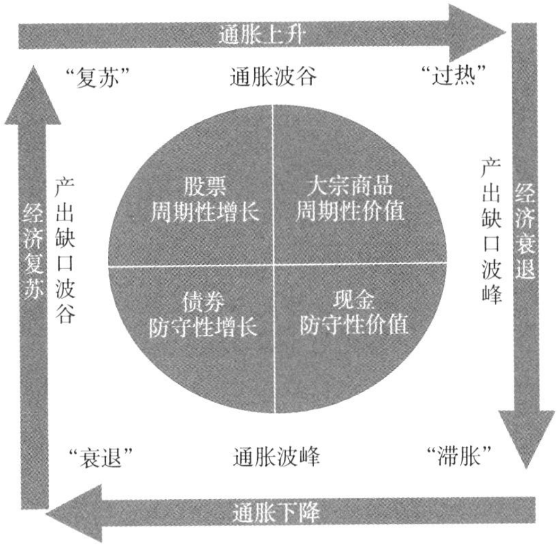

图6.2 美林投资时钟基本框架

资料来源：美林证券，作者整理。

在衰退期：经济下行，产出缺口减少、通胀下行。货币政策趋松，债券的表现最为突出。债券 > 现金 > 股票 > 大宗商品。

在复苏期：经济上行，产出缺口增加，通胀下行。经济转好，企业盈利改善，股票获得超额收益。股票 > 债券 > 现金 > 大宗商品。

在过热期：经济上行，产出缺口增加，通胀上行。通胀上行增加了现金的持有成本，加息的可能性降低了债券的吸引力，商品受益于通胀的上行，明显走牛。大宗商品 > 股票 > 现金 / 债券。

在滞胀期：经济下行，产出缺口减少，通胀上行。经济下行对企业盈利形成拖累，对股票造成负面影响，债券的吸引力提升。现金 > 债券 > 大宗商品 / 股票。

美林投资时钟对最早投资时钟的改进

与最早投资时钟不同，美林投资时钟在经济周期划分和大类资产选择上都有了明确的标准。

最早投资时钟只是笼统地根据经济现象，将经济以繁荣的顶部和衰退的底部来划分。而美林投资时钟则是采取定量的方法，根据OECD组织对产出缺口的估计和CPI做通胀指标来识别经济周期。

在大类资产选择上，美林投资时钟由最早投资时钟的现金、固定收益类产品（债券）、股票、海外资产、大宗商品、房地产六类，精简为债券、股票、大宗商品和现金四类。美林投资时钟通过各大类资产收益率的回溯测算实证检验，较最早投资时钟简单的描述分析增加了可信度。

美林投资时钟与最早投资时钟在逻辑推演和大类资产投向上存在不同。

最早投资时钟认为，在复苏期（6~9点），股票和大宗商品都是较好的选择，先后上涨，并持续到过热期（9~12点）；滞胀期（12~3点）债券是较好的选择；衰退期（3~6点），现金是较好的选择。债券和现金的最佳持有期与美林投资时钟的表述正好相反，而股票和大宗商品的最佳持有期在美林投资时钟里分属于两个不同的时期。

最早投资时钟认为，滞胀期持有债券，是因为在经济减缓、通胀加重、对资金的旺盛需求和政府为使过热的经济软着陆而做出的努力，共同推高了利率水平。在2点钟的位置时，考虑到利率水平接近于其可能到达的上限，债券变得有吸引力，因最早投资时钟对经济周期有了更细的划分，从逻辑上说，此结论并无不妥，问题在于数据实证较难。美林投资时钟认为，滞胀期经济减速但通胀继续上升，企业为保持赢利而提高产品价格，造成工资—价格的螺旋式上涨，只有等通胀过了顶峰，中央银行才能放松货币，这就限制了债券市场的回暖步伐，此时，企业赢利恶化，股票表现非常糟糕，现金是最佳选择。

最早投资时钟认为，衰退期持有现金，是因为糟糕的经济状况、低迷的商业活动、下滑的消费支出水平、风险偏好下降，居民向安全高质资产转移，推高政府债券和黄金价格，债券和现金再次流行，现金为王。美林投资时钟认为，在衰退期，经济增长停滞，超额的生产能力和下跌的大宗商品价格，使通胀率更低，央行降低利率以刺激经济，使收益率曲线下行，此时债券是最佳选择。

美林投资时钟如何运行

在经济周期波动中识别拐点

从长期来看，经济增长与劳动、资本、技术、全要素生产率等生产要素相关；从短期来看，经济不会完全遵循长期经济增长路径，而会围绕长期经济增长路径波动。当短期经济疲弱，产出缺口减少时，经济面临通缩压力；当短期经济强劲，产出缺口增加时，经济面临通胀压力。

投资时钟的分析框架有助于投资者识别经济周期波动中的重要拐点，在周期变换中把握趋势获利。金融市场常常将长期增长率的短期偏离当作长期趋势的改变，这使经济短期偏离达到极限，政府的宏观调控政策开始发挥作用时，资产易被市场错误定价。如果投资者可以正确识别经济周期波动的拐点，就能通过优化资产配置来获利（见图 6.3）。

1999 年的美国股票市场就是个很好的例子。当时投资者认为美国经济持续增长，而科技股公司在美国这轮新经济崛起中受益最多，如 1997 年微软公司产值就达到 90 亿美元，超过了美国三大汽车公司产值总和。很多投资者基于这种经济走势判断，在 1999 年底买入了昂贵的科技股。但美联储为了对抗上升的通胀，采取的紧缩加息货币政策开始起作用，随着周期在2000年初到顶，科技股泡沫破灭，纳斯达克指数跌了一半以上。

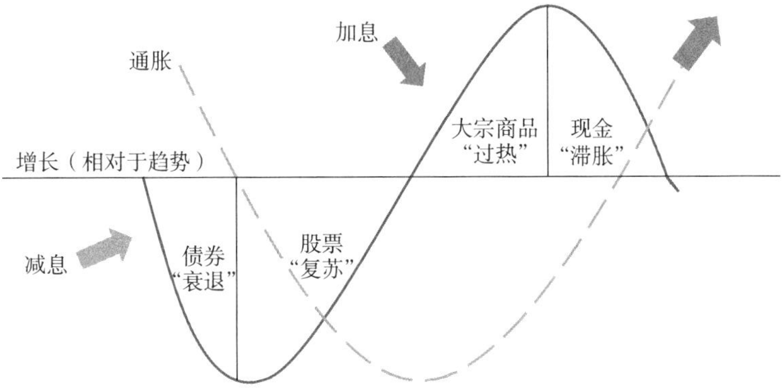

图6.3　理论经济周期——产出缺口和通胀

资料来源：美林证券，作者整理。

增长和通胀周期驱动投资时钟

经济增长和通胀的不同方向组合，驱动居民消费行为、企业赢利能力、企业资本支出、货币政策和市场情绪的变化，最终使各类资产的收益率在不同时期的表现不同，驱动投资时钟轮转。

美林投资时钟生动地刻画了经济的繁荣与萧条周期。从美林投资时钟的左下方开始，顺时针转动，经济依次沿“衰退—复苏—过热—滞胀”循环轮转。但当经济受到外部冲击时，如美国“9·11”恐怖袭击，完整的顺时钟轮转失效，产生跳跃或者回摆现象。

投资时钟可以帮助我们制定行业战略，通过观察经济增长和通胀水平，分析判断周期性、成长性、利率敏感性等行业的获利机会，以便指导投资。

经济增长变动影响投资周期性和防守性资产的收益。周期性行业，如科技、有色金属、钢铁和石油化工等行业，在经济增长加快时表现超过其他行业，其对应的股票和大宗商品表现超过其他大类资产。而债券、现金和防守性行业，如食品业和公用事业，因为其需求相对稳定，受经济波动影响小。当经济增长放缓时，债券、现金和防守性行业的投资组合表现好于大市。

通胀水平变动影响投资成长型或价值型的股票收益。当通胀水平下降，贴现率降低时，久期长的成长型股票表现好于大市。当通胀水平上升时，大宗商品和现金等资产表现好，相比于成长型股票，价值型、久期短的股票表现好于大市。

从衰退期中开始出现复苏迹象，随着经济增长的回升，到达复苏阶段，利率敏感型股票最早有反应。如银行类和消费类股票属于利率敏感型，在经济回暖、央行放松银根时，它们的表现较好。

在不同阶段与资产表现相关联的行业股票值得关注。在衰退或复苏阶段，保险类和证券类股票往往对债券或股权价格敏感，表现良好；在过热阶段，矿业和有色金属类股票对金属价格敏感，表现良好；在滞胀阶段，石油类股票对石油价格敏感，表现好于大市。

美林投资时钟下的投资策略

美林投资时钟将经济周期的四个阶段与资产回报率相关联，使投资决策主要取决于经济增长和通胀所处的阶段，而且历史回溯的收益率结果与美林投资时钟的理论预测一致，有很强的实用性（见表 6.1）。

美林证券2004年的报告使用美国1973年3月到2004年7月的数据来实证检验理论的效果，确实发现在一轮完整的经济周期中，经济从衰退走向复苏、过热时，债市、股市、大宗商品的收益轮流领跑大类资产。本文将参考美林投资时钟的方法，把时间扩展到2016年12月，把范围扩展到日本，对美林投资时钟理论进行更为深入的探讨。

表6.1　美林投资时钟的四个阶段

阶段	增长率	通胀率	最佳资产类别	最佳行业	收益率曲线斜率
Ⅰ衰退	↓	↓	债券	防守性成长	牛市陡
Ⅱ复苏	↑	↓	股票	周期性成长	—
Ⅲ过热	↑	↑	大宗商品	周期性价值	熊市平
Ⅳ滞胀	↓	↑	现金	防守性价值	—

资料来源：美林证券，作者整理。

美林投资时钟在美国基本可靠

美国美林投资时钟划期

识别“经济增长趋势”和“通货膨胀趋势”是划分经济周期的关键。下面运用美国从 1971 年 1 月到 2016 年 12 月的产出缺口和通胀数据来识别经济周期。

产出缺口是测量经济偏离可持续增长路径百分比的指标，这里作为经济增速的衡量指标，美国经济在 20 世纪七八十年代以及 2009 年前后经历了较大的波动，其他时候大多是较小幅度的震荡。由于数据是不断震荡的，因此对每一次上升或下降都做区分没有意义，除了较大幅度的波动，其他时候我们只对 6 个月以上较长时段的趋势做上升或者下降的判断（见图 6.4）。

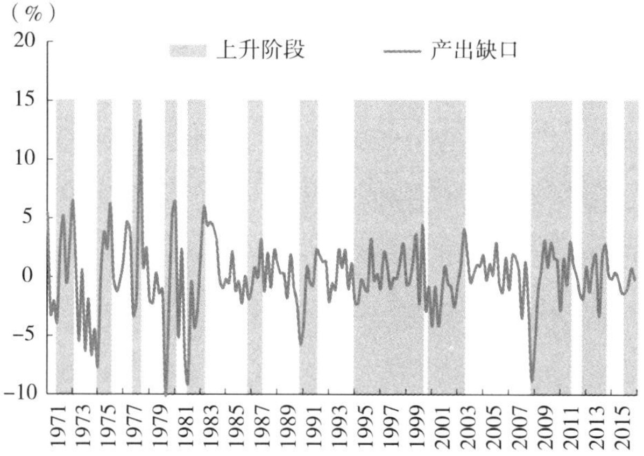

图 6.4　1971—2016 年美国产出缺口

资料来源：OECD，作者整理。

我们关注以同比 CPI 衡量的通胀数据，因为这是美联储和其他中央银行盯住的目标和划分通胀等级的依据，投资时钟要依此来预测央行的政策变动。如图 6.5，美国的通货膨胀在 20 世纪七八十年代处于一个较高的位置，此后整体呈下降趋势，大致经历了 8 个较为明显的周期。

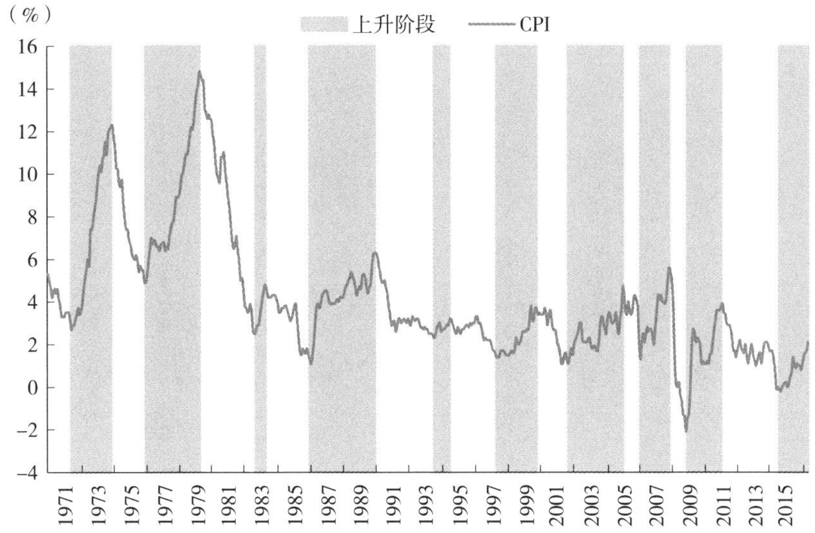

图 6.5　1971—2016 年美国 CPI

资料来源：Wind，作者整理。

划分经济增长与通胀的周期之后，根据美林投资模型，我们可以将经济周期划分为四个阶段。当产出缺口与通胀双双下行时为衰退阶段；产出缺口上行，通胀下行时为复苏阶段；产出缺口与通胀双双上行时为过热阶段；产出缺口下行，通胀上行时为滞胀阶段。

我们发现经济周期并非像美林投资时钟展现的那样，在任何时候都呈现“衰退—复苏—过热—滞胀”依次循环轮转的现象，在

2004 年之前会相对接近一些。外部冲击可能是现实与理论产生偏差的原因，例如，20 世纪 80 年代中期石油输出国协议瓦解，90 年代中期的亚洲金融危机，都会对美国的经济和通胀产生影响。2008 年的金融危机之后，现实越来越背离美林投资时钟所展示的周期依次循环轮转，过热与衰退成了美国经济的主旋律。

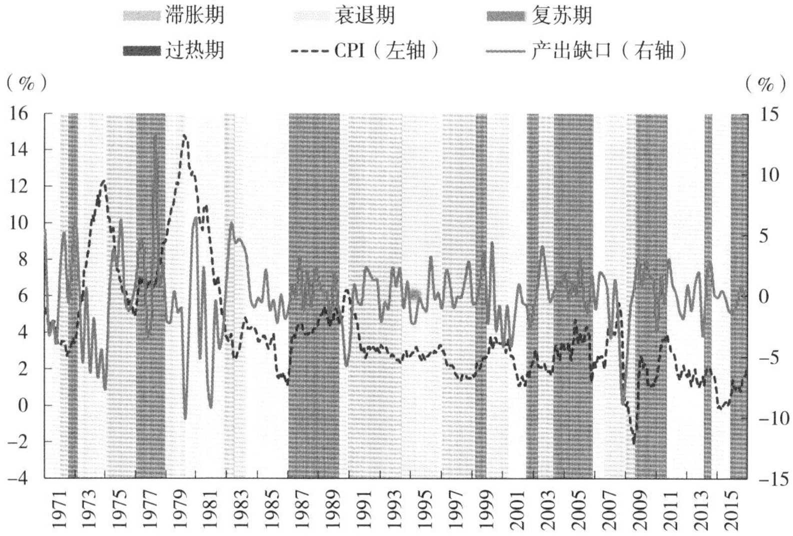

图 6.6　1971 年至今美国经济周期的四个阶段

资料来源：Wind，OECD，作者整理。

从整体上看，美国 1973 年 3 月至 2016 年 12 月的经济周期分布相对较均匀，时间也比较均匀，共 526 个月较均匀地分布在 4 个阶段（见图 6.6）。每一个阶段平均持续约 20 个月，一个完整的经济周期大约为 6 年（见表 6.2）。

表 6.2　美国经济周期频率及持续时间

阶段	总计（月数）	总计（年数）	频率（%）	平均持续时间（月数）
Ⅰ衰退	132	11.0	25.10	18.80
Ⅱ复苏	118	9.8	22.43	19.60
Ⅲ过热	157	13.1	29.85	19.60
Ⅳ滞胀	119	9.9	22.62	17.00
	526	43.8	100.00	18.75

资料来源：作者整理。

1971—2016年美林投资时钟下美国大类资产表现：符合经典理论

美国各类资产在各经济周期的平均收益率，与美林投资时钟的预期一致。我们把每类投资时钟阶段的月份数据集聚在一起，计算以美元计价的几个主要资产类别各自的年平均收益率，收益率采用了几何平均（见表 6.3）。

Ⅰ衰退：债券是衰退阶段的最佳选择。债券的收益率达到了 10.57%。处于投资时钟对立位置的大宗商品表现糟糕。

Ⅱ复苏：股票是复苏阶段的最佳选择，每年收益率达到了 19.43%。大宗商品的投资收益率是负值，但这主要归因于油价下跌。

Ⅲ过热：大宗商品是过热阶段的最佳选择，年收益率为 16.8%。债券表现糟糕，年收益率只有 5.83%。

Ⅳ滞胀：现金在该阶段的年均收益率为 6.42%。处于投资时钟对立位置的股票表现最糟糕，年收益率为 –3.92%。大宗商品的年均收益率高达 23.02%，但受 20 世纪 70 年代两次石油危机冲击的影响比较大，掩盖了同时期非石油类大宗商品价格的下跌。

表 6.3　1971—2016 年美国经济周期和四大类资产的收益率（%）

阶段	债券	股票	商品	现金
Ⅰ衰退	10.57	10.44	7.44	5.34
Ⅱ复苏	11.90	19.43	-3.14	4.18
Ⅲ过热	5.83	6.53	16.80	3.68
Ⅳ滞胀	3.25	-3.95	23.02	6.42
	7.80	8.04	7.65	4.83

资料来源：Wind，Bloomberg，Fed of St.L，作者整理。

如表 6.4，观测各大类资产在各个阶段的表现也会得到与美林投资时钟的预计基本一致的结论，尤其是在 2008 年的金融危机之前。在 7 段衰退期中，有 3 个阶段债券收益率最佳，一个例外是 1974 年 12 月至 1975 年 1 月，只有 2 个月，债券的收益率虽然高达 35.1%，但比股票 61.6% 的年收益率要低。另外 3 个例外的阶段主要是在 2008 年金融危机当中或者之后。在 6 段复苏期中，有 5 个阶段股票收益率最佳，例外的 1 个阶段是在 2008 年金融危机之后。在 8 段过热期中，有 4 个阶段商品取得最好的收益率，例外的 4 个阶段都是在 2004 年之后。在 7 段滞胀期中，只有 2007—2008 年这一阶段现金取得最好收益，其余时候均是商品表现突出。

表 6.4　美国资产收益率（1973.03—2016.12）

衰退	月数（个）	债券（%）	股票（%）	商品（%）	现金（%）
1974.12—1975.01	2	35.10	61.60	-143.43	6.71
1980.05—1982.10	30	12.90	10.52	0.58	12.12
1984.04—1986.12	33	19.61	16.42	3.14	7.52
2001.06—2002.06	13	6.84	-20.61	-12.77	2.23

续表

衰退	月数（个）	债券（%）	股票（%）	商品（%）	现金（%）
2006.11—2007.08	10	3.16	8.42	7.68	4.80
2011.09—2014.01	29	4.99	16.59	−1.51	0.06
2014.08—2015.10	15	1.71	6.71	−45.58	0.03
平均		10.57	10.44	7.44	5.34
复苏	月数（个）	债券（%）	股票（%）	商品（%）	现金（%）
1975.02—1976.12	23	16.96	18.46	−5.70	5.34
1982.11—1983.06	8	15.80	34.70	17.90	8.19
1990.12—1994.05	42	10.02	10.53	−1.88	3.95
1997.01—1999.02	26	7.82	25.59	−27.59	4.88
2003.04—2004.03	12	8.99	29.14	25.20	0.95
2009.01—2009.07	7	22.23	19.06	15.82	0.19
平均		11.90	19.43	−3.14	4.18
过热	月数（个）	债券（%）	股票（%）	商品（%）	现金（%）
1977.01—1978.11	23	3.04	−5.70	21.44	6.10
1987.01—1990.04	40	6.92	11.29	24.12	6.94
1999.03—1999.11	9	0.08	16.13	49.09	4.63
2002.07—2003.03	9	13.81	−18.27	28.65	1.38
2004.04—2006.10	31	3.09	8.09	8.50	3.17
2009.08—2011.08	25	9.73	11.26	10.21	0.11
2014.02—2014.07	6	7.83	16.25	4.07	0.04
2015.11—2016.12	14	4.14	6.78	−4.55	0.30
平均		5.83	6.53	16.80	3.68
滞胀	月数（个）	债券（%）	股票（%）	商品（%）	现金（%）
1973.03—1974.11	21	−4.77	−24.38	58.11	7.63
1978.12—1980.04	17	−1.82	9.35	17.36	10.77
1983.07—1984.03	9	2.74	−6.66	17.20	9.04
1990.05—1990.11	7	12.50	−2.47	56.37	7.45
1994.06—1996.12	31	9.39	19.30	18.02	5.14

续表

滞胀	月数（个）	债券（%）	股票（%）	商品（%）	现金（%）
1999.12—2001.05	18	8.91	-5.02	26.39	5.39
2007.09—2008.12	16	-2.83	-34.24	-22.41	1.90
平均		3.25	-3.95	23.02	6.42
全时段	月数（个）	债券（%）	股票（%）	商品（%）	现金（%）
1973.03—2016.12	526	7.80	8.04	7.65	4.83

资料来源：Wind，Bloomberg，Fed of St.L，作者整理。

2004 年，特别是 2008 年金融危机之后，股市表现强劲，债券次之，资产市场呈现债股双牛的格局。债券的收益率是 7.07%，股票的收益率甚至达到 12.62%，商品与现金表现较差。

Ⅰ衰退：该阶段股票的收益率最高，平均达到了 12.53%，债券收益率只有 3.74%。处于投资时钟对立位置的商品表现糟糕，年收益率为 -12.05%。

Ⅱ复苏：该阶段只有 2007 年 1—7 月，股票的收益率达 19.06%，略低于债券的 22.23%。时钟对立位置的现金表现最差，年收益率只有 0.19%。

Ⅲ过热：商品本该是过热阶段的最佳选择，但收益率只有 6.41%，低于股票的 9.54%。

Ⅳ滞胀：滞胀阶段只有 2007 年 9 月到 2008 年 12 月，现金年均收益率为 1.9%。其他资产的平均收益率全部为负，时钟对立位置的股票表现最差，年收益率为 -34.24%。

2008年金融危机前后美林投资时钟理论在美国表现差异巨大

在 2008 年的经济危机之前，无论是经济周期的划分，还是各类资产在各阶段的表现，美国的情况都与美林投资时钟符合。

2008 年金融危机之后，美国的情况与美林投资时钟的预示产生了偏差。经济和通胀的趋势基本一致，经济上行则通胀上行，经济下行则通胀下行，过热与衰退成为美国经济的主旋律，股票与债券则成为 2009 年以来表现最好的资产，而不是大宗商品和债券。

原因在于，美林投资时钟认为在经济过热期央行宜实行紧缩的货币政策，然而 2008 年金融危机之后很长一段时间内，即便是在过热期美联储仍采用了宽松的货币政策，充裕的流动性推动股票市场继续上涨，同时低利率有利于债市。宽松的货币政策是美国自 2008 年金融危机后无论经济处于周期的哪个阶段股债均表现优异的主要原因。

此外，为了保持结果的纵向可比性，此处使用的周期划分方法与美林投资时钟所用的基本一致，对于经济周期的划分和主流的理解存在一定的差异，有待进一步探讨。自 2008 年金融危机后，美国经济的主逻辑是从衰退走向复苏，直至现在的过热。考虑美国 CPI 的情况，结合美联储的通胀目标迟迟未达到，通胀压力小，很难将金融危机后的经济称为过热，而更应该称为复苏，那么金融危机后美国经济周期的主旋律将是衰退和复苏，这将与实际大类资产的表现相匹配（见图 6.7）。

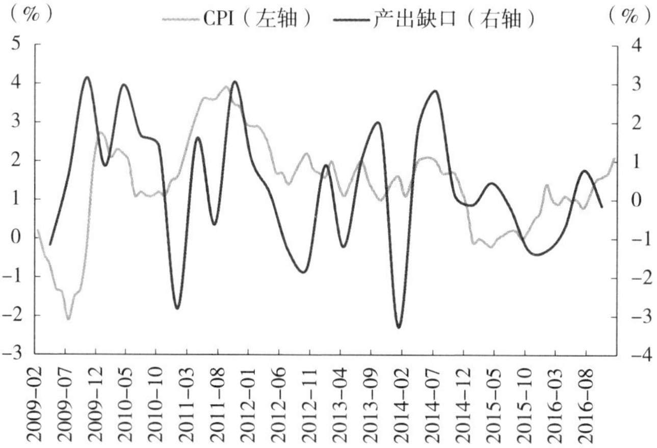

图 6.7　2008 年金融危机之后美国的产出缺口与 CPI

资料来源：Wind，作者整理。

美林投资时钟在日本作用有限

日本美林投资时钟划期

同样采用产出缺口和通胀数据来识别1973年3月至2016年12月日本的经济增长趋势与通胀趋势。

自1970年以来，日本经济增长经历了4次较为明显的起伏，分别在20世纪70年代中期、20世纪80年代初、20世纪80年代末90年代初和2009年前后，另外还存在多个不太明显的小周期（见图6.8）。

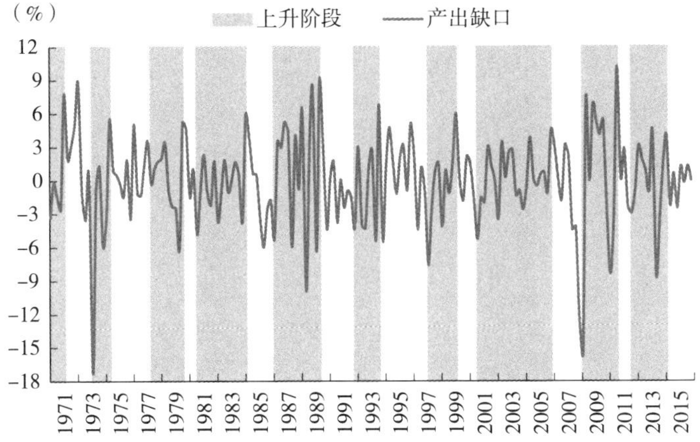

图6.8　1971—2016年日本产出缺口

资料来源：OECD，作者整理。

用同比 CPI 来衡量通胀发现，日本的通胀在 20 世纪 70 年代中期达到巅峰，一度接近 25%，之后整体呈下降趋势，有 5 次较明显的波动，但幅度都比较小。进入 21 世纪之后，日本的通胀率水平经常处于 0 以下的位置（见图 6.9）。

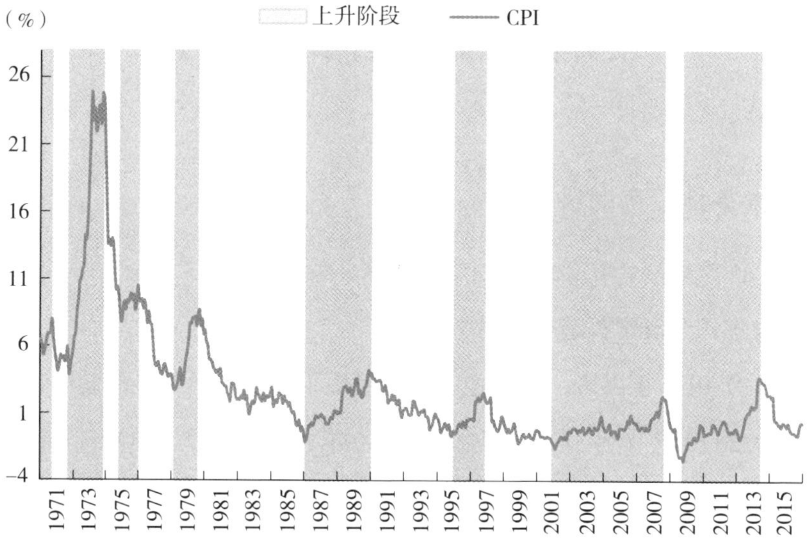

图 6.9　1971—2016 年日本 CPI

资料来源：Wind，作者整理。

按照美林投资时钟划分经济周期的四阶段，发现日本的经济周期与美林投资时钟所展示的“衰退—复苏—过热—滞胀”四个阶段轮转相去甚远，四个阶段随机分布，没有规律可循（见图 6.10）。由于通胀自 20 世纪 80 年代以来整体呈下降趋势，维持在一个很低的水平，所以日本经济的一个特点是过热与滞胀阶段出现得比较少，即便有滞胀或者过热，CPI 也只是小幅上升，这使经济周期难以形成“衰退—复苏—过热—滞胀”轮动的模式。

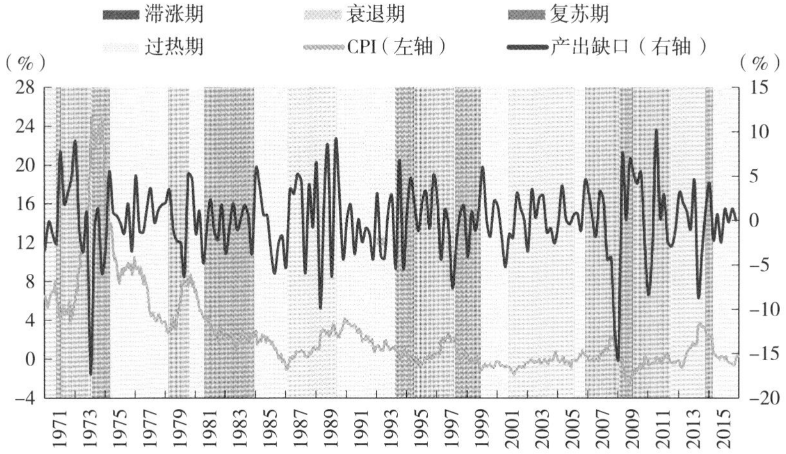

图 6.10　1971 年至今日本经济周期的四个阶段

资料来源：Wind，OECD，作者整理。

考察 1973 年 3 月至 2016 年 12 月的经济周期发现，在 526 个月中，虽然各阶段总的时间较均匀，其中衰退期最长为 173 个月，占比 32.89%，复苏期最短为 108 个月，占比 20.53%，但持续时间差别很大，具体某个时段的分布很不均匀（见表 6.5）。

表 6.5　1973—2016 年日本经济周期频率及持续时间

阶段	总计（月数）	总计（年数）	频率（%）	平均持续时间（月数）
衰退	173	14.4	32.89	28.8
复苏	108	9.0	20.53	18.0
过热	128	10.7	24.33	42.6
滞胀	117	9.8	22.24	23.4
	526	43.8	100.00	26.3

资料来源：作者整理。

运用美林投资时钟下的日本资产收益率

如表 6.6，日本在各经济周期的最佳资产与美林投资时钟的预计存在明显差异，仅在复苏期与美林投资时钟的理论预期相符。

Ⅰ衰退：债券预计是最佳选择，但债券的年平均收益率只有 5.14%。处于投资时钟对立位置的大宗商品表现反而最好，达到了 6.34%。这与商品市场是国际性市场，受外部环境影响较大有关。

Ⅱ复苏：股票在复苏阶段表现最好，年平均收益率达到 16.59%，符合美林投资时钟的预期。

Ⅲ过热：大宗商品表现较好，年平均收益率为 12.72%，但股票收益率更高，为 16.59%，与美林投资时钟的预期不符。

Ⅳ滞胀：商品在滞胀阶段表现最好，达到了 10.08%。现金表现一般，年平均收益率只有 1.96%，处于美林投资时钟对立位置的股票表现最差，年平均收益率为 –7.87%。

表 6.6　日本四大类资产的收益率（%）

阶段	债券	股票	商品	现金
Ⅰ衰退	5.14	1.02	6.34	3.73
Ⅱ复苏	5.11	10.56	1.10	3.61
Ⅲ过热	2.34	16.59	12.72	1.02
Ⅳ滞胀	3.22	–7.87	10.08	1.96
	4.02	4.79	7.65	2.65

资料来源：Wind，Bloomberg，Bank of Japan，作者整理。

如表 6.7，观测日本各大类资产在各个阶段的表现也会发现与美林投资时钟的预计存在较大差异。在 6 段衰退期中，债券均没有取得最好的收益率。在6段复苏期中，有4个阶段股票取得最好的收益率，例外的2个阶段都是债券表现最佳。在3段过热期中，有2个阶段商品取得最好的收益率，但在2012—2014年，股票的收益率最高。在5段滞胀期，现金都不是收益最好的。

表6.7 日本资产收益率（1973.03—2016.12）

衰退	月数（个）	债券（%）	股票（%）	商品（%）	现金（%）
1975.05—1979.03	47	7.43	9.60	11.97	5.36
1980.09—1981.07	11	8.83	11.15	−13.27	6.98
1984.12—1987.01	26	5.90	28.62	7.94	4.29
1990.05—1994.03	47	5.50	-8.88	5.67	4.05
1999.12—2001.08	21	1.60	−34.99	19.17	0.41
2015.04—2016.12	21	0.13	0.55	−9.29	0.30
平均		5.14	1.02	6.34	3.73
复苏	月数（个）	债券（%）	股票（%）	商品（%）	现金（%）
1974.02—1975.4	15	8.20	0.15	4.97	8.97
1981.08—1984.11	40	7.88	12.58	5.26	5.40
1994.04—1995.06	15	4.19	−11.14	1.03	1.60
1998.03—1999.11	21	1.60	9.73	−0.56	0.50
2009.02—2009.12	11	1.36	34.96	26.44	0.30
2014.10—2015.03	6	0.40	35.53	−76.74	0.30
平均		5.11	10.56	1.10	3.61
过热	月数（个）	债券（%）	股票（%）	商品（%）	现金（%）
1987.02—1990.04	39	5.01	16.05	22.97	2.94
2001.09—2006.10	62	1.37	11.21	11.78	0.12
2012.07—2014.09	27	0.69	29.75	0.08	0.30
平均		2.34	16.59	12.72	1.02

续表

滞胀	月数（个）	债券（%）	股票（%）	商品（%）	现金（%）
1973.03—1974.01	11	7.14	-14.9	70.90	6.57
1979.04—1980.08	17	8.01	9.38	22.97	6.65
1995.07—1998.02	32	2.69	1.36	10.27	0.53
2006.11—2009.01	27	1.59	-30.61	-14.41	0.66
2010.01—2012.06	30	1.11	-4.43	2.29	0.30
平均		3.22	-7.87	10.08	1.96
全时段	月数（个）	债券（%）	股票（%）	商品（%）	现金（%）
1973.03—2016.12	526	4.02	4.79	7.65	2.65

资料来源：Wind，Bloomberg，Bank of Japan，作者整理。

美林投资时钟理论在日本表现不佳

无论是2008年金融危机之前还是以后，日本的经济周期完全出乎美林投资时钟的预料，没有固定的规律可循。这与日本通货膨胀的特征有很大的关系，自20世纪80年代以来CPI呈整体下降趋势，长期处于很低甚至为负的水平。

日本各大类资产在各个阶段的实际表现与美林投资时钟的预计存在较大差异。原因在于：

第一，大宗商品受国际市场的影响。不同的商品受不同经济体的影响程度不一，并非日本一国的经济状况所能决定。

第二，日本长期处于通缩状态。为了解决日本的长期通缩问题，日本央行多次采取激进的货币宽松政策。例如，1999年，率先将基准利率降至接近零的水平；2001年，日本给金融系统注入大量资金以刺激经济；2013年又开始新一轮的“量化宽松”，再次向金融系统注入大量现金；2016 年，日本央行将基准利率调至为负。但是日本央行激进的货币政策并没有取得预想的效果，央行实施超低利率甚至强化了日本的企业以及消费者的通缩预期，消费者更愿意选择保守的储蓄，这使货币政策对股市与债市的影响减弱。此外，即便 CPI 处于上升阶段，美林投资时钟理论还是认为央行应该实施货币紧缩政策，而日本央行仍然在不遗余力地推行货币宽松政策与之相悖，从而使经济周期波动和资产收益率情况与美林投资时钟理论的预期不符不足为奇。

美林投资时钟在中国基本适用

现有研究对中国通胀测算的异议较少，基本都采用CPI，而对于中国经济增长的测算则各不相同，有GDP、GDP产出缺口、工业增加值、工业增加值产出缺口等，此处为了和美林证券的美林投资时钟保持一致，使用的是GDP产出缺口。此外，我们还发现，当用长周期的累计净值表现作为判断标准时，GDP产出缺口似乎是最好的选择。

中国经济周期的运行："过热"与"衰退"是主旋律

识别经济增长趋势与通胀趋势是划分美林投资时钟经济周期的关键，我们采用中国的GDP产出缺口和CPI数据来识别增长趋势与通胀趋势，并考察2002年1月到2016年12月的经济周期。为了更清晰地识别这些阶段，我们从2001年3月起开始分析研究。

如图6.11，整体来看，中国经济上升的时间远长于下降的时间，大致可以区分为四个较明显的阶段。（1）2001—2007年处于震荡上升的阶段。（2）2008年前后受金融危机的影响，经济严重下滑，产出缺口于2009年初跌至整个时期的最低点，为–4.42%，随后触底反弹，在2010年初达到2008年金融危机之后至今的最高峰2.01%。

（3）2010—2012 年，经济整体呈下滑趋势。（4）2012 年底至今，产出缺口长期处于低于 0 的水平，2015 年之后产出缺口在接近 0 的位置几乎处于平滑状态，上升与下降的趋势都不明显。通过观察产出缺口原始数据以及 PMI 指数，可以判断出 2015 年 1 月至 2015 年 11 月产出缺口处于下降的趋势，2015 年 12 月之后产出缺口大于 0，并持续上升至 2016 年 12 月。

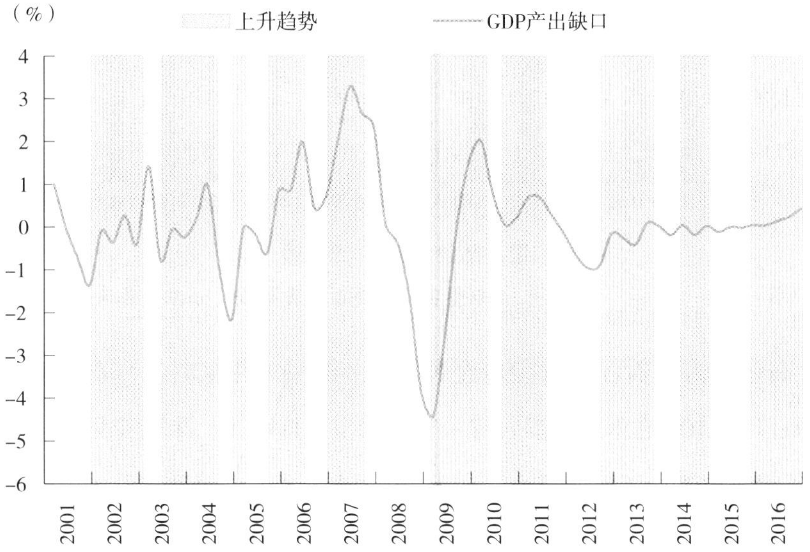

图 6.11　2001—2016 年中国产出缺口

资料来源：Wind，作者整理。

2002 年以来，中国通胀经历了三个较为明显的周期（见图 6.12）。（1）2002 年至 2004 年 8 月 CPI 显著上升，随后至 2006 年 3 月震荡下跌，为第一个周期。（2）2008 年 2 月上升至 CPI 的最高点 8.7%，随后又于 2009 年 6 月剧跌至最低点 -1.7%，为第二个周期。（3）2009 年至今，同样经历了一个先上升再下降的过程，不过在 2011 年至今的下降过程中有过两次小幅上升的阶段，为第三个周期。从整体上来看，CPI 上升的时间略长于下降的时间，并且 CPI 大部分时间处于 1%~4% 这个较为正常的区间，既没有恶性的通货膨胀，也没有严重的通货紧缩。

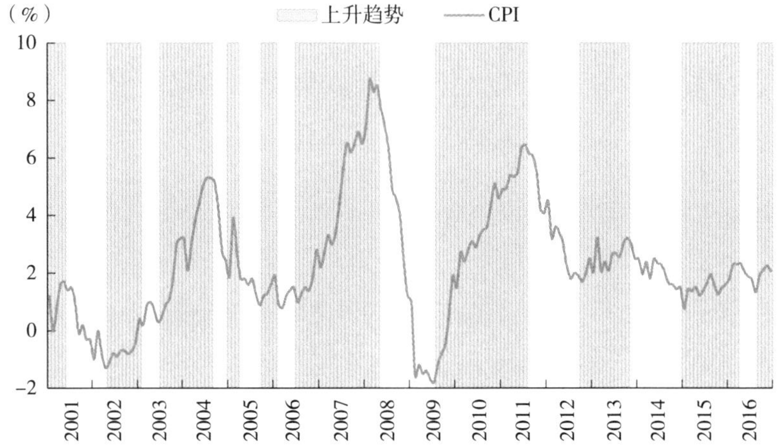

图 6.12　2001—2016 年中国 CPI

资料来源：Wind，作者整理。

划分经济增长与通胀的周期之后，根据美林投资时钟模型，我们可以划分经济周期的四个阶段，“经典”的经济周期是从时钟的左下角（衰退期）开始，按照顺时针方向轮动，经历衰退—复苏—过热—滞胀四个阶段。但是，时钟在某些时间段内也会逆时针转动或者直接进入下一个阶段。从我们的划分结果来看，2008 年 5 月至 2010 年 8 月如美林投资时钟显示依次经历了这四个阶段，是一个经典的周期（见图 6.13）。除此之外，经济周期的四个阶段并没有遵循顺时针转动的规则，而更多呈现出“衰退”和“过热”交替出现的态势，“过热”与“衰退”是 2002 年至今经济的主流，滞胀期和复苏期都较短。

如表 6.8，我们考察 2002 年 1 月至 2016 年 12 月的经济周期。在 180 个月中，共经历了 7 个衰退阶段、5 个复苏阶段、10 个过热阶段和 4 个滞胀阶段。各阶段的分布极不均匀：过热期最长，有 80 个月，占比接近一半；时间最短的是滞胀期，只有 25 个月，占比 13.89%。持续时间也存在较大差异，过热期平均有 8 个月，复苏期只有 5.2 个月。

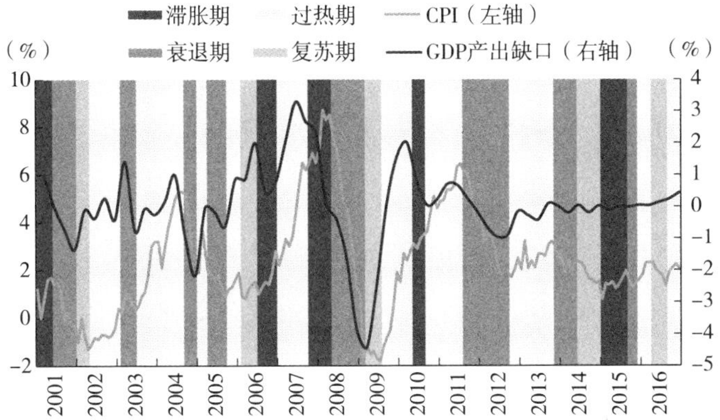

图 6.13　2001 年至今中国经济周期的四个阶段

资料来源：Wind，作者整理。

表 6.8　中国经济周期频率及持续时间（2002.01—2016.12）

阶段	总计（月数）	总计（年数）	频率（%）	平均持续时间（月数）
衰退	49	4.08	27.22	7.00
复苏	26	2.17	14.44	5.20
过热	80	6.67	44.44	8.00
滞胀	25	2.08	13.89	6.25
	180	15.00	100.00	6.92

资料来源：Wind，作者整理。

大类资产收益率与美林投资时钟预期一致

在中国，除了滞胀期，其他阶段表现最优的大类资产与美林投资时钟的预计是相符的。如表6.9，在整个时间段，股票的年平均收益率是最高的，达到6.16%，远高于债券的3.58%，现金的年平均收益率2.08%，商品年平均收益率甚至为负，为–1.03%。

Ⅰ衰退：债券是衰退阶段的最佳选择，债券的收益率为3.76%。处于投资时钟对立位置的大宗商品表现很差，年平均收益率为–23.04%。而表现最糟糕的是股票，收益率为–23.96%。

Ⅱ复苏：股票是复苏阶段的最佳选择，年平均收益率达到了68.07%。

Ⅲ过热：商品在过热阶段表现最好，年平均收益率为15.65%。

Ⅳ滞胀：现金在滞胀阶段的年均收益率为2.08%。但表现最好的是债券，年平均收益率为3.59%。

表6.9　2001—2016年中国经济周期和四大类资产的收益率（%）

阶段	债券	股票	商品	现金
Ⅰ衰退	3.76	–23.96	–23.04	2.36
Ⅱ复苏	3.28	68.07	–0.83	1.82
Ⅲ过热	3.57	8.14	15.65	1.95
Ⅳ滞胀	3.59	–3.14	–10.70	2.21
	3.58	6.16	–1.03	2.08

资料来源：Wind，作者整理。

综观各大类资产在各个阶段的表现也会得到与美林投资时钟的预计基本一致的结论（见表6.10）。在7段衰退期中，有4个阶段债券取得最好的收益率，例外的2个阶段商品表现最好，这与商品的国际市场有关，另一个阶段是 2015 年底，股票收益最高。在 5 段复苏期中，有 3 个阶段股票取得最好的收益率，年平均收益率均在 80% 以上，例外的 2 个阶段是商品表现最佳。在 10 段过热期中，有 6 个阶段商品取得最好的收益率，例外的 4 个阶段有 3 个在股市高速上升时期，分别是在 2005 年底、2007 年 1—9 月和 2012—2013 年，股票的收益率高于商品。在 4 段滞胀期中，现金都不是收益最高的，有 3 个阶段债券表现最好，另一个阶段是在 2006 年下半年，股票年平均收益率远高于其他资产，达到 78.74%。

表 6.10　中国资产收益率（2002.01—2016.12）

衰退	月数（个）	债券（%）	股票（%）	商品（%）	现金（%）
2003.02—2003.06	5	3.01	1.38	−2.58	1.71
2004.09—2004.12	4	5.16	−16.23	1.39	1.71
2005.04—2005.09	6	3.60	−5.33	30.13	1.71
2008.05—2009.02	10	3.64	−71.58	−109.09	2.66
2011.08—2012.09	14	3.56	−22.03	−2.44	2.97
2013.11—2015.05	7	4.45	−16.34	7.89	2.60
2015.09—2015.11	3	3.17	23.29	−61.19	1.18
平均		3.76	−23.96	−23.04	2.36
复苏	月数（个）	债券（%）	股票（%）	商品（%）	现金（%）
2002.01—2002.04	4	3.06	8.38	45.40	1.78
2006.02—2006.06	5	2.98	79.98	2.10	1.71
2009.03—2009.07	5	3.19	141.31	55.10	1.71
2015.06—2015.12	7	3.97	87.72	−72.46	2.53
2016.04—2016.08	5	2.86	8.07	8.74	1.10

续表

复苏	月数（个）	债券（%）	股票（%）	商品（%）	现金（%）
平均		3.28	68.07	-0.83	1.82
过热	月数（个）	债券（%）	股票（%）	商品（%）	现金（%）
2002.05—2003.01	9	2.98	-15.12	29.11	1.71
2003.07—2004.08	14	3.81	-11.93	23.17	1.71
2005.01—2005.03	3	4.80	-23.58	82.17	1.71
2005.10—2006.01	4	3.12	29.08	-23.03	1.71
2007.01—2007.09	9	3.81	141.90	23.24	2.17
2009.08—2010.04	9	3.55	-25.96	10.31	1.71
2010.09—2011.07	11	3.82	2.56	28.49	2.44
2012.10—2013.10	13	3.66	3.19	-5.24	2.60
2015.12—2016.03	4	2.87	-30.44	-34.16	1.10
2016.09—2016.12	4	2.85	-1.60	29.34	1.10
平均		3.57	8.14	15.65	1.95
滞胀	月数（个）	债券（%）	股票（%）	商品（%）	现金（%）
2006.07—2006.12	6	3.09	78.74	-42.20	1.78
2007.10—2008.04	7	4.30	-57.43	49.22	3.20
2010.05—2010.08	4	3.27	-16.39	-41.08	1.71
2015.01—2015.08	8	3.50	-7.25	-22.45	1.91
平均		3.59	-3.14	-10.70	2.21
全时段	月数（个）	债券（%）	股票（%）	商品（%）	现金（%）
2002.01—2016.12	180	3.58	6.16	-1.03	2.08

资料来源：Wind，作者整理。

按照美林投资时钟进行资产配置表现优异

美林投资时钟在中国的有效性很高。2002—2016 年，债券、股票、商品现金收益率累计分别为 70.98%、151.44%、-13.39% 和 36.53%，而美林资产配置的收益率累计为1344.3%，远高于四大类资产的收益。

美林投资时钟应用到中国也有表现不佳的时候。在 2007 年 1—10 月，中国经济周期处于过热期，按美林投资时钟理应配置到商品，但因股市大涨，商品的表现并不如股票，股票净值一度高于美林投资时钟配置的净值。在 2014 年 6 —12 月，中国经济周期处于复苏期，美林投资时钟配置股票，此时股市大涨，美林投资时钟配置表现优异。随后 2015 年 1—6 月，因为中国经济周期进入过热期，美林投资时钟建议配置商品，但股市继续大涨，依美林投资时钟配置的表现受到影响。即便如此，2002 年 1 月至 2016 年 12 月，依美林投资时钟进行资产配置的净值表现还是远远优于仅投资任意单一资产类别。

考虑净值的回撤，依美林投资时钟进行资产配置较仅投资股票优势更加明显（见图 6.14）。中国股市波动幅度较大，虽然股票有过多次大幅上升，但在 2008 年以及 2015 年下半年股票净值也经历了两次很大的回撤，2007 年 10 月到 2008 年 10 月，股票净值从 4.32 回撤到 1.26，回撤幅度达 70.8%。2015 年 5—9 月，股票净值从 3.68 回撤到 2.43，回撤幅度为 40.6%，其他还有多次幅度较小的回撤。而依美林投资时钟进行资产配置的净值回撤最大的两次分别是在 2011 年上半年以及 2015 年底，2011 年 4—6 月，美林投资时钟配置净值从 9.32 回撤到 8.22，回撤幅度为 11.8%，2015 年 11 月至 2016 年 2 月，美林投资时钟配置净值从 14.23 回撤到 12.08，回撤幅度为 15.1%，幅度远远小于股票净值的回撤。

图 6.14　美林投资时钟资产配置净值表现优异

资料来源：Wind，作者整理。

用工业增加值产出缺口衡量经济增长，美林投资时钟表现不佳

使用工业增加值产出缺口作为衡量经济增长的指标，对美林投资时钟在中国的应用进行检验，发现过热与衰退仍然是经济周期中的主流。不过，在 2001—2010 年，出现了 3 个衰退—复苏—过热—滞胀四个阶段的经典周期。2010 年之后则是过热与衰退交替出现（见图 6.15）。

依工业增加值产出缺口来划分经济周期的美林投资时钟资产配置表现并不理想（见图 6.16），累计收益率只有 152.8%，与股票收益率相似，但要好于其他三类资产的单个表现。

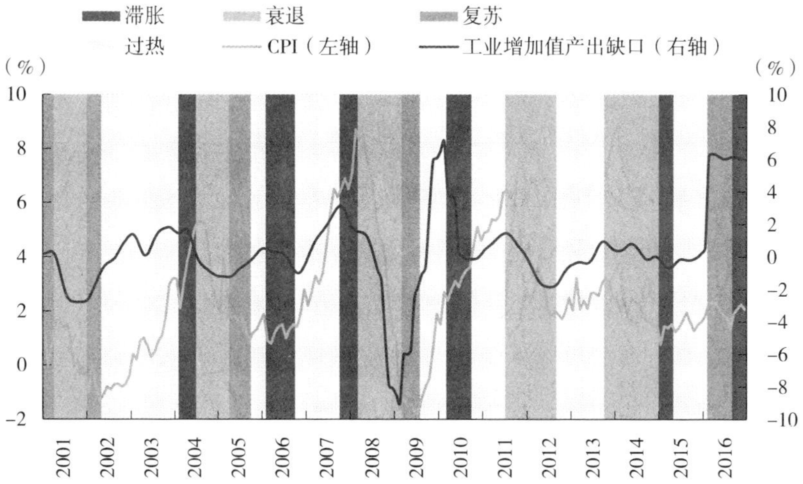

图 6.15　2001 年至今中国经济周期的四个阶段（工业增加值产出缺口）

资料来源：Wind，作者整理。

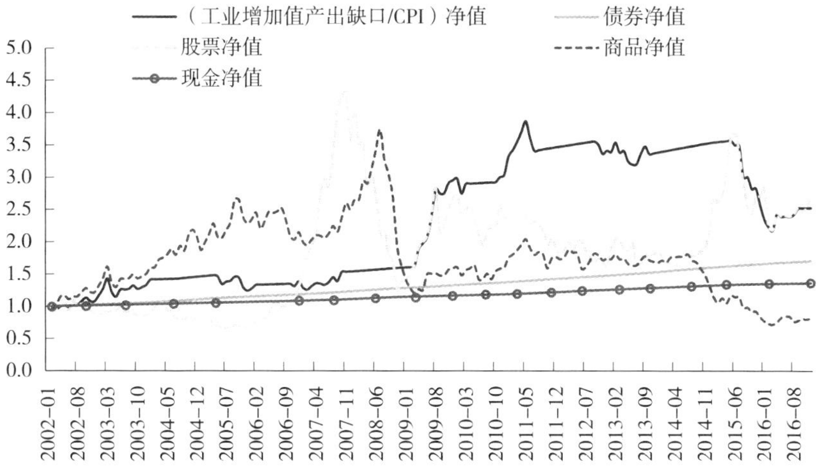

图 6.16　依工业增加值产出缺口的美林投资时钟资产配置净值表现不佳

资料来源：Wind，作者整理。

美林投资时钟的应用价值

GDP产出缺口是衡量经济增长的有效指标

选取合适的指标对应用美林投资时钟意义重大，美林投资时钟资产配置在中国表现优异的一个重要原因是本章选取了合理的经济增长衡量指标——GDP 产出缺口。

GDP 产出缺口考虑了经济中各类生产要素的充分利用程度，能有效反映经济的冷热状况，作为衡量经济增长的指标来划分经济周期，比其他指标更有优势，美林证券在 2004 年的报告中使用的也是 GDP 产出缺口。由于国家统计局没有公布现成的 GDP 产出缺口数据，国内对美林投资时钟的研究，通常使用工业增加值或者 GDP 同比增长率来衡量经济增长趋势以划分经济周期。

如图 6.17，我们基于统计局公布的 GDP 数据，进行季调等处理后得到 GDP 产出缺口数据。使用 GDP 产出缺口作为经济增长指标得到的美林资产配置表现明显优于工业增加值产出缺口，使用 GDP 产出缺口的净值在 2016 年 12 月达到了 14.44，远高于使用工业增加值产出缺口的净值 2.53。净值增长的差异主要是因为使用 GDP 产出缺口和工业增加值产出缺口对于经济周期的判断出现了差异。如在

2014 年 6 —12 月这一段，用 GDP 产出缺口，中国经济处于复苏期，应当配置股票；用工业增加值产出缺口，中国经济处于衰退期，应当配置债券，在此段时间股票表现优异。原因在于中国经济的驱动因素发生了变化，用工业增加值不能刻画中国经济的这种结构变化，造成误判。

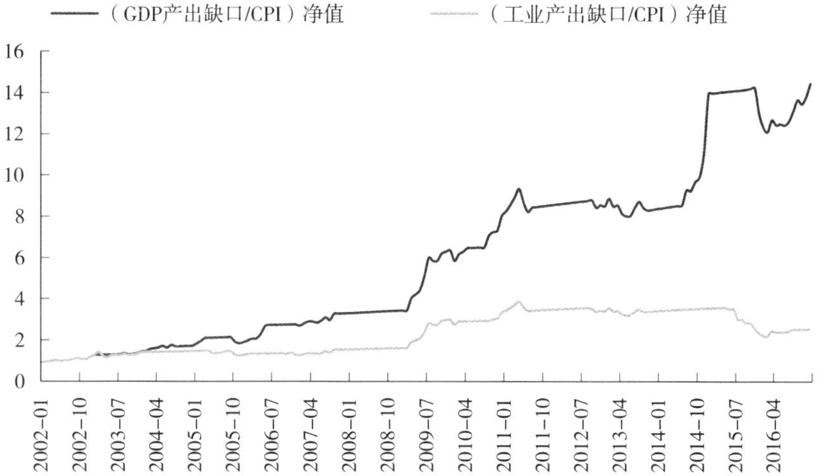

图 6.17 （GDP 产出缺口 /CPI）净值表现最佳

资料来源：Wind，作者整理。

第三产业对 GDP 的贡献率越来越高。自 2005 年开始，大部分年份第三产业对 GDP 的贡献率都高于工业，工业对 GDP 的贡献率呈下降趋势，2004 年工业对 GDP 的贡献率为 47.6%，此后一直低于 50%，2016 年只有 30.7%（见图 6.18）。因此，使用工业增加值作为衡量经济增长的指标必须慎重。

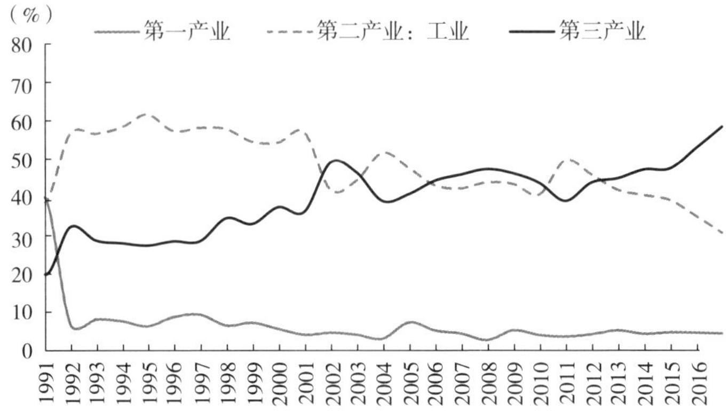

图 6.18　工业对 GDP 的贡献越来越低

资料来源：Wind，作者整理。

“过热”与“衰退”交织是政府干预经济的结果

2002—2016 年，只有 2008 年 5 月至 2010 年 8 月经历了一个经典的经济周期，其他时候经济周期的四个阶段都没有遵循特定的规则。在这 15 年里，中国经济周期的一大特点便是过热期与衰退期明显比复苏期与滞胀期要长，有好几个时段甚至出现过热与衰退轮替的情况，这与政府频繁使用积极的财政政策来调控经济有关。

中国的经济周期受政府的影响比较大，是一种政府主导型经济周期。在 2002—2016 年，除了 2004—2008 年实施稳健的财政政策外，其余 10 年均是积极的财政政策（见表 6.11）。当政府采取积极的财政政策对经济进行频繁调控时，容易导致经济波动较大。当经济过热时，政府采用抑制性的政策进行调控，会使经济迅速走向衰退。当经济衰退时，在政府的积极刺激下，经济可迅速复苏过热。“过热”与“衰退”成为主流是政府主导型经济周期的一大特色。

表 6.11　2002—2016 年中国经济的财政政策与货币政策

时间（年）	财政政策	货币政策
2002	积极	稳健
2003	积极	稳健
2004	稳健	稳健
2005	稳健	稳健
2006	稳健	稳健
2007	稳健	稳健
2008	稳健	从紧
2009	积极	适度宽松
2010	积极	适度宽松
2011	积极	稳健
2012	积极	稳健
2013	积极	稳健
2014	积极	稳健
2015	积极	稳健
2016	积极	稳健

资料来源：历年中央经济工作会议报告，作者整理。

应用美林投资时钟可以把握股市机会，规避风险

中国大类资产收益表现的一大特点便是股票的表现突出，收益率远高于其他资产。在 2002—2016 年，股票的年平均收益率最高，达到 6.16%，债券、现金分别为 3.58%、2.08%，商品的年平均收益率甚至是负的，为 –1.03%。

中国股市的高收益伴随着极高的风险。如图 6.19，从沪深 300 指数来看，2002 年 1 月至 2016 年 12 月，中国股市在这 15 年间整体呈上升走势，上涨了 170.93%，但在 2008 年以及 2015 年有两次

很大的波动，波动的低点较前期高点分别下跌了70.75%与40.56%，除了两次大的下跌之外还有很多次幅度相对较小的下挫。

美林投资时钟能够有效把握复苏期的股市机会和规避衰退期的股市风险。我们发现依美林投资时钟划分的经济周期，在衰退期股票表现差，在复苏期股票表现好，可以有效地指导资产配置。当然也有一定的代价，即在一些时间，按美林投资时钟并不能够配置到收益最高的资产上去，如2007年1—10月和2015年1—6月都是股市表现最佳的时期，但美林投资时钟均建议配置到商品上去。

规避衰退期的股市风险是应用美林投资时钟指导资产配置表现优异的重要原因。因为衰退期时，股市的回撤幅度巨大。2008年5—10月沪深300指数从3612跌至1634，幅度达55%；2011年8月至2012年9月，沪深300指数从2847跌至2294，幅度达19%。

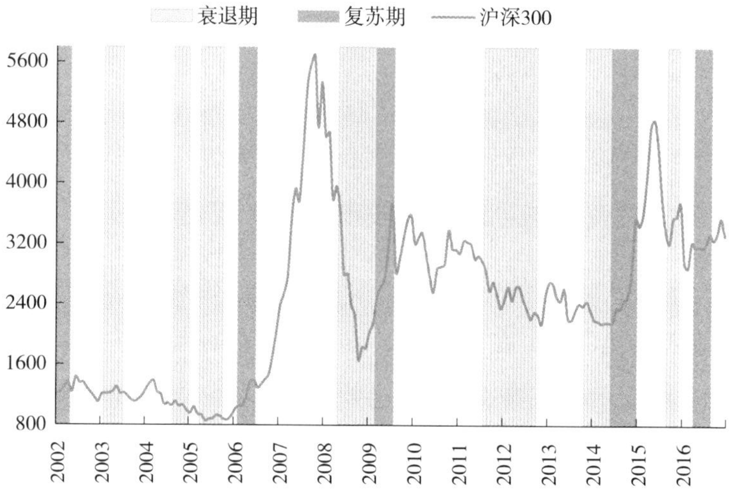

图6.19 复苏阶段沪深300指数均上升

资料来源：Wind，作者整理。

美林投资时钟的应用边界

对美林投资时钟的质疑增加

美林投资时钟理论是在美国1973—2004年数据的基础上提炼出来的，该逻辑很好地阐释了在这一时段美国的经济周期与大类资产的表现。然而在2008年金融危机之后，美国大类资产走势逐渐背离了美林投资时钟所揭示的资产轮动模式，债市—股市—商品市场的轮动被打乱，2009年初触底后，美国的金融市场出现一波延续多年的股债双牛格局。

无论是在2008年的金融危机之前还是以后，日本的经济周期与大类资产的表现与美林投资时钟的理论预期都存在较大差异。日本的经济周期并没有清晰的规律可循，大类资产的表现在有的阶段甚至与美林投资时钟的结论相反。由于现实与美林投资时钟的预测不符合，人们开始怀疑美林投资时钟的合理性，一些机构与投资者认为美林投资时钟已经失效。

美林投资时钟仍然有效

我们认为这并不代表美林投资时钟已经失效。因为美林投资时钟在本质上是一种经济周期波动的理论，有其假设前提及逻辑。美林投资时钟理论是建立在经济主导金融、短期经济围绕长期经济趋势波动、政府逆周期宏观调控熨平短期经济波动等假设基础之上的。

然而，2008 年金融危机所引发的经济危机对以上假设前提均构成挑战。简单来讲，因经济的长期结构性矛盾凸显，常规货币政策的宏观逆周期调控能力有限，各国央行都实行前所未有的宽松货币政策，扰乱了经济对金融的传导。但在经济复苏的内生动能修复乏力的情况下，极度宽松的货币政策所注入的流动性并不能传导到实体经济当中，反而直接进入金融市场，推升各类金融资产价格，成为资产价格的决定性力量，打破了美林投资时钟所预期的经济周期和资产价格之间的逻辑关系，导致大类资产表现与美林投资时钟的预期不符。这并不代美林投资时钟的逻辑是错的，其逻辑依然有效，只是适应的假设前提不合。

此外，理论在实践应用中不可避免地会受到外界其他因素的影响。影响美林投资时钟有效性的因素除了央行的货币政策之外，还有两个方面。

一是投资者预期。如果投资者对经济前景缺乏信心，预期较低，即便央行实行宽松的货币政策，作用也会减弱。而影响投资者预期的因素多种多样，需要对社会经济做更细致全面的分析。

二是国际大环境的影响。大宗商品是处于一个国际市场，资产收益除了受本国经济周期的影响，外部环境也是重要因素。各类大宗商品的主要供给者与需求者可能属于不同的经济体，使大宗商品市场更加错综复杂。

美林投资时钟的应用边界

美林投资时钟存在应用边界，不能直接套用于任意地区、任何时间。如在 2008 年后，央行在非常时期的非常态货币政策，使美林投资时钟存在失灵现象；美林投资时钟应用于日本存在的失效问题，并不能说明美林投资时钟的经济周期波动、最优资产选择的理论有问题，只是说明在运用美林投资时钟时，需要进行更细致的实证检验。

汇率的分析框架与人民币展望

任泽平　甘源　易斌

（原文发表于 2017 年 5 月 4 日）

本章旨在研究汇率的几个关键性问题：汇率决定理论；汇率决定因素；经济“增速换挡”期的汇率表现；人民币汇率制度的形成机制；基于以上理论和国际经验分析基础上的人民币汇率展望。

选择外汇还是持有本币，取决于保值、支付和投机需求，因此代表性汇率理论和这三种货币功能有关。代表性理论包括：保值功能——购买力平价理论；支付功能——国际收支理论；投机需求——利率平价理论。“巴拉萨 – 萨缪尔森效应”“汇率超调理论”和“汇率的资产组合理论”等可看作前述三种理论的延伸。

汇率的决定因素包括两国的相对通胀率、贸易差额、两国利差、两国经济增速及风险因素等。

过去50年，物价稳定的货币表现最强劲。1964—2010年，21个发达经济体汇率与通胀相关系数达0.84，即通胀低则汇率强，通胀高则汇率弱。德国、瑞士汇率强劲，重要原因是它们的物价低于美国。发展中国家货币普遍处于弱势，主因是这些国家长期高通胀。1961—2014年，10个代表性发展中国家通胀中位数为27%，而同期10个代表性发达国家通胀中位数为4.3%。

贸易顺差对汇率有正向贡献，但货币在两种情况下会表现较差。贸易顺差与一国汇率表现之间没有稳定的正向关系，印尼和俄罗斯等近20年来持续贸易顺差，但货币表现疲软。长期贸易顺差，但货币表现弱势，主要有两个原因：一是高通胀；二是发生危机。

美国加息周期增加汇率压力，但非美货币不一定会贬值。美国历次加息周期中，美元只有40%的概率会进入升值周期，不过当美元升值周期出现时，各国货币普遍贬值。因为美元指数主要由发达国家货币构成，如果德国、瑞士等“传统强队”都被比下去，新兴货币一般也会承受压力。

“增速换挡”成功与否决定汇率长期升贬，国际案例有三类：一是经济“增速换挡”成功，汇率升值，德国、日本和中国台湾等案例显示了这一点；二是经历危机后经济“增速换挡”成功，汇率先贬后升，韩国案例显示了这一点；三是落入中等收入陷阱，汇率大幅贬值，墨西哥、巴西和菲律宾案例显示了这一点。

综合上文分析，人民币当前主要面临三大支撑和三大压力。三大支撑是贸易顺差、物价稳定和人民币国际化程度增强。这些因素的影响不可低估，过去50年，最强的货币首先是物价最稳定的货币，其次是能长期保持贸易顺差的货币，另外，大国和国际货币发行国的货币普遍强劲。三大压力：一是当前人民币预期不稳；二是美国加息周期带来美元升值；三是经济“增速换挡”可能失败。

人民币前景展望。人民币汇率作为以人民币计价的大类资产，中长期前景取决于中国经济改革转型前景。如果坚决推动以减税、放松行业管制、减少行政干预、混改、鼓励竞争创新、削减政府开支等为主要内容的供给侧结构性改革，提升效率，则人民币可实现长期升值；如果出现货币放水刺激、国退民进、行政机构人员严重冗余导致减税难以实现等改革倒退现象，则人民币面临贬值压力，在“增速换挡”期经济体的国际案例中均有正反两方面深刻的经验教训。

汇率决定理论

汇率是两国货币的相对价格，选择外汇还是本币，取决于保值、支付和投机等需求。因此汇率的主要理论包括：保值功能——购买力平价理论，支付功能——国际收支理论，投机功能——利率平价理论。

购买力平价理论——反映外汇的保值功能。

纸币体系下，央行可以随心所欲，因而货币的购买力至关重要，于是诞生了最早的汇率决定理论：购买力平价理论。该理论认为，两国货币购买力决定了汇率，购买力变动（两国的相对通胀率）决定了汇率变动。前者是绝对购买力平价理论，后者是相对购买力平价理论。

国际收支理论——反映外汇的对外支付功能。

经历了通胀之苦后，各国央行逐渐变得“克制”，物价变动越来越小，购买力平价理论对于中短期汇率波动的解释力下降。此时外汇市场供求力量成了关注焦点，外汇买卖有两个原因：贸易和投机。人们发现，贸易顺差容易导致一国货币升值，贸易逆差则导致货币贬值，因而诞生了国际收支理论。该理论认为，汇率取决于一国的出口和进口，出口取决于外需、两国相对价格，进口取决于内需、两国相对价格，即两国相对收入和通胀率决定了汇率。

利率平价理论——反映外汇的投机功能。

外汇交易中很大一部分是“投机”行为，而投机行为更关注利率，这就诞生了利率平价理论。该理论认为一笔资金投在两国，最后收益率应该相同。利率平价理论分为抛补的利率平价和非抛补的利率平价，前者的含义是汇率的远期升水率等于两国利差，后者认为预期的汇率变动等于两国利差，可见其差别在于是否在远期市场做抛补动作。

其他汇率理论主要在上述三种理论基础上做延伸，代表性的理论有：

“巴拉萨－萨缪尔森效应”认为，经济增速越快的国家，可贸易部门工资水平越高，并带动整体物价水平上升，从而引起实际汇率升值。这是购买力平价的一种延伸。

“汇率超调理论”认为，贸易失衡需要其中一国商品提价来解决，物价和汇率都可以实现这个目的，但由于物价调整缓慢，汇率调整迅速，因而外部冲击出现后，短期内会通过汇率超调的方式来吸收冲击。这是国际收支理论的一种延伸。

“汇率的资产组合理论”认为，持有外国货币不仅应该关心利率，还要关注风险。这是利率平价理论的一种延伸。

汇率决定因素：短期与长期

汇率本质上是两国货币之间的一种关系，可能是比价、替代等，也是大类资产配置的一种。投资者在两国货币之间进行选择时，是基于不同货币在不同国家的商品市场、金融市场中的回报率存在的差异来进行考虑的。

影响汇率的因素大体可以分为三类。第一类为古典汇率理论所强调的经济基本面的变化，主要包括通胀、经济增速和货币供应量等变量，这些因素主导了汇率的长期趋势。

第二类为国际金融理论所强调的外汇市场上供需关系变化所带来的币值波动，主要包括贸易、投资、套利、投机和避险等需求对一国货币带来的需求变动，对应的是一国国际收支平衡表中经常项目和资本项目下的资金流动，以及本币的国际化程度等。

在开放经济中，第一类因素和第二类因素具有相同的指向，但是对于大多数经济体而言，资本的自由流动往往会导致货币政策独立性的弱化和汇率的大幅波动，进而对本国经济稳定带来负面影响。因此在汇率稳定、货币政策独立性和资本自由流动的三元悖论下，大多数国家的货币当局通过对资本流动进行必要的监管，减少第二类因素对本国汇率和资产价格带来的冲击，从而使汇率短期与长期趋势相背离。

第三类影响因素来自行为金融理论所强调的微观交易主体认知偏差所导致的市场异常波动。从历史来看，第三类因素多属于“黑天鹅”事件，出现概率较低，但是对于市场的影响较大。特别是21世纪以来，随着金融工具的创新和国际金融资本的发展，一些大型的对冲基金运用金融衍生品所能够支配的外汇资源已经足以匹敌国家，甚至在特定环境下能够与主要经济体相抗衡。另外，随着全球范围内互联网和移动通信的普及，信息传播速度加快，使顺周期的“羊群效应”更加凸显。这些新变化使市场情绪对于汇率的影响常态化，“黑天鹅”逐渐演化成“灰犀牛”，加大了货币当局实现汇率稳定目标的难度。

物价稳定有助于汇率的长期走强

长期来看，温和而稳定的通胀有助于维系本币币值的稳定。

1964—2010年，21个发达经济体名义有效汇率与CPI同比相关系数达0.84，即通胀低则汇率强，通胀高则汇率弱。自1964年以来，平均通胀水平低于美国的发达经济体，有瑞士、日本、奥地利、荷兰、比利时和德国，而这些国家汇率是非常强劲的（见图7.1）。

发展中国家货币普遍弱势，主因是这些国家长期高通胀（见表7.1）。1961—2014年，10个代表性发展中国家平均通胀水平为65.6%，中位数为27.4%，而同期10个代表性发达国家平均通胀水平为4.8%，中位数为4.3%。21世纪通胀水平总体较低，但平均来看发展中国家仍高很多。2001—2014年，发展中国家通胀平均值为 8.1%，中位数为 7.4%，而发达国家通胀平均值为 2.0%，中位数为 2.1%。

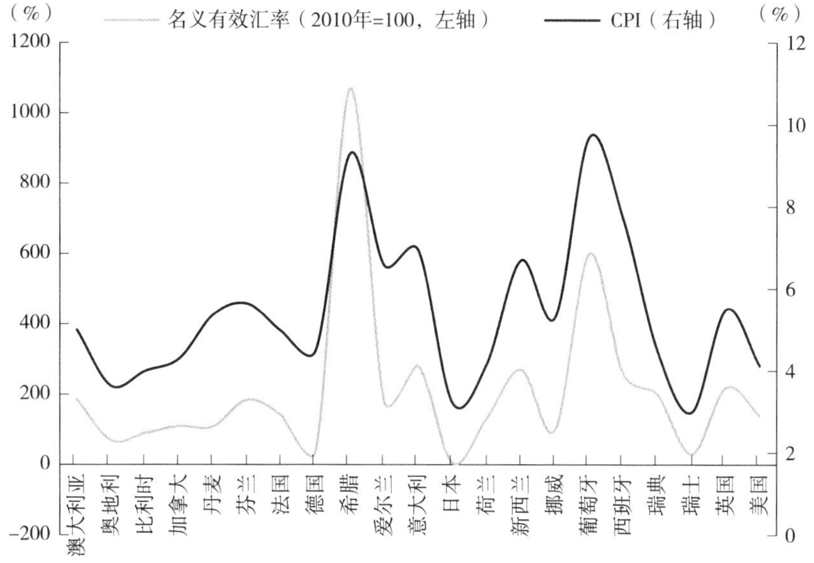

图 7.1　21 个发达经济体的汇率和通胀：1964–2010 年

资料来源：Wind，作者整理。

表 7.1　发展中国家和发达国家通胀水平

国家	1961—2014 年平均 CPI 同比（%）	2001—2014 年平均 CPI 同比（%）	国家	1961—2014 年平均 CPI 同比（%）	2001—2014 年平均 CPI 同比（%）
俄罗斯	78.7	11.0	美国	4.0	2.3
印度尼西亚	48.5	7.7	日本	3.3	0.0
阿根廷	189.1	9.8	加拿大	4.0	2.0
印度	7.8	7.1	澳大利亚	5.1	2.9
巴西	253.0	6.5	英国	5.6	2.3

续表

国家	1961—2014 年平均 CPI 同比（%）	2001—2014 年平均 CPI 同比（%）	国家	1961—2014 年平均 CPI 同比（%）	2001—2014 年平均 CPI 同比（%）
土耳其	33.8	15.8	法国	4.5	1.6
墨西哥	21.0	4.4	意大利	6.5	2.1
菲律宾	9.1	4.4	荷兰	3.6	2.0
越南	7.1	8.3	西班牙	7.2	2.5
南非	8.4	5.9	比利时	3.8	2.0
10 个发展中国家平均数	65.6	8.1	10 个发达国家平均数	4.8	2.0
10 个发展中国家中位数	27.4	7.4	10 个发达国家中位数	4.3	2.1

资料来源：Wind，世界银行，作者整理。

2001—2014 年，中国平均通胀水平为 2.4%，远低于其他发展中国家，和发达国家相近。因此，只要中国不发生危机，稳定的物价是人民币最有效的支撑。从历史来看，几个大型发达经济体之间货币虽有波动，但幅度明显小于发展中国家货币。放在一个相对长的时间段来看，赶超型经济体货币往往有升值潜力。

“有质量”的贸易顺差有助于汇率升值

未来一段时期，中国将继续保持一定的贸易顺差。很多人将贸易顺差作为看多人民币的主要理由。从日本、德国等熟悉的案例来看，长期贸易顺差确实有助于一国货币保持强势。但是我们也看到，部分资源国主要依靠出口原材料和初级加工品维持其长期贸易顺差，这些国家汇率往往受大宗商品价格影响较大，会出现剧烈波动并伴随长期贬值。

1980 年以来，较长时间维持贸易顺差的国家包括：阿根廷、巴西、德国、俄罗斯、哈萨克斯坦、韩国、荷兰、捷克、马来西亚、尼日利亚、日本、新加坡、伊朗、印度尼西亚和中国，维持顺差时间在 10~35 年，具体见表 7.2。整体来看，出口产品技术含量较高的经济体货币都有不同幅度的升值，如德国、日本、荷兰、韩国、马来西亚和新加坡等。而出口结构单一，过度依赖铁矿石、有色金属、石油和农产品等初级产品出口的资源国，货币表现普遍偏弱，这其中包括印度尼西亚、俄罗斯、伊朗、哈萨克斯坦、阿根廷和巴西等。

长期贸易顺差国中，资源国表现弱势，主要有两个原因：一是经济不稳定，易受大宗商品价格影响；二是国内缺乏完整的工业体系，消费品大量依赖进口，容易形成输入型通货膨胀。两者共同作用使这些国家频频陷入高通胀和经济危机。印度尼西亚、俄罗斯和阿根廷在贸易顺差时间段内，平均通胀水平分别为 10.5%、41% 和 8.8%。而且都曾经发生经济或金融危机，其中印度尼西亚于 1997 年发生金融危机，俄罗斯于 1998 年发生债务危机，阿根廷于 2002 年发生债务危机。考虑到中国发生高通胀和危机的可能性偏低，贸易顺差将继续支撑人民币汇率。

表 7.2　长期贸易顺差时期的各国汇率表现

国家	贸易顺差时间	顺差持续时间（年）	高科技产品出口额占比（%）	期间汇率变化
德国	1980—2014 年	35	15.1	升值
印度尼西亚	1980—2011 年	32	9.5	大幅贬值

续表

国家	贸易顺差时间	顺差持续时间（年）	高科技产品出口额占比（%）	期间汇率变化
尼日利亚	1984—2014 年	31	2.3	贬值
日本	1981—2010 年	30	22.4	升值
荷兰	1981—2014 年	24	24.2	升值
俄罗斯	1992—2014 年	23	11.2	大幅贬值
伊朗	1994—2014 年	21	2.1	贬值
哈萨克斯坦	1995—2014 年	20	17.9	贬值
韩国	1998—2014 年	17	26.6	小幅升值
马来西亚	1998—2014 年	17	47.6	升值
新加坡	1998—2014 年	17	51.3	升值
阿根廷	2000—2014 年	15	7.2	大幅贬值
巴西	2002—2012 年	11	10.2	剧烈波动，先升后贬
捷克	2005—2014 年	10	11.8	升值

资料来源：Wind，世界银行，作者整理。

本币的国际化程度提升有助于稳定币值

如果一国货币是国际货币，该国货币天然更坚挺：一方面，新增需求；另一方面，一国维持国际货币的意愿也是一种激励。美元、日元、欧元、瑞士法郎、英镑都是常见的国际货币，这些国家的货币也是世界上最坚挺的几种货币，这些货币之间虽有波动，但幅度总体不大。

20 世纪 80 年代，日本开放进程加快，满足了很多外国央行等机构对日元的“刚需”，日元国际化程度明显加速，直到 1989 年左右达到顶峰，其间日元快速升值。1990 年后，尽管日本泡沫破灭，但日元依旧升值到1995年。跨境贸易中广泛用日元结算，以及国际储备货币的需求，无疑有助于日元的表现。

随着人民币国际化程度的增强，人民币汇率将得到支撑。一方面，随着跨境贸易中广泛使用人民币，以及资本账户开放程度的扩大，海外会有许多“新增”的人民币需求，包括贸易和储备需求；另一方面，国际化的激励将促使中国政府营造一个稳定的人民币汇率环境。

汇率决定因素：内因与外因

两种货币之间汇率的变动来自两国之间经济、贸易、金融和政策等多方因素的互动。作为全球最大的经济体，美国经济的强弱确实是影响全球汇率走势的重要外部因素，但是对于处在经济“增速换挡”期的经济体而言，内因对汇率走势起更重要的作用：转型成功，则汇率走强；转型失败，则汇率走弱。

美元是影响汇率的外部因素

在美国加息周期中，美元是否进入升值周期存在不确定性。过去 5 次美国加息周期中，只有两次带来美元升值周期。但是，两轮美元升值周期中，各国货币普遍贬值，鲜有例外。因为美元指数由发达国家货币构成，如果连德国、日本和瑞士这些“传统强队”都弱于美国，那么新兴货币只能更差。因此，如果相信美元继续升值，人民币就面临贬值压力；反之，如果认为美元牛市到头，人民币贬值压力就有可能只是暂时的。

美国加息不等于美元升值。1980 年以来，美国有过五次加息周期（见图 7.2），分别是 20 世纪 70 年代初、70 年代末 80 年代初、80 年末、90 年代中后期和 2004—2006 年。可以看到，五次加息周期中，只有两次导致美元明显升值，另外三次加息周期中，美元反而出现贬值。加息周期不一定会带来美元强势周期，主要原因在于美元是一个相对价格，取决于其他国家的表现。另外，利率也并非影响美元的唯一变量，由于美国长期存在贸易逆差，所以天然有贬值动力。

值得注意的是，两轮美元升值周期中，各国货币普遍贬值，鲜有例外。美元两次升值周期分别发生在20世纪80年代初和90年代末，这两次是比较强势的加息周期，第一次是治理超高通胀，第二次是遇上新经济时期。1981—1985年，日元贬值25%，英镑贬值100%，瑞士法郎贬值40%，加拿大元贬值10%，澳元贬值25%（见图7.3和图7.4）。新兴市场在80年代则普遍陷入危机。

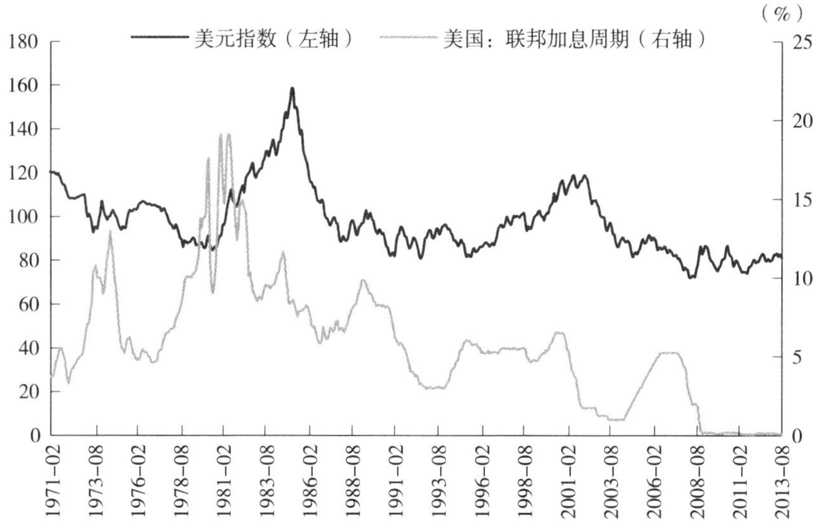

图7.2　美元指数和美国加息周期

资料来源：Wind，作者整理。

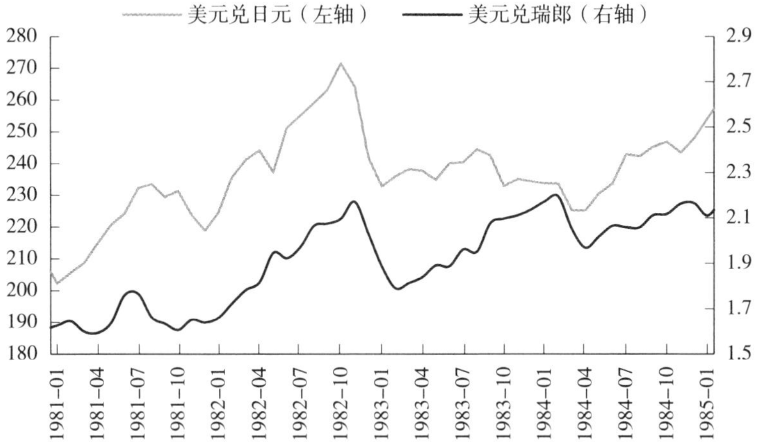

图 7.3　美元兑日元和瑞士法郎

资料来源：Wind，作者整理。

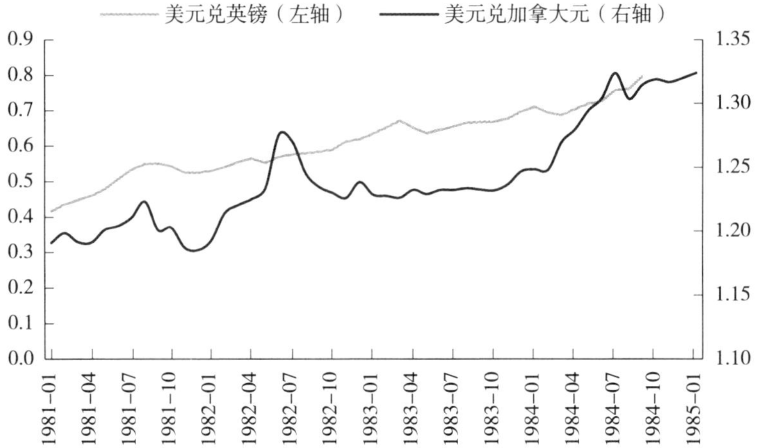

图 7.4　美元兑英镑和加拿大元

资料来源：Wind，作者整理。

1996—2001 年，所有发达经济体货币均兑美元贬值，新兴市场货币贬值幅度更大（固定汇率制经济体除外）。其中日元贬值 25%，瑞士法郎贬值40%，英镑贬值10%，欧元贬值30%，加拿大元贬值20%，澳元贬值30%。（见图7.5和图7.6 。）亚洲“四小虎”货币在亚洲金融危机影响下出现超大幅贬值，巴西、俄罗斯、阿根廷相继发生危机，印度卢比贬值40%，土耳其里拉从0.06贬到1.5。（见图7.7和图7.8。）

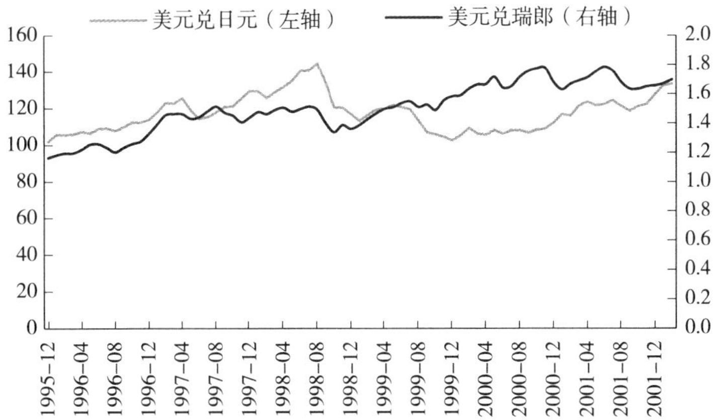

图7.5　20世纪90年代的美元兑日元和瑞士法郎

资料来源：Wind，作者整理。

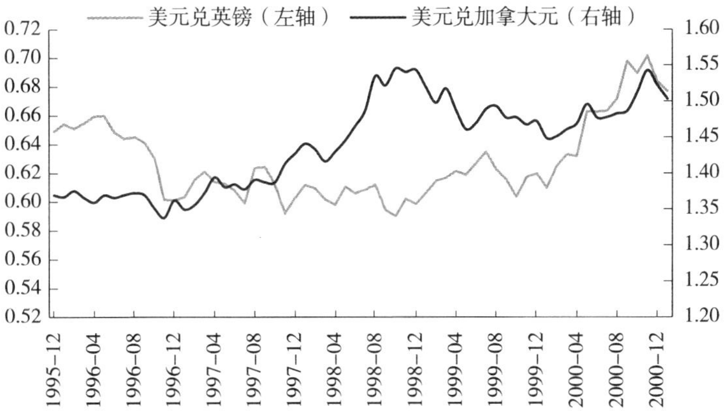

图7.6　20世纪90年代的美元兑英镑和加拿大元

资料来源：Wind，作者整理。

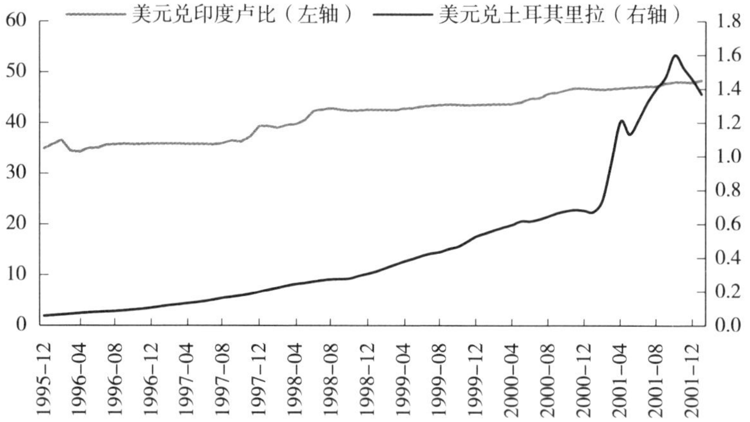

图 7.7　20 世纪 90 年代的美元兑印度和土耳其货币

资料来源：Wind，作者整理。

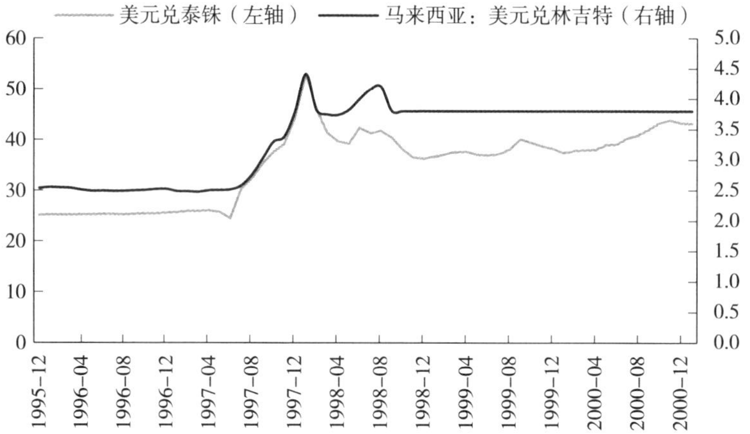

图 7.8　20 世纪 90 年代的美元兑泰国和马来西亚货币

资料来源：Wind，作者整理。

能否转型成功是影响汇率的内因，起决定作用

处于经济“增速换挡”期的国家和地区，影响汇率的边际因素

往往决定经济换挡的成功与否，而非美元因素，这一特征无论是在转型成功的日本、德国、韩国和中国台湾等，还是转型失败的马来西亚，表现得都很明显。这些国家和地区汇率表现有三种结果：一是经济“增速换挡”成功，汇率升值，日本、德国和中国台湾等案例表明了这一点；二是经历危机后经济“增速换挡”成功，汇率先贬后升，韩国案例表明了这一点；三是落入中等收入陷阱，汇率大幅贬值，墨西哥、巴西和菲律宾案例表明了这一点。因此，未来人民币走势与中国经济能否成功重启改革并实现“增速换挡”有关。

跨入高收入阶段、“增速换挡”成功的各经济体汇率普遍升值

（1）日本“增速换挡”期：汇率升值。

日本经济“增速换挡”发生在1968—1978年。日本1951—1973年开启经济高速追赶，实现了23年年均9.3%的增长，1974—1991年的18年实现了年均3.7%的增长，属于中速增长阶段。

图7.9和图7.10显示了日本经济“增速换挡”期的GDP增速和汇率表现。其间日本经济增速虽然减缓，但日元仍表现强劲，名义有效汇率升值约60%。有趣的是，日本经济“增速换挡”期后，日元升值速度并未减缓，日元在1978年以后继续快速升值，一直持续至1995年。

（2）德国“增速换挡”期：汇率升值。

德国经济“增速换挡”发生在1965年前后。德国经济在1951—1965年实现了15年年均增速6.6%的快速增长，1965年人均GDP达到9186国际元，相当于美国的68.5%，到达“增速换挡”的阈值区间。1966—1972年经过7年年均4%的增长后，步入低速增长区间。

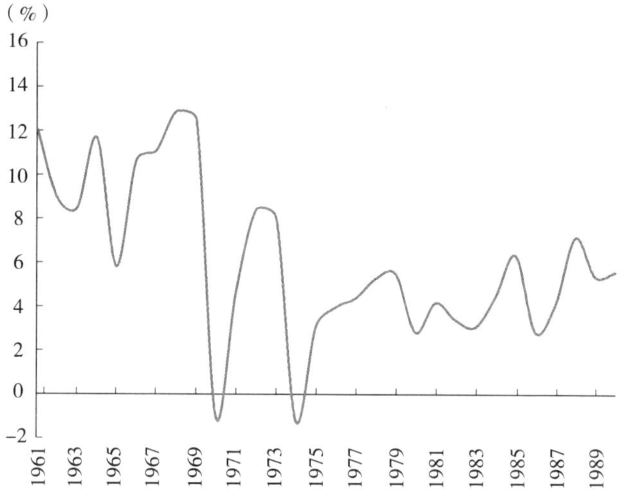

图 7.9　日本经济“增速换挡”期 GDP 增速

资料来源：Wind，作者整理。

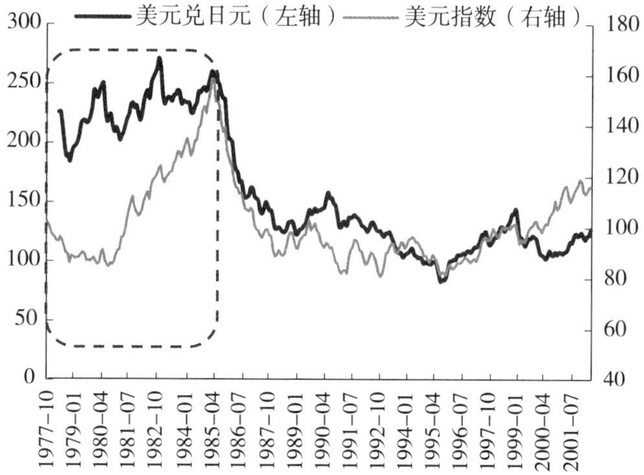

图 7.10　日本换挡期的汇率与美元指数

资料来源：Wind，作者整理。

图 7.11 和图 7.12 显示德国经济“增速换挡”期的 GDP 增速和汇率表现，可见，其间虽然德国经济明显减速，但德国马克表现抢眼，

升值约50%。和日本一样，“增速换挡”后，德国马克依然处于快速升值的阶段。

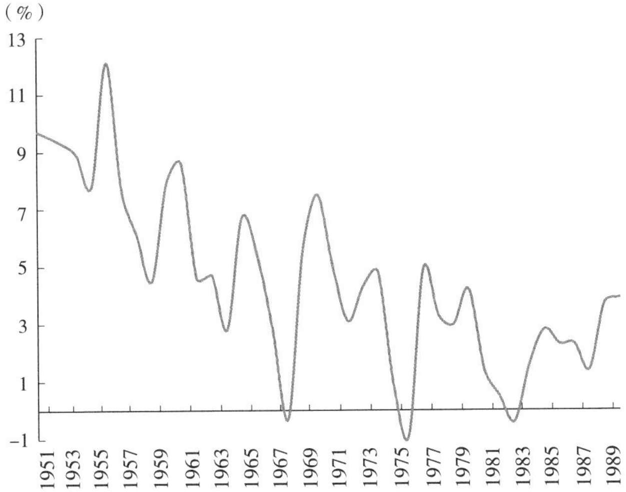

图7.11　德国经济“增速换挡”期GDP增速

资料来源：Wind，作者整理。

图7.12　德国换挡期的汇率与美元指数

资料来源：Wind，作者整理。

（3）中国台湾“增速换挡”期：汇率升值。

中国台湾经济“增速换挡”发生在1985—1993年（见图7.13）。1951—1989年属于高速增长追赶阶段，年均增速高达8.8%，1989年人均GDP达到9538国际元，相当于美国的41.4%，到达换挡的阈值时点。1990—2010年平均增速5.1%，进入中速发展阶段。

经济“增速换挡”时期，虽然中国台湾经济出现减速，但新台币兑美元汇率仍然持续走强，其间累计升值幅度约40%，名义有效汇率稳中有升，其间累计升值约20%（见图7.14）。

图7.13 中国台湾经济“增速换挡”期GDP增速

资料来源：Wind，作者整理。

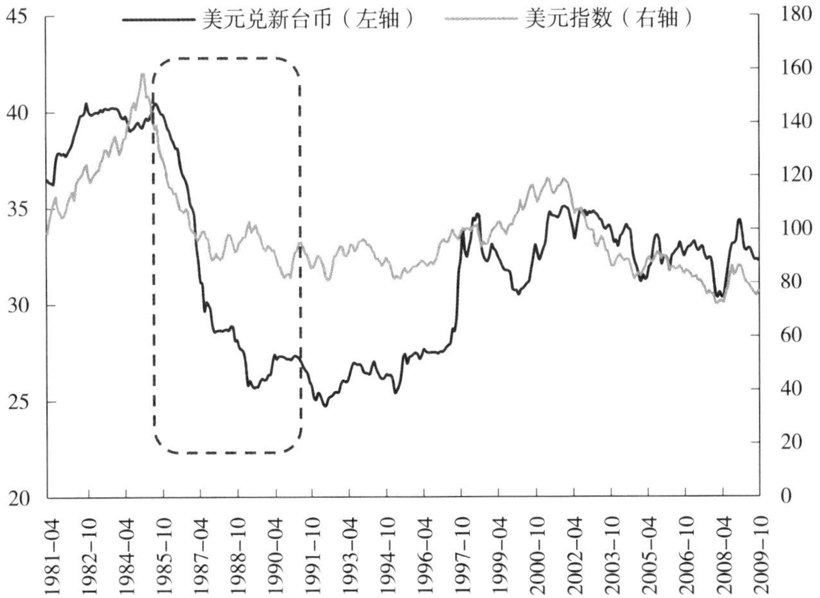

图 7.14　中国台湾换挡期的汇率与美元指数

资料来源：Wind，作者整理。

（4）韩国“增速换挡”期：货币先贬后升。

韩国经济“增速换挡”发生在 1992—2003 年。1961—1996 年实现了 36 年年均 8.8% 的高速追赶。1996 年人均 GDP 达到 12860 国际元，相当于美国的 51%。经过亚洲金融危机的冲击，2001 年以后进入中速增长阶段，2001—2010 年年均增速 5%。

图 7.15 和图 7.16 显示韩国经济“增速换挡”期的 GDP 增速和汇率表现，其中，1992—1997 年是换挡期的上半场，韩国政府拒绝经济减速，刺激并导致亚洲金融危机时期汇率大幅贬值。1997 年以后，韩国政府主动改革，换挡成功，汇率稳中有升。

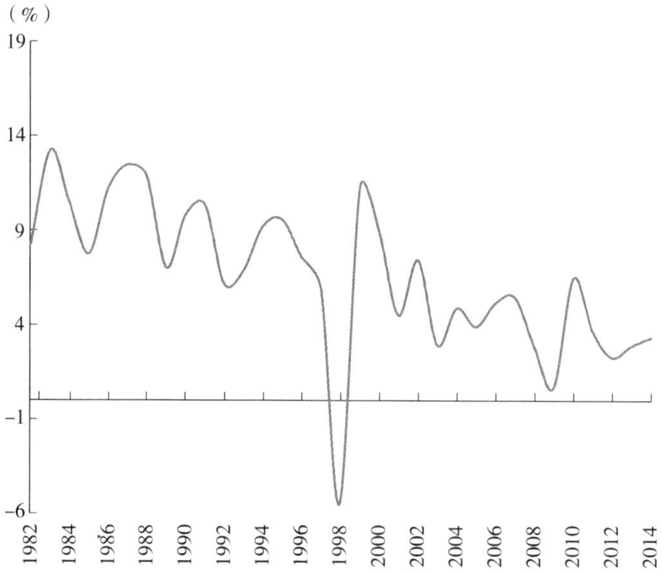

图 7.15　韩国经济“增速换挡”期 GDP 增速

资料来源：Wind，作者整理。

图 7.16　韩国换挡期的汇率与美元指数

资料来源：Wind，作者整理。

落入中等收入陷阱国家汇率普遍贬值

（1）墨西哥落入中等收入陷阱期：货币持续大幅贬值。

墨西哥毗邻美国，人口数量与土地面积均处于世界前列。按常理，应该最能有效承接美国产业转移，实现高速增长。墨西哥确实经历了这样的高速发展阶段，1961—1981 年维持了年均 6.8% 的高速增长。

但 1981 年后，墨西哥经济“增速换挡”失败，落入中等收入陷阱，1981 年墨西哥人均 GDP 为 3556 美元（同期韩国人均 GDP 只有 1846 美元），但到 1996 年墨西哥人均 GDP 只有 3547 美元，还有所下降（见图 7.17）。同期墨西哥比索出现超大幅度长期贬值，从 1981 年的 0.02 贬值到 2000 年的 9.47，中间几乎没有像样的反弹（见图 7.18）。

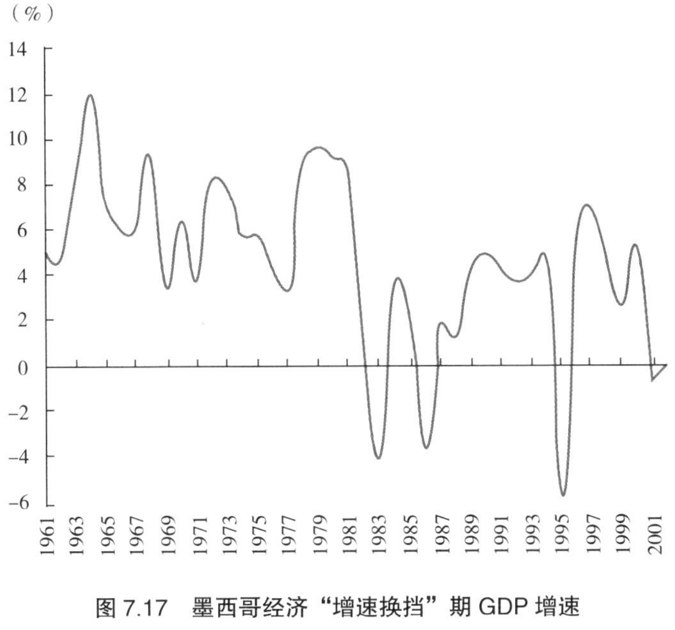

图 7.17　墨西哥经济“增速换挡”期 GDP 增速

资料来源：Wind，作者整理。

图 7.18　墨西哥比索汇率与美元指数

资料来源：Wind，作者整理。

（2）巴西落入中等收入陷阱期：货币持续恶性贬值。

拉美国家在 1950—1980 年普遍经历了高速增长时期，但 20 世纪 80 年代这些国家集体陷入债务危机、恶性通胀，巴西是拉美最大国家之一，我们重点通过其表现来了解拉美落入中等收入陷阱时期的情形。

巴西在 1950—1980 年维持了长达 30 年年均 7.4% 的高速增长时期。但 1980 年以后巴西经济“增速换挡”失败，1981—1992 年，巴西年均增速仅 1.4%（见图 7.19）。20 世纪 80 年代，巴西经历了两次严重的货币贬值。原货币克鲁塞罗汇率由 1984 年的 2846 急速贬值到 1986 年的 11310，1987 年虽经历币制改革，使贬值有所好转，但 90 年代初再次出现恶性贬值，直到 1995 年巴西实行财政制度改革、发行新货币雷亚尔后，巴西汇率才趋于稳定（见图 7.20）。

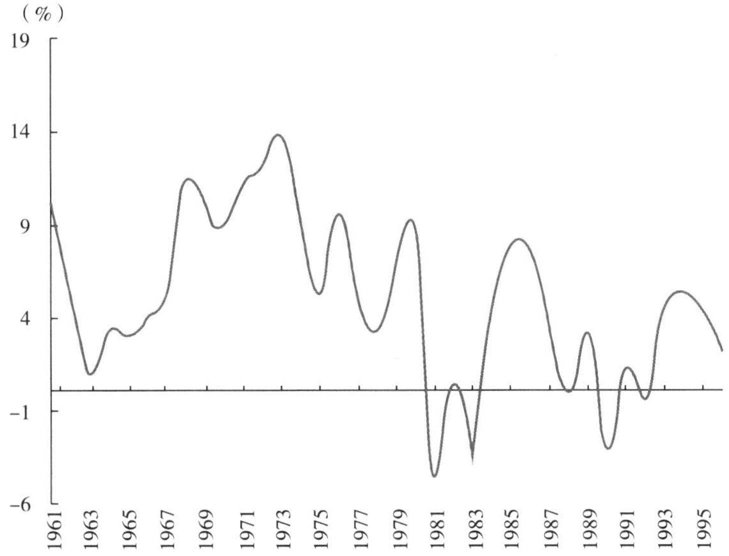

图 7.19　巴西经济“增速换挡”期 GDP 增速

资料来源：Wind，作者整理。

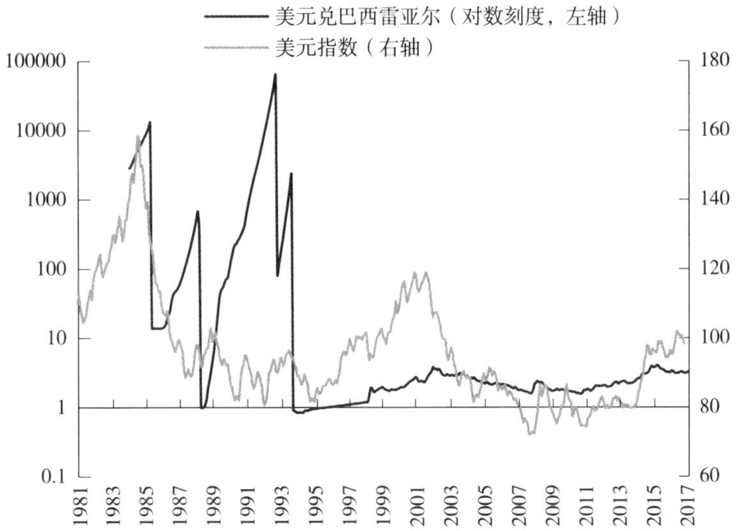

图 7.20　巴西雷亚尔汇率与美元指数

资料来源：Wind，作者整理。

（3）菲律宾落入中等收入陷阱期：货币持续大幅贬值。

菲律宾在1961—1980年维持了年均5.4%的中高速增长时期，但1980年以后落入中等收入陷阱，1981—2000年的20年间，菲律宾年均增速仅为2.3%（见图7.21）。追赶失败后，菲律宾货币持续大幅贬值，1981—2000年，菲律宾比索兑美元汇率从7.6贬值到45，中间几乎没有反弹（见图7.22）。

德国、日本、中国台湾的案例显示，转型成功的国家和地区货币将继续稳中有升，而韩国换挡上半场和墨西哥、巴西和菲律宾等落入中等收入陷阱的案例显示，转型失败可能导致货币大幅贬值。

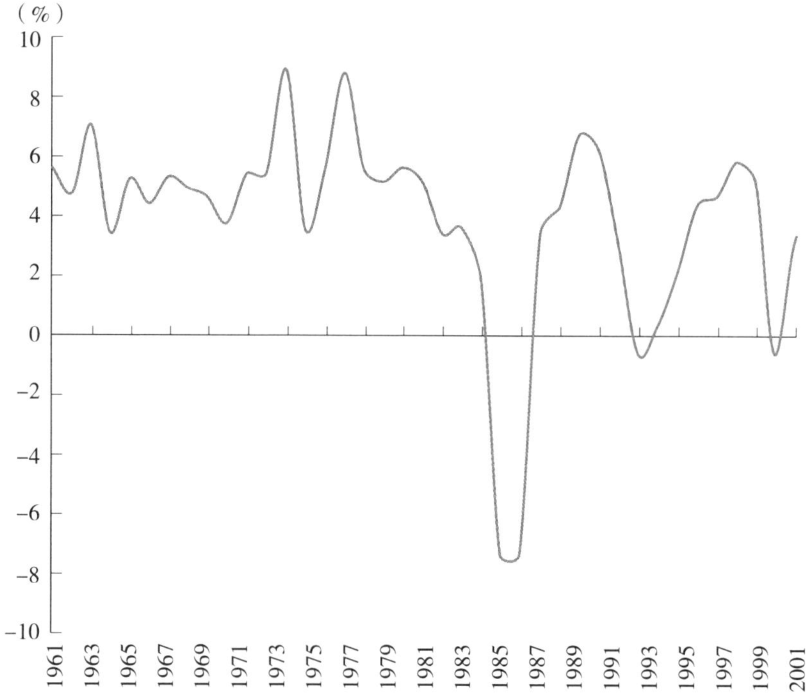

图7.21 菲律宾经济“增速换挡”期GDP增速

资料来源：Wind，作者整理。

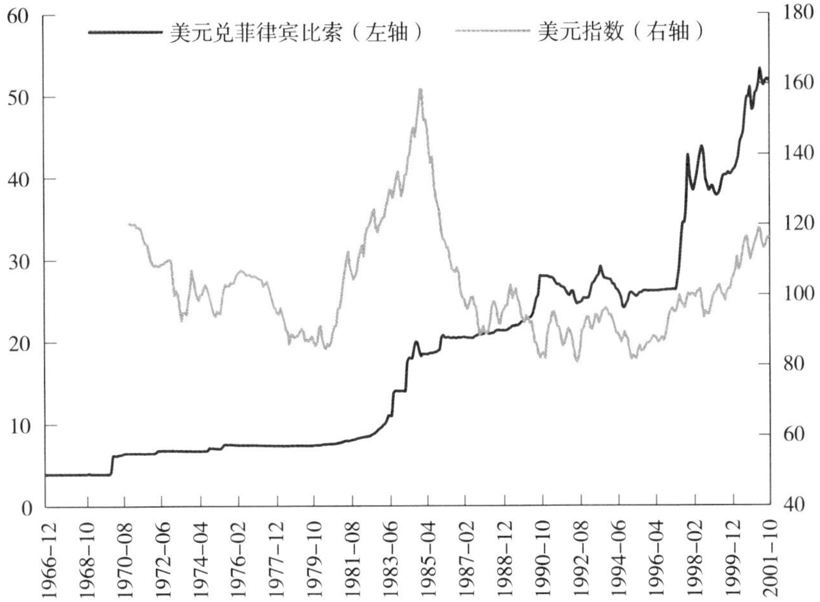

图 7.22 菲律宾比索汇率与美元指数

资料来源：Wind，作者整理。

对中国来说，经济能否换挡成功至关重要，如果换挡不成功，就可能会像拉美国家一样出现危机并导致货币大幅贬值。而如果换挡成功，中国将稳居世界第二大经济体，人民币成为国际货币，人民币升值也将是主基调。

人民币汇率制度的历史回顾与现状

国际汇率制度从固定到浮动的演进

国际金本位是最早出现的国际货币制度，为形成金本位固定汇率制（1880—1914年）奠定了基础，以黄金为参考的货币固定比价促进了早期国际贸易和资本流动，延续了数十年直到“一战”。

随后在“一战”至“二战”的20多年间,国际汇率制度相对混乱。初步形成的以美元、英镑和法郎为中心的金汇兑本位制在1929—1931年国际金融危机爆发后彻底崩溃，开始出现自由浮动。不过这一时期国际货币制度主要是英镑、美元和法郎三种国际货币各自形成相互独立的货币集团，各国货币之间的浮动存在严格的外汇管制。

“二战”后，布雷顿森林体系形成，国际货币制度宣布进入美元时代，美元与黄金挂钩，其他国家货币与美元挂钩，形成以美元为中心的统一的固定汇率制度。这为战后环境下的国际贸易和国际投资提供了极大的便利。

布雷顿森林体系无法解决的“特里芬难题”最终使其走向破裂，“牙买加协议”应运而生。其中，一个重要的内容就是浮动汇率合法化，IMF会员国可以自由选择任意汇率制度。这是国际汇率制度从固定转向浮动的关键节点，浮动汇率成为民心所向、大势所趋。

各国可以充分考虑本国的客观经济条件和政策目标来选择浮动汇率制度，避免因主要储备货币之间汇率波动产生冲击影响本国经济的正常发展。

国际汇率制度演进如表 7.3 所示：

表 7.3　国际汇率制度演进

时间	汇率制度	主要特征
1880—1914 年	国际金本位制度下的固定汇率制度	国际金本位制度是世界上首次出现的国际货币制度。在金本位制度下，金币可以自由铸造、黄金可以自由进出口、主要西方国家货币汇率平价从未改变等，都促进了国际贸易和国际资本流动的发展
1918—1939 年	从固定到浮动——两次世界大战之间的汇率制度	国际金融危机发生前，世界货币体系逐步建立金汇兑本位制，形成以美元、英镑和法郎为中心的金汇兑本位制。国际金融危机后，英镑、美元和法郎各自形成相互独立的货币集团，存在外汇管制，1936 年“三国协定”达成以避免竞争性贬值，出现管理浮动的雏形
1945—1973 年	布雷顿森林体系下的可调整钉住汇率制度	布雷顿森林体系实行可兑换黄金的美元本位的双挂钩体制，即其他国家货币和美元挂钩、美元与黄金挂钩。布雷顿森林体系有利于国际贸易和世界经济的发展，但无法解决“特里芬难题”
1976 年至今	牙买加体系以浮动汇率为主的多元汇率制度	“牙买加协议”的一个重要内容是浮动汇率合法化，IMF 成员可以自由选择任何汇率制度。在此体系下，以主要货币汇率浮动为主的多种汇率安排体系能适应多变的世界经济形势

资料来源：中国知网数据库，作者整理。

人民币汇率制度的演变

自 1948 年人民币发行以来，人民币汇率制度至今经历了 7 次汇率制度的调整（见表 7.4）。第一阶段是国民经济恢复时期（1949—1952 年），汇率主要参考进出口及结汇购买力比价。随后（1953—

1973 年），人民币汇率选择钉住美元，变动相对稳定，维持在 1 美元兑 2.46 元人民币。布雷顿森林体系崩溃后（1973—1980 年），西方国家实行浮动汇率制，为缓解负面影响人民币调整为钉住一篮子货币的可调整的钉住汇率制。

改革开放后（1981—1984 年），在扶持出口、增加储备的政策目标下，中国实行双重汇率制。而后（1985—1993 年），为了配合外贸改革和推行承包制，从 1988 年起增加外汇留成比例并设立外汇调剂中心用以调剂市场汇率，汇率制度调整为官方汇率与市场汇率并存的双轨汇率制。

1994 年后，中国实行以市场供求为基础的管理浮动汇率制度。但人民币对美元的名义汇率除了在 1994 年 1 月到 1995 年 8 月小幅度升值外，始终保持相对稳定状态。亚洲金融危机以后，由于人民币与美元脱钩可能导致人民币升值，不利于出口增长，中国政府进一步收窄了人民币汇率的浮动区间，选择钉住美元。1999 年，IMF 对中国汇率制度的划分也从"管理浮动"转为"钉住单一货币的固定钉住制"。人民币钉住美元一致持续至 2005 年。

2005 年 7 月，人民币脱离钉住单一美元，调整为参考一篮子货币计算人民币多边汇率，实行以市场供求为基础、参考一篮子货币进行调节、有管理的浮动汇率制度。

表 7.4　人民币汇率制度演进

时间	汇率政策目标	汇率制度	兑美元汇率变化
1949—1952 年	扶持出口、兼顾进口	爬行钉住（钉住内外物价之比）	汇率高频率地调整
1953—1972 年	人民币汇率长期稳定	钉住美元	汇率不变

续表

时间	汇率政策目标	汇率制度	兑美元汇率变化
1973—1980 年	维持人民币坚挺	钉住一篮子货币	汇率稳中有升
1981—1984 年	扶持出口、增加储备	钉住一篮子货币、双重汇率制	汇率持续下跌
1985—1993 年	维持国际收支	从爬行钉住到管理浮动	汇率持续下跌
1994—2005 年 6 月	维持汇率稳定	钉住美元	汇率基本维持不变
2005 年 7 月至今	维持国际收支	钉住一篮子货币	汇率持续调高

资料来源：中国知网数据库，作者整理。

2005年新汇改后人民币整体维持升值走势

美元走势一直是人民币汇率最重要的参考。1994 年汇改实施后，人民币兑美元汇率持续贬值。1995—1997 年，受大量外资进入和经济增长等宏观因素影响，人民币小幅升值，汇率在 8.3 左右波动。随后亚洲金融危机爆发，若人民币脱钩美元会造成人民币升值的不利局面，人民币将明确钉住美元。1999 年，IMF 也将中国汇率制度划分为钉住单一货币的固定汇率制。此后，人民币汇率维持在 8.276~8.280。

2005 年新汇制出台后，人民币从钉住单一美元调整为钉住一篮子主要货币，人民币兑美元平稳升值，年内汇率破 8，并于 2008 年破 7。这一阶段，人民币兑美元汇率随着美元指数的走弱而持续走强，对一篮子货币汇率整体保持稳定。

金融危机严重挫伤了美国经济，美元表现低迷，与中国经济的良好表现形成鲜明反差，这一时期，美元兑人民币维持下降态势，稳定在 7 以内。2010 年后，量化宽松政策、欧债危机等一系列风险事件发酵，人民币持续升值，美元兑人民币汇率持续走低，于 2014 年探底，几乎破 6。

从 2015 年“8 · 11”汇改至 2016 年底，由于美国经济复苏、美联储加息预期、国内货币超发、房价大涨、人民币积累了高估压力等因素，人民币阶段性贬值，人民币兑美元和一篮子货币双双走弱。直到 2017 年 5 月引入“逆周期因子”，人民币兑美元和一篮子货币才开始复苏（见图 7.23）。

图 7.23　新汇改后人民币整体维持升值态势

资料来源：Wind，作者整理。

人民币汇率展望

根本上取决于中国经济改革转型前景

不同宏观环境下的汇率表现：一个总结

前面我们通过理论和国际比较，分析了一国货币的决定因素。

从理论视角来看，购买力平价理论认为汇率由两国通胀率决定，国际收支理论认为汇率由贸易差额决定，利率平价理论认为汇率由两国利差决定。“巴拉萨 – 萨缪尔森效应”认为两国劳动生产率或人均收入差异决定了汇率，“汇率超调理论”认为，在物价黏性情况下，国际收支失衡会通过汇率来调节，“汇率的资产组合理论”认为，一国货币吸引力不仅取决于收入，还取决于风险。

综合上述理论，汇率的影响因素包括：两国相对通胀率、贸易差额、两国利差（或货币政策）、两国经济增速和风险因素等。而除了风险因素以外，其他四类因素也支撑着人民币。

通过国际比较，可以得出如下几点结论：

第一，贸易顺差与一国汇率的长期表现没有稳定的正向关系，很多国家长期贸易顺差，但货币都出现贬值。印度尼西亚和俄罗斯的贸易顺差持续时间都在 20 年以上，但这两国货币一直比较疲软。

长期贸易顺差国中，一些货币表现弱势，主要有两个原因：一是高通胀；二是发生危机。印度尼西亚、俄罗斯在贸易顺差时间段内，平均通胀分别为10.5%、41%，而且曾经都发生过危机，其中印度尼西亚于1997年发生金融危机，俄罗斯于1998年发生债务危机。考虑到中国发生高通胀和危机可能性偏低，贸易顺差将继续支撑人民币汇率。

第二，过去50年，表现最强的货币是物价稳定的货币。1964—2010年，21个发达经济体名义有效汇率（2010=100，其间平均值越低，说明汇率越强）与CPI同比相关系数达0.84，即通胀低则汇率强，通胀高则汇率弱。发展中国家货币普遍弱势，主因是这些国家长期高通胀。1961—2014年，10个代表性发展中国家平均通胀水平为65.6%，中位数为27.4%，而同期10个代表性发达国家平均通胀水平为4.8%，中位数为4.3%。2001—2014年，中国平均通胀为2.4%，远低于其他发展中国家（8.1%），和发达国家相近（2.0%）。因此，只要中国不发生危机，稳定的物价就是人民币最有效的支撑。

第三，主权货币国际化程度提高有助于支撑汇率表现。20世纪80年代，日本开放进程加快，日元国际化程度明显加速，直到1989年左右达到顶峰，其间日元快速升值。1990年后，尽管日本泡沫破灭，但日元依旧升值到1995年，跨境贸易中广泛用日元结算，以及国际储备货币的需求，都有助于日元表现。随着人民币国际化程度的增强，人民币汇率将得到支撑。一方面，随着跨境贸易中广泛使用人民币和资本账户开放程度的扩大，海外会有许多“新增”的人民币需求，包括贸易和储备需求；另一方面，国际化的激励，将促使中国政府营造一个稳定的人民币汇率环境。

人民币汇率展望

综上所述，人民币当前面临三大支撑和三大压力。

三大支撑是贸易顺差、物价稳定和人民币国际化程度增强。这些因素的影响力不可低估，过去50年间，最强的货币是物价最稳定的货币，其次是能长期保持贸易顺差的货币，另外，大国和国际货币发行国的货币普遍强劲，德国、日本货币便是集三大特征于一体的代表。

三大压力：一是当前人民币预期不稳；二是美国加息周期带来的美元升值可能性；三是经济“增速换挡”失败导致的大幅贬值风险。第一个是实实在在的压力，第二个是潜在压力，第三个是“黑天鹅”，但鉴于市场存在这种担忧，因而也要求有一定的风险补偿。

从中期来看，我们判断人民币有升值基础：一是中国经济新周期将持续提升企业盈利、股市结构性牛市以及人民币资产的吸引力；二是经过“增速换挡”，中国经济正处在L型的一横，未来潜在增长率在5%~6%，仍大幅高于美国的2%左右，宏观资产回报率在全球仍然较高；三是供给侧结构性改革持续推进，传统行业通过去产能提升规模经济，新兴行业通过创新发展孕育新增长点，改革红利逐步释放，全要素生产率不断提高；四是政策通过房地产去库存、地方债务置换和传统行业去产能等化解重大潜在风险点。

总的来看，汇率虽然短期可能受到部分因素干扰而与基本面有所偏离，但在中长期是由经济基本面决定的，因此人民币汇率前景从根本上取决于中国经济改革转型前景。未来中国经济改革仍任重而道远：通过减税和打破玻璃门放活新兴产业，通过长效机制促进房地产持续健康发展，通过财政整顿加强财经纪律，在金融稳杠杆的过程中完善金融监管，为了平滑改革带来的结构性失业阵痛需要完善社会保障体系，等等。

黄金价格的分析框架

任泽平　卢亮亮

（原文发表于 2016 年 12 月 9 日）

本章将阐述黄金价格的基本分析框架，内容包括三个部分：一是黄金的基本特征；二是黄金价格的主要影响因素；三是布雷顿森林体系瓦解后的六轮黄金价格周期。

黄金具备避险和抗通胀特征。（1）避险资产：如果信用货币发生贬值，投资者会选择将货币资产转换成不受国家信用影响的硬通货。（2）抗通胀：在扩张性货币政策和财政政策的推动下，通胀引发货币贬值预期，买黄金抗通胀。

美元的强弱决定了金价的长期走势，而国际政治经济局势的变动则驱动黄金短期价格波动。在布雷顿森林体系时期，黄金价格固定不变；但牙买加协议后的黄金价格，受以美元为代表的多因素影响。由于美元是黄金的标价货币，美元强弱成为影响金价的主要因素。美元指数的变动综合反映了美国国内经济基本面相对国外的变化，关键经济指标都能对黄金价格产生影响，比如失业率、通胀以及货币政策。从美元指数与金价增速的比较可以看出，两者的负相关性非常显著（$\rho=-0.5338$）。而国际政治经济局势的变化（包括地缘政治冲突、恐怖袭击以及各种经济事件）也会通过影响避险需求和流动性需求对金价产生短期的影响。

金价在布雷顿森林体系瓦解后经历了六轮周期。石油危机和美国经济滞胀引发第一轮黄金价格上涨。美国“9·11”恐怖袭击事件启动了2001年后的黄金牛市。此后伊拉克战争、地缘政治紧张和美联储的宽松货币政策带动黄金价格开启第三轮上涨。2003年后美元疲软、通胀忧虑和全球黄金投资需求进一步推升了黄金价格；次贷危机后美国连续三次QE、各国央行大举购金以及欧债危机带动国际金价上涨。

黄金具备避险和抗通胀特征

黄金是重要的避险资产

随着人类货币进入信用本位，当国家信用出现危机时，信用货币会发生贬值，即货币本身相对于外界的购买力会发生贬值。为了保持自己的资产水平不受侵害，社会大众会将自己的货币资产尽可能地转换为其他不受影响的通货。而黄金作为一般等价物，有着得天独厚的历史地位，是社会公认的避险资产，因此黄金价格的变化情况将在一定程度上反映货币持有者对于货币发行国信用的信任情况。

黄金是对抗通胀的利器

信用本位带来的另一个弊端则是通货膨胀，如今各个国家都在通过货币政策积极地调控社会经济，在扩张性货币政策和扩张性财政政策的推动下，通货膨胀的压力时有发生。作为信用货币持有者，为了保证自己的资产水平不受侵蚀，实物投资成了一种对抗通胀的有效途径。黄金作为一般等价商品可以在市场上进行自由流动，其价格水平也因此广受投资者关注。

如图 8.1，从美国 CPI 数据可以看出，除了 2009 年受金融危机影响 CPI 同比增速短暂为负以外，自 1969 年以来美国物价水平以 2% 左右的速度逐年增长，家庭财富平均每 36 年缩水一半，有效的对抗通胀手段不可或缺。

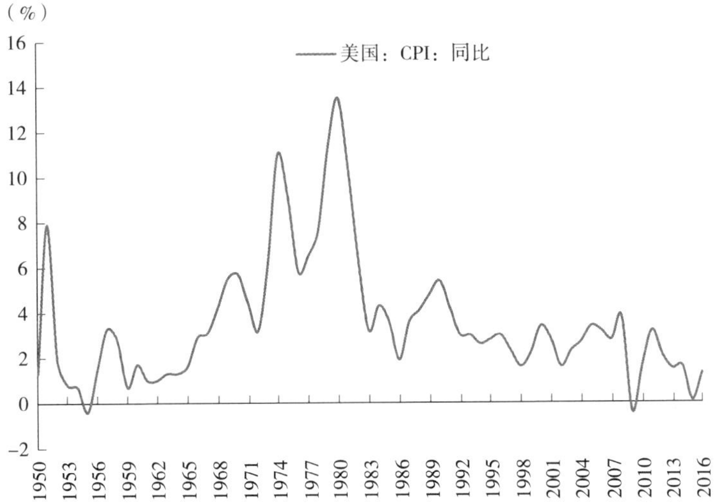

图 8.1　美国 CPI 同比增速

资料来源：Wind，作者整理。

黄金价格的决定因素

黄金价格：从布雷顿森林体系到牙买加体系

第二次世界大战严重破坏了全球贸易的正常发展。各国政府无法按照规定自由兑换黄金，金本位制名存实亡。1944 年 7 月，45 个国家的代表齐聚美国布雷顿森林市，各与会国达成一致协定：各国央行必须使本位币与其他货币的兑换比率维持在相对稳定的状态。这种汇率制度被称为固定汇率制度，这种金融体系被称为布雷顿森林体系。

美国是当时最发达的国家，黄金储备也占了绝大多数，因此，在该体系中，各国货币钉住美元，各国财政部和央行按照该比率与美国兑换黄金。由于私人无法自由兑换黄金，黄金也不是完全的自由流通状态，金价被冻结在了 35 美元 / 盎司。

“二战”后，欧洲和日本进入工业快速发展期。美国进口下降而对外投资不断增加。另外，与苏联的“冷战”对抗，以及在朝鲜和越南的两次战争导致美国的黄金库存降低，美国成为债务国。在美元贬值和黄金流出的压力下，1971 年 8 月 9 日，美国总统尼克松宣布“美国已无力履行美元与黄金挂钩的国际承诺”。至此，布雷顿森林体系彻底崩溃，黄金脱离了美国的控制。金价进入自由浮动时期。

1976 年 1 月 8 日，国际货币基金组织在牙买加会议上通过了关于国际货币制度改革的协定，称为《牙买加协定》。在牙买加体系中，黄金可以与外汇、本币进行自由兑换，黄金的价格实际由市场上各种因素综合决定。

黄金同时具有商品属性、货币属性和金融属性，所以金价受到多种因素的影响。第一，从其商品属性角度来看，供需是影响其价格的基本因素。第二，从其货币属性角度来看，国际市场上黄金由美元标价，所以美元汇率和美国的货币供应量将分别影响黄金的短期和长期价格。第三，从黄金的金融属性角度来看，各国央行对黄金的储备态度、各国的货币政策以及其他资产（如股票、债券等）的收益率也会影响其价格。

综合来看，黄金价格的主要影响因素可归纳为：黄金的供需关系、美元指数、美国通胀水平、美国的货币政策、世界其他国家的货币政策和世界政治经济局势（包括地缘政治冲突、恐怖袭击以及各种经济事件）。

黄金供需与黄金价格

黄金的供给主要包括矿产金、再生金和官方售金（见图 8.2）。从全球黄金的供给结构来分析，矿产金占总供给比例最高，其次是再生金和官方售金。矿产金占总供给比例一般保持在 60%~75%，是世界黄金供给的主要来源。2005 年后随着生产技术的提升，再生金的占比不断增长。到 2009 年再生金的比例达到了最高值 41%。金融危机后，各国央行开始从售金转而购金，因此 2010 年后，官方售金占总供给比例由正转负，与此同时矿产金的比例重新上行。从供给结构看，分析黄金的供给情况对金价的影响，应主要分析矿产金的供给情况。

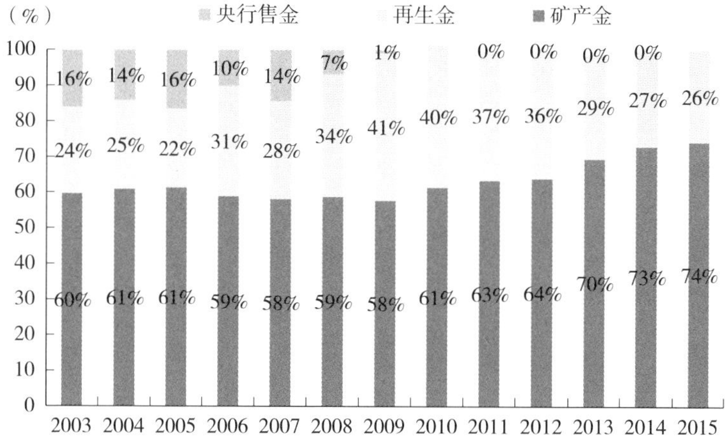

图 8.2　黄金供给结构图

资料来源：Wind，世界黄金协会，作者整理。

从需求结构来看（见图 8.3），黄金珠宝首饰的需求占比最高，其次是投资需求，工业需求比较稳定，官方储备需求在 2010 年后逐年增加。从时间纵向上看，在 2013 年前黄金首饰和工业需求逐年下降，而投资需求占总需求的比例在逐年增加。在 2009 年和 2010 年，投资需求占总需求的比例达到 39%。随着金融危机的爆发，各国央行减少黄金输出，增加黄金储备。2011 年后，年均需求占比维持在 12%。在分析需求对黄金价格的影响时，官方储备不是主要影响因素，应更偏重黄金的首饰工业需求和投资需求。

图 8.3　黄金需求结构图

资料来源：Wind，世界黄金协会，作者整理。

然而，从 2003—2016 年全球黄金供需走势来看（见图 8.4），黄金总体上呈现供过于求的格局，但是黄金的年度均价在 2012 年前一直呈上升趋势，这表明近些年来黄金价格的变化主因不在于供需缺口，还受到其他许多因素的影响。

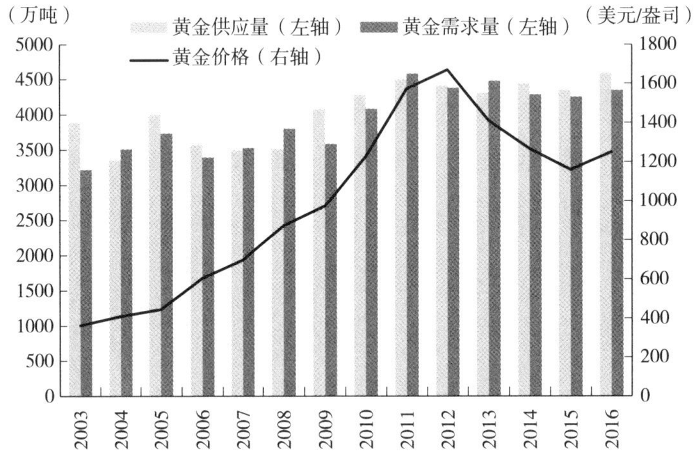

图 8.4　黄金供需结构与黄金价格走势

资料来源：Wind，世界黄金协会，作者整理。

其他影响黄金价格的因素

美元走势与黄金价格

美元是国际黄金市场的标价货币，因此美元价格也是影响金价波动的重要因素之一。美元价格对美国内部可以用美元的购买力来衡量，对外在国际市场上可以用美元汇率来衡量。从美元指数与伦敦现货黄金价格增速的比较可以看出，两者的负相关性非常显著，2000 年后两者的相关系数达到 –0.5338（见图 8.5）。

由于美元指数的变化综合反映了美国国内经济基本面相对国外的变化，因此，美国国内的关键经济指标都会对黄金价格产生影响，如失业率和通货膨胀。如果失业率和通胀两者呈现上升趋势，则会拉低美元指数，推高黄金价格。另外，美联储的财政和货币政策也会影响美元的相对购买力，进而影响黄金价格（见图 8.6）。

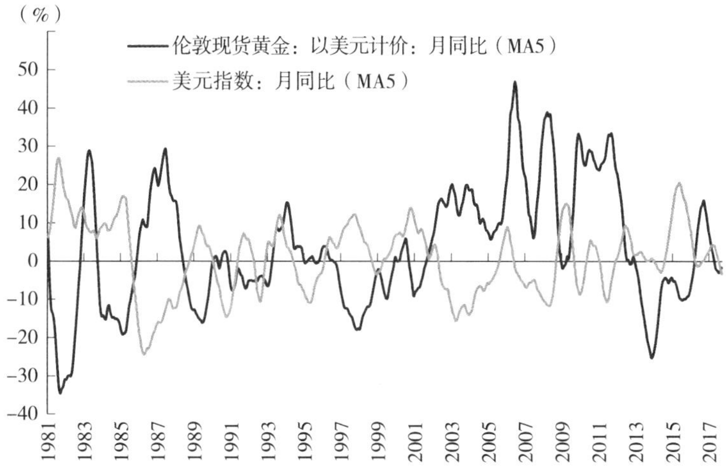

图 8.5　美元指数与伦敦金现同比增长的关系

资料来源：Wind，作者整理。

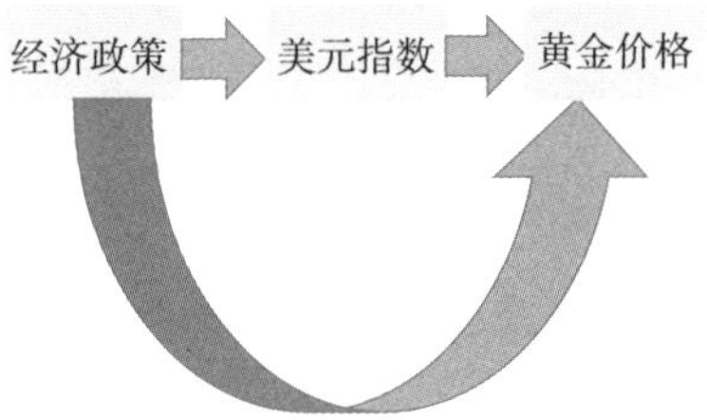

图 8.6　美元经济政策对黄金价格的直接影响和间接影响

资料来源：作者整理。

通货膨胀与黄金价格

黄金作为世界货币同时具有大宗商品的属性，当发生严重通货膨胀时，黄金的保值性使其能够减小货币贬值带来的亏损，降低市场风险，所以黄金一直以来被作为对冲通胀的有力武器，这也是黄金受追捧的另一重要原因。尽管各个国家的通货膨胀水平受其自身经济政策的影响，各国的通胀周期往往具有一致性。这一点从美国、日本以及欧元区的 CPI 同比趋势图可以得到验证（见图 8.7）。由于黄金天然具有对抗通胀的属性，因此在各国通胀水平上行期间，黄金价格也随之上涨。值得注意的是，黄金价格同比的高点比 CPI 高点领先了 2~4 个月。也就是说，真正影响黄金价格的应该是通胀预期。

我们用原油期货价格同比衡量通货膨胀的预期，检测通胀预期是否会推高黄金价格。结果发现，在大部分时间内，原油期货价格同比几乎与黄金现货价格同比的趋势相同（见图 8.8）。

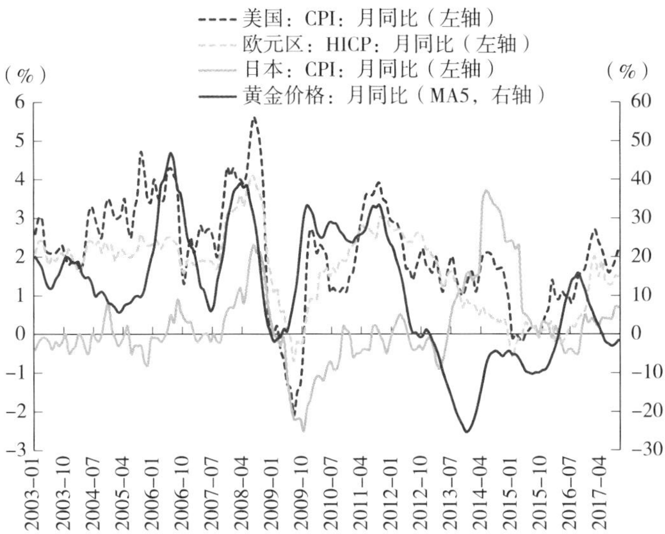

图 8.7 通货膨胀与黄金同比价格变动关系

资料来源：Wind，作者整理。

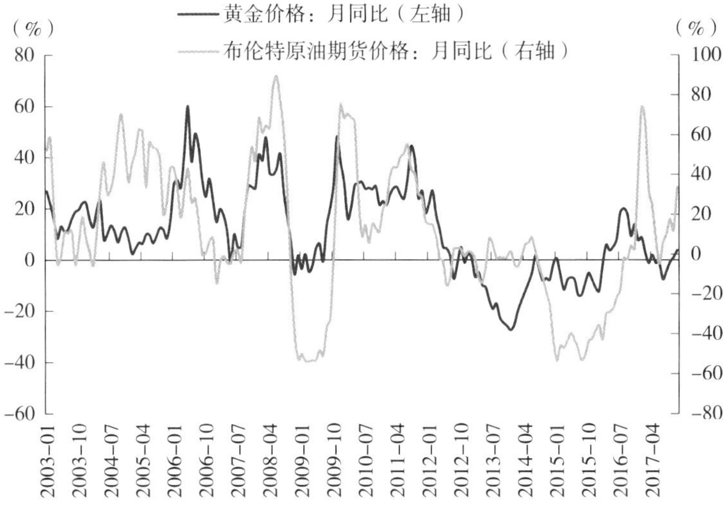

图 8.8 原油期货价格同比与金价同比的关系

资料来源：Wind，作者整理。

国际政治经济局势与黄金价格

政治经济局势变化和突发战争都将造成黄金价格的剧烈波动。政局动荡带来的经济政策变化，突发战争造成的巨额军费，都会使人们产生对经济或货币有负面影响的预期。这时黄金就会成为硬通货。于是黄金需求的增加会推动金价的上涨。而金融危机期间，黄金的避险作用会让位于流动性需求，黄金被抛售从而引发价格下跌。

（1）1997 年东南亚金融风暴。

1997 年的泰铢贬值事件始于泰国巨额的外债规模和钉住美元的固定汇率制。由于泰国出口低迷，贸易赤字增加，对泰铢汇率造成了巨大压力。1997 年 7 月 2 日，泰国政府被迫宣布放弃泰铢钉住美元的汇率制度，实行有管理的浮动汇率制度，当天泰铢对美元的汇率贬值幅度高达 30%（见图 8.9）。到 1998 年 7 月，泰铢对美元累计贬值了 60%。

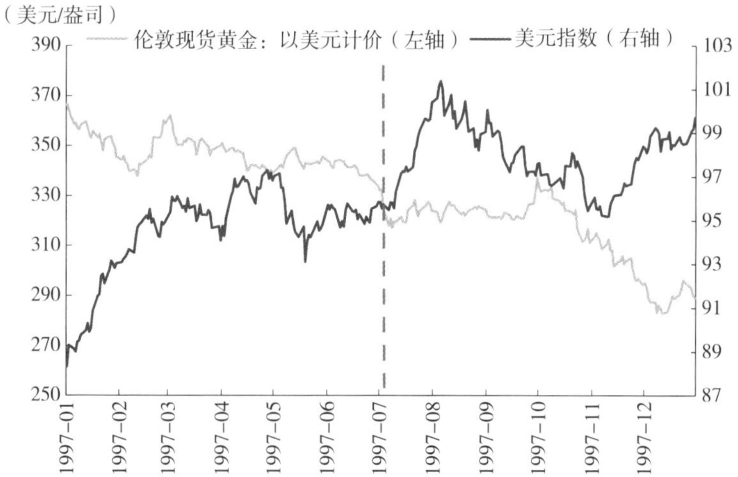

图 8.9　泰铢贬值期间金价与美元走势相反

资料来源：Wind，作者整理。

然而，泰国危机爆发后，黄金价格并没有暴涨，反而下跌。综合在此期间看到的两个现象：美元指数上扬，世界主要的几个股指环比变动不大，这表明，1997 年的泰国金融风暴并没有引发全球股市的动荡（见图 8.10）。此时黄金的避险作用完全让位于流动性需求，危机爆发当天，价格迅速下跌，市场急速去杠杆，流动性枯竭，一切还具备流动性的资产尤其是优质资产都将会遭到抛售。类似的情况也出现在 2008 年的美国金融危机，危机期间黄金价格跌幅超过 20%。

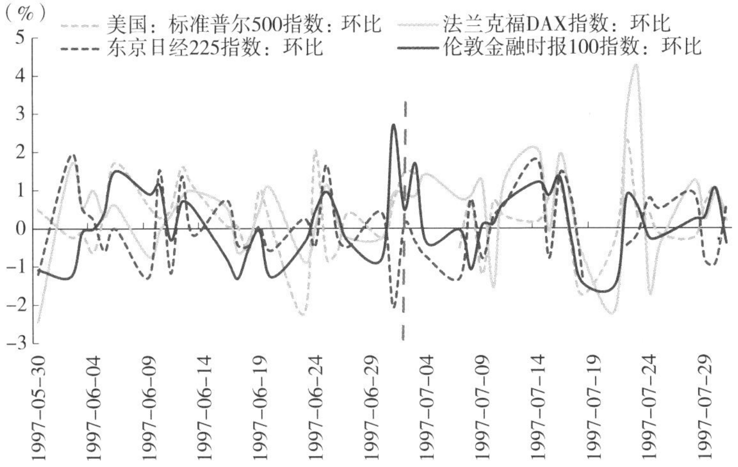

图 8.10　泰铢贬值期间全球主要金融市场波动不大

资料来源：Wind，作者整理。

（2）英国脱欧。

2016 年 6 月 23 日，英国举行退出欧盟公投，伦敦黄金现货价格暴涨。英国作为欧盟成员享有这一身份带来的贸易繁荣，欧盟成员身份降低了英国与其他国家的贸易成本。若“脱欧”成功将使其他欧盟成员在与其进行贸易方面受到摩擦，对于欧盟和英国的经济产生显著的负面影响。公投结果公布后，当天英镑兑欧元汇率和兑美元汇率分别下挫 6.02% 和 7.95%。

脱欧公投后，黄金价格持续上扬，与之相伴的是美元指数同步走高，这个趋势一直持续到 7 月底。从 2016 年初至英国脱欧公投前夕，美元总体疲弱，从年初的 98.65 下滑至 6 月 22 日的 93.55，其间最低达到 92.60。这段时间内美元与黄金价格的相关系数为 –0.8272；而脱欧公投之后的一个多月两者的相关系数为 0.4002。也就是说，在这 1 个多月时间内，美元之外的因素主导着黄金价格的走势。从全球主要股市的表现上看，该因素应该就是避险需求。

英国脱欧公投期间的金价走势和股市动荡分别见图 8.11 与 8.12。

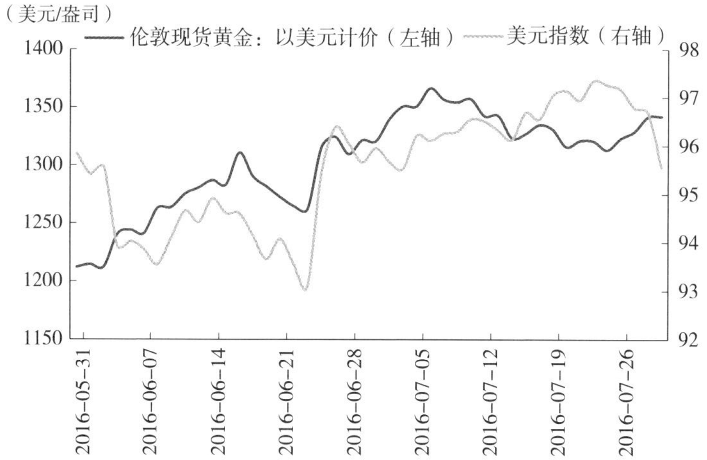

图 8.11 英国脱欧公投期间的金价走势

资料来源：Wind，作者整理。

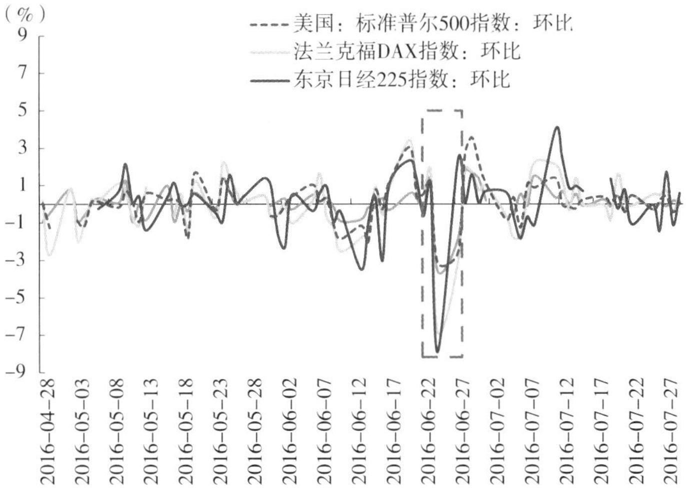

图 8.12　英国脱欧公投期间股市动荡

资料来源：Wind，作者整理。

布雷顿森林体系瓦解后的历次黄金价格周期

自布雷顿森林体系瓦解后，金价开始进入自由波动时代。从1973年至今，金价经历了以下几个周期。

石油危机和美国经济滞胀引发第一轮黄金价格上涨。第一轮周期自1973年至1980年。这期间由于受到20世纪70年代世界石油危机的影响，以及美国“滞胀”现象的发生，人们疯狂抢购黄金，使黄金从1973年的97.32美元/盎司涨到1980年的607.14美元/盎司，达到相对的历史最高水平，但随后下跌至1981年的460.03美元/盎司。1981—2001年，黄金经历了近20年的熊市。

“9·11”恐怖袭击事件引发黄金价格的第二波行情。第二轮周期自2001年7月至2002年6月。2001年是黄金牛熊市的分水岭，这一年的“9·11”恐怖袭击事件之后，股市暴跌，油价上涨，黄金牛市的大幕拉开。总的来看，此轮周期中国际黄金价格的波动表现波澜不惊、稳步增长，对长期趋势的偏离不大。

美联储的宽松货币政策和伊拉克战争带动黄金价格的第三轮上涨。第三轮周期自2002年7月开始至2003年11月结束。2003年美元汇率大幅下挫，美联储实施的宽松货币政策带动全球大宗商品价格上涨，伊拉克战争打响，中东恐怖袭击事件日益加剧，地缘政治持续紧张。这些因素有力地助推了黄金价格的上涨，不过在这轮周期中黄金价格波动大幅增加，短期波动对长期趋势的偏离增大。

美元疲软、通胀忧虑和全球黄金投资需求推升黄金价格的第四轮周期。该轮周期自 2003 年 12 月开始至 2006 年 6 月结束。这轮周期持续 31 个月，波动高度和波动深度都比较大，振幅达到 17.03%，是之前四轮周期中持续时间最长、波动幅度最大的。2005 年和 2006 年是黄金牛市快速抬升之年，石油价格猛涨，美元走软，通胀忧虑，俄罗斯等央行增加黄金储备，伊朗核危机等地缘政治影响，再加上全球投资黄金热情高涨，投资需求强劲，黄金价格不断走高。同时对长期趋势偏离的波动性不断增强。

美联储降息和中东地缘危机引发黄金的第五轮上涨。第五轮周期自 2006 年 7 月开始至 2008 年 3 月结束。2006 年下半年次贷危机渐露锋芒，流动性危机引发黄金市场盘整，金价波动深度不大，但收缩时间稍长。2007 年金融危机爆发后美联储紧急降息，原油价格快速上涨，黄金基金等投资需求增强，加上中东地缘政治等因素的共同推动，黄金价格一路上涨。

各国央行购买黄金储备、美国三次 QE 以及欧债危机共同推升黄金价格的第六轮周期。该轮周期自 2008 年 4 月开始。最初，随着美元强劲反弹，国际金价迅速收缩。2009 年，对美国经济衰退的担忧、印度等多国央行大举购金、美联储第一次量化宽松购买国债等因素成为国际金价扩张的有力推动因素；2010 年，受欧洲主权债务危机、美联储第二轮量化宽松购买国债、全球通胀预期、实物和投资需求强劲等因素影响，国际金价在小幅震荡中稳步上涨；2011 年，受欧债、美债危机和美联储 QE3 预期等因素影响，国际金价扩张势头强劲（见图 8.13）。

图 8.13　布雷顿森林体系瓦解后的黄金价格周期

资料来源：Wind，作者整理。

深度对话

我是一名不可救药的长期乐观主义者

秦朔　任泽平

（原文发表于2017年12月6日）

2017年11月29日下午，著名经济学家任泽平入职恒大集团，担任恒大集团首席经济学家（副总裁级）兼恒大研究院院长。

任泽平先后担任国务院发展研究中心宏观经济研究部研究室副主任、国泰君安证券首席宏观分析师、方正证券研究所联席所长等重要职务，最近三年在新财富分析师排名中，他都位居宏观经济前三甲。

任泽平不仅在2014年股市低迷时成功预告了上证指数破5000点，也提出过“一线房价翻一倍”“经济L型”“新周期”等颇受市场认可的观点。

离职方正证券之前，任泽平接受了人文财经观察家、秦朔朋友圈发起人、中国商业文明研究中心联席主任秦朔的邀约，在喜马拉雅FM的直播间里，阐述了他对中国宏观经济、房地产、股市的一些观点。

第一，中国经济规模可能会在未来10年左右超过美国，将会重新改写整个世界的经济版图、话语权版图、治理格局。我们既不要妄自菲薄，也不要妄自尊大，因为在人均方面我们跟美国还有很大的差距，需要我们继续推动我们的改革开放。

第二，中国正在进入以消费为主的经济发展阶段，蕴藏巨大商机。中国有14亿人，美国3.2亿人，日本1.3亿人，整个欧元区也不过5.1亿人，最大的欧洲经济体德国8000万人，全球也不过70亿人，所以中国发展到消费主导的经济发展阶段，它所蕴藏的投资机会是巨大的，因为这是一个全球最大的市场。

第三，走在市场前面的“战略性看多”，独立客观做关键时刻的少数派。人还是要有信仰。你要相信自己，要坚持独立客观的立场，不要随波逐流，比如说2014年的“5000点不是梦”，2015年的“一线房价翻一倍”，2017年的“新周期”，在一开始提出来的时候我都是少数派，引发了市场和业内的震动，一片哗然和反对，但事后这些都被验证，为什么呢？我有一个粗浅的看法，实际上证券研究在大的拐点上，你要相信大多数人可能是错的，大多数人可能受羊群效应影响，随波逐流，所以应该敢于与众不同，敢于坚持独立客观的判断，做关键时刻的少数派，我觉得这是非常重要的。

第四，我是一名不可救药的长期乐观主义者。我相信，你信仰什么就能看到什么，你信仰的是希望，你就能看到希望。这个世界的竞争法则是什么？物竞天择。世界竞争的结果就是世界是属于乐观主义者的。所有的物种最终都是谁更加强壮、谁更加乐观、谁更加代表时代方向，谁就会幸存下来，我觉得这是一种信仰。但最终，人的成就还是要为社会做贡献，即所谓的致良知。

第五，为什么很多人对房地产看错？我研究了十七年宏观、十年房地产，坦率地讲，我觉得这个市场上能把房地产说清楚的人屈指可数，甚至大部分流行的观点都是错的。为什么很多人对房地产看错呢？我觉得一是不了解政策。二是不要试图用单一逻辑来解释。究竟怎么来理解房地产？大家知道，我在2015年就提出过“一线房价翻一倍”。我们用上百年的国际经验来研究这个问题，概括一句话叫“长期看人口、中期看土地、短期看金融”。

第六，最好的投资机会就在中国。我一直觉得最好的投资机会就在中国，14亿人的市场，名义GDP过去30多年年均增长百分之十几，现在也有10%左右，实际增长也有6%~7%。这么大的市场，这么高的成长，在中国，你都挣不到钱，找不到投资机会，你还到国外去投资？人家都来我们中国寻找机会，和中国市场一起成长。我觉得最好的投资机会就在中国，我对中国经济的改革转型前景坚定看好。

中国可能10年左右改写世界经济版图

秦朔：最近我看到你写了一些文章，对于新周期、新时代都有一些自己系统性的看法，从中国总体的经济规模、人均GDP的发展水平、中国在整个世界经济中的话语权或者说规则的制定权这些指标来看，我们大概在未来多少年内可能会超过美国？

任泽平：从总量的角度来说，美国的GDP大致占全球的25%，中国占14%~15%，但中国的经济增速比美国要高。美国现在年均增长2%左右，我们在1978—2008年的30年时间里年均增长为9.8%。现在中国“增速换挡”以后，每年也有6%左右的增长，是美国增速的3倍。那么用10~15年的时间，中国的经济总量超过美国应该是比较正常的。

再过15年左右，中国会成为世界第一大经济体，中国将改写整个世界的经济版图、话语权版图和治理格局，将会带来一个深刻的变革。因为在各个国际场合，离开中国，很多协议便无法达成。各个论坛都在讨论关于中国的议题，表明中国的话语权越来越强，影响力越来越大，同时也意味着中国在未来将要承担更多的责任，比如全球治理、环境保护等。

从人均的角度来说，中国有近14亿人，美国是3.2亿人，我们现在人均GDP是8000多美元，美国现在人均GDP是5万美元左右。只要我们能够顺利推动发展战略和供给侧结构性改革，总量超过美国指日可待。但对此我们既不能妄自菲薄，也不能妄自尊大，因为在人均GDP方面我们跟美国还有很大的差距，需要继续推进改革开放，需要转换中国经济增长的方式，包括党的十九大报告提出了从高速增长阶段转向高质量的发展阶段。当然，发展、增长只是一个工具，最终的目的是满足人民日益增长的美好生活的需要。

中国正在进入以消费为主的经济发展阶段

秦朔：2017年“双十一”期间，中国24小时的下单量总体约3000亿，阿里平台1600多亿，京东有1271亿，数量非常大。网购更多的是互联网一代的消费。你最近的一篇文章中讲中国未来消费是很大的一个驱动力，而且比较了中国和美国，讲到美国当年的消费高增长过程中，金融发挥了很大的作用，比如分期付款和消费金融等。你觉得今天从消费这个角度来看，中国未来可能是一个什么样的情况？

任泽平：第一，当很多海外经济学家或者观察家还在讲中国是一个以投资为主导、工业化为主的经济体的时候，这个时代其实已经过去了，新的时代正在到来，即中国正在进入一个以消费为主的经济发展阶段。比如 2017 年第三产业占 GDP 的比重超过 50%，已经超过了第二产业和工业；2017 年的消费增速是 10.5%，也超过了投资 6%~7% 的增速；等等。所以刚才秦总讲的这些现象其实都是这个时代发展阶段的一个必然产物。

第二，既然进入一个消费主导的、追求美好生活的经济发展阶段，就能看到这里面蕴藏着巨大的机会。因为美国有 3.2 亿人，日本有 1.3 亿人，整个欧元区也不过 5.1 亿人，最大的欧洲经济体德国有 8000 万人，而中国有 14 亿人，是全球最大的市场，所以中国发展到了一个消费主导的经济发展阶段，它所蕴藏的投资机会是巨大的。

秦朔：我看你这个报告里也提到，其实我们这几十年间的消费变迁、升级的速度也很快。像 20 世纪六七十年代，那个时候有名的可能是缝纫机、手表、自行车，叫“老三件”。现在的年轻人都不太知道。然后接着“新三件”就是冰箱、空调、洗衣机。后来还有一种说法是彩电、录像机、摩托车。到了 21 世纪，车、房、卡，各种各样的金融服务出现了。最近互联网，特别是移动互联网产生了很大的影响。2010 年以后，网购上来了，服务消费也上来了，新零售、新体验等都上来了。你觉得从消费升级变迁的角度，未来会有哪些特别值得我们关注的重点？

任泽平：经济学上讲消费升级一般分为四个阶段。第一个阶段是解决温饱问题；第二个阶段是耐用品，如电子、家电、洗衣机和冰箱等；第三个阶段是解决住行问题，如汽车、房地产在 2000 年以后出现爆发式增长；第四个阶段，当大家有车有房有耐用品以后开始买健康、买快乐，追求品质生活和美好生活，也包括财富管理。

走在市场前面的“战略性看多”

秦朔：你的很多大的判断，包括“5000 点不是梦”“一线城市房价翻一倍”“新周期”，似乎里面有一条主线。你一直对中国经济比较“战略性看多”，但与此同时也有很多朋友一直站在对立面，认为中国房地产泡沫问题、地方债问题、产能过剩问题和投资回报率比较差的问题等，这些问题也存在，但你一直战略性看多，然后又似乎走在了这个市场的前面。这个思路是怎么形成的，这个过程中的几次重大判断是怎么得出来的？

任泽平：我觉得第一是人的智慧或者人的成长，最重要的是历练。我从事过学术研究，在国务院智库也做过 5 年公共政策研究，现在下海这 3 年来，对我来说每个过程都是学习。所以我觉得国内的很多研究都不接地气，动辄就指点江山，指导企业发展和技术发展。我认为一定要多出去听一听，看一看。这 3 年我飞行 270 多次共计 40 万公里，我经常调研，向不同的人学习。

第二，谈到证券市场上的判断，我觉得人还是要有信仰，要坚持独立客观的立场，不要随波逐流。比如说2014年的“5000点不是梦”，2015年的“一线房价翻一倍”，2017年的“新周期”，我在一开始提出来的时候引发了市场和业内的震动，一片哗然和反对，但事后都被验证是对的。因为我有一个粗浅的看法，实际上证券研究在大的拐点上，你要相信大多数人可能是错的，大多数人可能就是羊群效应、随波逐流，所以你要敢于与众不同，敢于坚持独立客观的判断。比如说巴菲特，他靠炒股票成了世界首富，他的投资理念就是一句话：在别人恐慌的时候我贪婪，在别人贪婪的时候我恐慌。别人是谁？是大众。我是谁？是少数派。所以我觉得，第一要学习，第二要修炼内心。

刚才秦总问我为什么总是比别人要乐观一点，首先要看大的方向，这个时代是前进的，虽然中国面临这样那样的问题都是发展的问题，但是肌体恢复力还是很强的。对一个老龄化的社会而言，比如日本、欧洲等，可能就折腾不起，但中国的这种自我修复力就非常强。所以你看到了这些问题，但是你没有看到另一面——它的纠错能力、它的弹性、它的活力。

我其实也有一个信仰，我是一个不可救药的乐观主义者，我相信，你信仰什么就能看到什么。你信仰希望，就能看到希望；你信仰黑暗，看到的就是黑暗；你信仰上帝，就能看到上帝；你信仰爱情，就能看到爱情。

同样对于资本市场而言，我觉得机会始终存在，千万不要以为牛市才乐观，不是的。在这种震荡市里可以是结构性的行情。比如说大宗商品价格下跌，你可以做空，也可以买期货反向做，所以总是有机会的。这个世界的竞争法则是什么？是物竞天择。世界竞争的结果就是世界是属于乐观主义者的。所有的物种都是谁更加强壮、更加乐观和谁更能代表这种时代的方向，谁就能幸存下来，我觉得这是一种信仰。但最终，人的成就还是要为社会做贡献，即所谓的致良知。这是我对这个问题的补充。

A股不完全反映中国经济

秦朔：我看你的观点是认为 2018 年股市还是一个结构性的牛市，而且现在还在进一步酝酿跟准备。这个过程中产能过剩得到了一定程度的缓解，市场集中度得到了提高，上市公司的技术创新素质也得到了提升，所以这一轮的结构性牛市还是会通过一定的盈利和业绩来支撑，不完全只是估值的调整。

任泽平：我对 A 股的看法是这样。第一，留意市场环境变了，前几年就是讲故事、炒主题，各种违规。我们要深刻了解中国资本市场底层的制度框架正在发生一个系统性的变化，比如监管越来越严，讲故事和进行各种套利是不被允许的。

第二是深港通、沪港通，2018 年纳入 MSCI（摩根士丹利资本国际公司）以后更加开放，对内制度越来越规范，对外越来越开放，这就导致整个价值投资理念越来越深入人心。前几年主要是靠货币放水，靠改革预期等推动的行情，基本面是没有支撑的，因为 2014 年、2015 年经济是在下滑的，但是在 2017 年，经过 2010 年、2015 年经济单边下滑以后，在 2016 年到 2017 年中国“经济 L 型”筑底，再加上供给侧结构性改革，供给的出清，企业盈利开始改善，所以 2017 年讲故事不行了，必须讲基本面。从制度结构到投资逻辑的变化，所以 2017 年推的消费周期金融是真成长，先进制造都为投资者带来了丰厚的回报。我们也一直提示，在 2017 年要留意这种风格的切换。2018 年只要大的逻辑没有变化，我们就继续推那些基本面比较扎实、性价比比较高的板块。

秦朔：有很多以前投中小创比较多的投资者也很苦恼，现在都是“漂亮 50”，都是一些大蓝筹、大银行、大的上游的生产资料的国家队，而中小创很多股票，还有包括全市场百分之八九十的股票都是下跌的，这也符合创新驱动的方向吗？又都回到这种大块头上面了，这个在 2018 年难道不会有改变吗？你怎么看类似这样的问题。

任泽平：这也是一个大家比较关心的问题。我的看法是，A 股不完全反映中国经济，我们很多新经济是在海外上市，如果把腾讯、阿里都放进来，你会发现其实中国经济，包括传统经济和新经济都是涨的，只要它基本面好，所以不能完全讲就是新经济。2017 年就是只涨了传统经济，没什么新经济，是因为完整地代表中国经济的这些股票、那些优质的公司还是表现不错的。大浪淘沙，洗尽铅华，那剩下的这些公司就是好。当然还有一些过去这几年，圈钱融资的、拿 PPT 融资的，我觉得它必将价值回归，就是认真做事的就会被市场认可，讲故事的、圈钱的，想短平快的就会被市场惩罚，这是市场的一个良性回归。

为什么很多人对房地产看错

秦朔：现在对于房地产后市我看到大概有几种看法，一种认为现在租售同权，很多地方在出台政策，包括在开发一些很好的地段去做租赁房，比如北京提出 5 年要出来 25 万套。如果大规模的租赁房出现，对于房价的上升是不是会有明显的抑制性因素？

由于房产税、限价限贷限购等“五限”，很多人认为房地产会慢慢不行，尤其是2017年销售额和投资量都很多，所以很多人也认为2017年就是房地产最高点。另一种观点认为中国现在总体上改善性需求还很大。我看到一个数据，现在在我们的自有产权房里有百分之二十几连独立卫生间都没有。所以可以说过去很多房子本身也不行了，从这个角度看中国的房地产还有希望和空间。

所以很多朋友都在想，我在北上广买不起，就在周围买，特别是在有城际连线能很快接轨的地方买。很多人认为房地产还有很多洼地，我不知道你怎么思考这个问题，你采取一些什么行动？

任泽平：房地产这个话题其实大家非常关注，争议也非常多。我是研究了17年宏观、10年房地产。坦率地讲，我觉得这个市场上能把房地产说清楚的人屈指可数，甚至大部分流行的观点，我发现都是错的。

我不仅研究房地产，我还有操盘经验。为什么很多人对房地产看错呢？

我觉得第一是不了解政策。比如，当很多人讲房地产市场的时候，谁告诉你房地产就是一个市场？中国土地供给都是管制的，但市场应该是有供求的。分析的逻辑框架都错了，何谈分析？所以那么多人过去十多年不停在看空，结果涨成这样。首先你要了解政策。

第二是不要试图用单一逻辑来解释。比如，大家经常讲中国要人口老龄化了，所以房价涨不动了。老龄化这个话题讲了这么多年，房价还是无畏无惧地上涨。

究竟怎么来理解房地产？我在2015年就跟大家提出“一线房价

翻一倍”。我曾在《房地产周期》一书中大致试图建立一个框架，讲房地产怎么去判断，比如怎么判断价格、投资和销售。我这 10 年的研究用一句话来概括，包括这本书的核心就是讲这个问题，我回应了所有似是而非的问题，我们用上百年的国际经验研究这个问题，概括一句话叫“长期看人口、中期看土地、短期看金融”。长期来说人口流入的地方有潜力，因为人才是房子的最终需求，人都跑了，这个地方房地产肯定没有投资价值；短期炒一把，后来会跌得很惨，这是短期看金融；中期看土地，人口流入多的、最近这两年没供地的地方，那更有投资前景。

秦朔：所以中国的城市现在用于房地产特别是用于住宅的土地供给，在整个城市的面积比重是偏小的，跟全世界的大城市相比都是偏小的。

任泽平：你刚才讲的是一个非常好的问题，这实际上跟我们城市规划的导向有关。因为在我们的城市规划里，不同城市的规划文件，有一句话 10 年没变，叫“控制大城市规模、重点发展中小城市和小城镇、区域均衡发展”。你好好琢磨这句话，控制大的、重点发展小的，但事实上你看人是怎么流动的呢？人是从东北西北包括中小城市向大的都市圈流入，人来到了大的都市圈，而你要控制它的规模怎么办？不供地。人来了，你不供地那价格怎么走？暴涨。

东北西北这些中小城市人都跑了，但是你要重点发展，还给它供了很多地，导致库存太高。所以说一、二线城市房价过高，三、四线城市库存过高，根本的原因跟这个导向有关。

所以这一次党的十九大也提出了“城市群”的概念。我比较建议未来要重点发展大都市圈，因为你看上百年来城市化的经验，无论是美国、欧洲还是日本、韩国，基本的规律都是人往大的都市圈迁移，因为大的都市圈更节约土地、更节约资源、更有活力、更有效率，更能为那些有才华的青年人提供实现梦想的机会，这是一种文明。如果控制大城市规模，不让人来，不让人们享受城市的文明，这是反文明的。

秦朔：人口问题、土地问题，还有金融问题。有人说现在杠杆水平太高了；有人说现在这个杠杆相对于欧美来讲，我们这个余额真的还不足为奇，意思是建议居民更多地把中长期贷款都投到房贷里，你觉得大家还有能力支撑起来吗？

任泽平：其实这种简单地做国际比较我觉得没有太大的意义，为什么呢？因为美国就是喜欢消费，甚至一度搞到了零首付，后来次贷危机发生了。美国本身储蓄率就是比较低，当然这是有原因的，因为美国社会保障体系非常健全，有滑梯在那儿兜着——整个社会最低保障的底线。

中国储蓄率比较高，跟文化有关，也跟我们的社会保障体系不健全有关。所以这个杠杆高低跟美国进行对比，我觉得不可比。如果一定要讲的话，我认为：第一，中国目前这个杠杆其实不高，因为我们是一个储蓄文化；第二，从动态来看，这两年加得是有点快，甚至用了一些短期的消费贷来加，这是风险点。

秦朔：那总体上，你对于房价本身的走势还是属于比较乐观的态度？像当年，你那么旗帜鲜明地说“一线城市翻一倍”，现在还有类似的这种旗帜鲜明的观点没有？

任泽平：我的观点一直都旗帜鲜明，就是简洁而鲜明。因为我对我自己包括我的团队的要求就是，我们所有的研究第一要实战，第二要负责。所以你看我所有的报告："5000 点不是梦"，我就是看 5000 点股票；"一线房价翻一倍"，我就看好一线房价能翻一倍；"新周期"，我就看好周期、看好金融、看好消费。

所以对于房地产市场我的观点也非常明确。当然这里这个问题不能这么问，就是当很多人问你对中国房地产市场怎么看的时候，这个问题无法回答。因为房地产永远是一个区域市场。比如说过去的两年，北京、上海房价翻了一倍，但东北房价并没有涨。所以搞开发的人永远记住，房子最重要的是什么？地段。判断房地产市场永远要记得它是有区域属性的。

因此按照我的框架就是"长期看人口、中期看土地、短期看金融"。那么从长期来说看人口流入，什么人流入啊？有才华的青年人，他们带着梦想来，还有那些财富净值人士，带着财富来这个地方，有活力，有希望，那这个地方未来的房地产市场就是有潜力的。

理财心得分享

秦朔：网友经常会问，像任博士这种行业的、业界的领袖，个人的理财心得能不能跟大家分享一下？

任泽平：我认为第一，我们的研究一定要接地气。我觉得人一定要真诚，忽悠别人最终忽悠的是自己和你的职业生涯。所以错了要勇于面对，正确了也不要沾沾自喜，要不断学习、自我进化。

第二，我是一名宏观分析师，我的长处是做大类资产配置。你要是问我个股，那我可能还不如秦总懂，但是你要说大类资产，比如说股市、房市、债市、汇市、商品是怎样的一个配置，这个我研究这么多年，我觉得我还是有一套自己的看法。

秦朔：比如说你拿我来讲，2018 年如果按照这五类大资产，你建议我怎么做呢？

任泽平：那很简单，2017 年、2018 年炒股票，要炒有基本面的股票；2019 年、2020 年买房，要买人口流入地方的房子。这是我的建议。

秦朔：海外资产配置你自己做不做？比如，一些外汇啊、海外的一些金融产品。因为我们现在一些外资银行也提供类似的私人银行客户，你怎么看海外市场呢？

任泽平：我对这个问题答案很明确。

第一，我密切关注研究学习海外市场。

第二，我本人绝不配海外市场。为什么呢？因为我一直觉得最好的投资机会就在中国，14 亿人的市场，过去一年百分之十几，现在也有 6%~7%，2017 年名义 GDP 有 11%。在中国这么大的市场、这么高的成长，你都挣不到钱，你都找不到投资机会，你还到国外去找？别人都来中国寻找机会，和中国市场一起成长，我们何必跑到别人那个人口老龄化、一年增长 2% 的地方。所以我觉得最好的投资机会就在中国，我对中国的经济改革转型前景非常看好。

秦朔：投资有风险，入市需谨慎。我们俩聊到最后，你有什么样的提醒？

任泽平：第一，就是你刚才讲的第一句话——投资有风险，入市需谨慎。

第二，投资是一个比较个人的事情，我的意思是说个人需要有一个修炼，就是要有自己的看法、观点、体系和思维方式。

第三，投资，很多人把它理解为积累财富。我的理解，其实最终还是回到我原来那句话——人的价值还是取决于对社会贡献的大小，我觉得就是要不忘初心，要感恩这个时代为我们提供的机会，最终你所有的工作、你所有的成就都是时代给的，所以你要回馈时代，要为时代、为社会做出贡献。我觉得就是王阳明讲的所谓“此心光明、致良知”，只要如此，你心里做什么都是很踏实的。